# 巨乳はうらやましいか？

## Hカップ記者が見た現代おっぱい事情

スーザン・セリグソン
実川元子［訳］

早川書房

# 巨乳はうらやましいか？

## ——Hカップ記者が見た現代おっぱい事情

STACKED

*A 32DDD Reports from the Front*

by

Susan Seligson



Translated by

Motoko Jitsukawa

First published 2007 in Japan by

Hayakawa Publishing, Inc.

This book is published in Japan by

arrangement with

Bloomsbury USA

a division of Diana Publishing

through The English Agency (Japan) Ltd.

どんな体型やサイズの女性も深く敬愛した
父、イシドール・セリグソンの思い出に捧げる三人の女性とつきあっていて、誰と結婚するか迷っている男性がいた。

そこでガールフレンドそれぞれに五〇〇〇ドルずつ渡してみた。一人目はエステサロンにいって全身を磨きあげ、あまったお金はジュエリーと服に使った。二人目は男性が喜びそうなコンピュータやゴルフクラブや時計といったプレゼントを買って贈った。三人目は五〇〇〇ドル全額で株を買って数倍に殖やし、男性に五〇〇〇ドル返し、残りを再び投資に回した。

さて、彼はどの女性と結婚しただろう?

決まってるじゃないか。一番おっぱいが大きい女の子だよ。

……年老いた管理人が死の床で
最後に一目、妻の乳房を見せてくれと頼んだ。
そんな願いごとをする彼は
世界一偉大な詩人である。

――チャールズ・シミック「乳房」より

# 目次

プロローグ

# ちょっと！　あたしには顔もついているのよ

ある晴れた春の日、セントラルパークを横切っていた私は、豊かな胸の女性が着ていたTシャツの胸元に、矢印つきで書かれたフレーズに目が留まった。「ちょっと！　あたしには顔もついているのよ」思わず駆け寄って抱き合い、私たちは仲間よね、といいたかった。でもそこはぐっと抑えた。知らない人だったから、というだけではない。私たちのおっぱいがぶつかりあったときの衝撃が恐ろしかったからだ。でも、誰もきっとちゃんと見ていないであろう彼女の美しい目をまっすぐに見つめて、親近感をこめてうなずくことは忘れなかった。私の顔も70Hカップのバストの脇役にまわり、見逃されてしまうかわいそうな存在なのだ。

Hカップのバストなんて信じられない、と思う人。はい、私はHカップです。身体とバストとのバランスはというと、たとえていえば小さな池にニミッツ級巨大航空母艦を浮かべてしまった感じ。少なくともアメリカの代表的下着メーカーのメイデンフォームの商品ラインナップにおいては、Hカップは「お取り扱い困難」な規格外だ。巨乳がこれだけはやる前には、どちらかといえば細めの身体に巨大なバストが突き出ている私のような体型は、下着メーカーをひたすら当惑させるだけだった。ボストンの歴史あるショッピング街フィレーンズの、名物販売員エルシーは、私のことを「Hカップの彼女」と呼んでいた。メイデンフォームはおっぱいが大きすぎる悩みを持つ女性のために、小さく見せるブラをリリエットのブランドで出しているが、エルシーは私のために一枚、もう一人ニュートンからやってきた別の客のためにもう一枚、このリリエットのブラを特別注文してくれた。名前も知らないそのニュートンの巨乳の同胞に、私が理屈抜きに姉妹のような親しみを感じたのはいうまでもない。エルシーはやれるだけのことをやってくれた。しかしながら特別注文したブラは、脱腸帯くらい色気がなかった。私がこれまでの人生で出会った男性たちは、まずほとんど例外なくそういうブラを見たとたんに頭にかぶりたいという衝動に逆らえなかった。ハハハ、おかしい！　あたしも笑えるわ（棒読み）。子どものころ参加したサマーキャンプで巨乳のカウンセラーと同じキャビンで寝起きしたとき、隣に寝ていた女の子と私はテントくらいの大きさのブラのなかでヒキガエルを飼う、なんてことをしてそのデカパイをあざけるいたずらをしかけた。もしそのときのカウンセラーに会うことがあったら、彼女はいまの私のブラならばカエルどころか魚だって何匹も飼えるじゃないの、と笑うだろう。まさに因果応報。

私には胸がふくらみ始めたころの記憶がない。まったく胸がなかったときの記憶はある。まばたきを一回するくらいの短い間に、私の胸は大平原から大山脈まで急激に盛り上がった。公立学校で二年飛び級したために、私は同級生のなかで一番発育が遅かった。ほかの友だちの胸がだんだんふくらんできて、身体に丸みが出て、あそこの毛も生えてきているときに、私はまだ赤ちゃん体型のままだった。生理も中学三年になるまで始まらなかった。一二歳で中学三年生だった私は、初潮がまだという自分がハンパじゃないほど恥ずかしく、屈辱を覚えた。私が好きだった男の子たちは、もう夕方五時にうっすらヒゲが生えるくらいオトコになっているのに、私ときたら……。その子たちの目には、私はそばかすの浮き出た顔におさげという両性具有者として映っていたにちがいない。たしかに仲良くはしてくれたけれど、男の子たちが私にぴったり身体を寄せてくるのは幾何学のテストのときくらい。「まあいいじゃないの」と母はなぐさめた。「そのうちあの子たちをあっといわせてやる日がくるわよ」大学に入学した一六歳までに身長やらほかのところは成長が止まったのに、胸だけは成長が止まることを知らなかった。一〇代の終わりごろ、お風呂から出てきた私をじろじろ見た母がこういった日のことは忘れられない。「ちょっとその胸やりすぎじゃない?」

生理の直前になると、朝、起き上がってバスルームに行くまでに、胸の重みで息も絶え絶えになった。細い肩から肉がつまった魚雷のように突き出た乳房は、細いウエストの上に不吉な感じで揺れていた。青白く、なまあたたかく、つるつるした乳房。乳房の下に鉛筆が一本どころではなく、一ダースの箱でも十分にはさめた。ふつうにしていても胸に子犬を抱いているみたいに見えたし、歩くと一対の錘《おもり》のように揺れてぶつかりあった。とにかく冗談みたいな胸なのだ。

そんなアニメキャラみたいな身体で、私は世の中にデビューした。おっぱいをのぞけば、私はとりたてて目立つタイプではない。もし身体のほかの部分なしでおっぱいだけが通りを歩いていたら、きっと比べものにならないくらい人目を惹いていたにちがいない。ニューヨーク州ウッドストックで夏を過ごしていたとき、街を歩いているときまって私のあとを犬のようにハーハーヨダレを垂らさんばかりについてまわる男がいた。Tシャツやタンクトップや薄手のブラウスを突き抜けそうな私のバストだけに、彼の関心は注がれていた。毎日のように、その男は私の前に現われる。何か悪さをするわけではないけれど、うっとうしいことこの上ない。ロックフェスティバルが開かれた六〇年代のウッドストックの生き残り——そのころあれこれ飲みまくった幻覚剤の影響か、彼の前頭葉はおかしくなっていた——であることに免じて、私は接近禁止命令の手続きをとるのを踏みとどまった。ところが冬のさなかにウッドストックを訪れ、もこもこした服を重ね着していたときにその男性と出くわしたことがある。ティンカー通りを歩いている間、夏の間あれほどしつこくつけまわしていた女がすぐそばにいるというのに、そのことにちらりとでも気づいた素振りを男は見せなかった。胸が見えない服を着ている私は、彼にとっては空気も同然で目に入らない。似たようなことが人生で数え切れないほど繰り返されているうちに、バストを見せびらかすか、それとも隠すかによって、その日に起こる出来事をまるっきり変えることができることを知った。色気むんむんのオンナにもなれるし、オンナを封印したオトコオンナにもなれる。

人類の半分が示す解剖学的特徴が、なぜほかの半分の理性を失わせるのだろうか？　人体のほかの部分で、乳房ほど人の想像力をあやしくかきたてるところはない。ペニスに関する俗語が百あるとしたら、乳房に関する俗語は何百とある。インターネットには巨乳のサイトがゴマンとあるし——私が最近チェックしたときには何百万とあって、しかも大きなところを拾っただけなのにその数だ——その一つをクリックすると、そこからまたいくつもの同種のサイトに飛ぶことができる。忙しい人ならビッグブーブリンクス・ドットコムから、ブービーウッド・ドットコムに飛んで、一九九八年に『プレイボーイ』誌で読者の度肝を抜いた超巨乳のモデル、タウニー・ピークスについて語ることができる。テキーラをくいっとひっかけながらのぞくなら、おっぱいフィエスタ・ドットコムがいいかも。広く宇宙的視野を持っている人だったら、ブーブプラネット・ドットコムにワープしてみたらどうかしら。それとももっとアマチュアっぽいのがお好み？　それならアイラブクリーベジ・ドットコムがおすすめ。そのおっぱい、本物？　ニセ乳？　それが気になってしかたない人はイエスデイアーフェイク・ドットコムに行ってみて。

「おっぱいは二つ見れば、あとは全部同じ」といったのはどこの誰よ！　それならなぜ『ジャッグス』や『バスティービューティーズ』といったおっぱい雑誌がどんどん増殖してるの？　右肩上がりの成長を続ける不景気知らずのおっぱい産業をどう説明する？　ここまで読んだあなたはきっと思っているはず。豊満なおっぱいが簡単にいくらでも見られるこの世の中で、未修整のこの著者のものをわざわざ見たがる男なんているのか、と。

五一歳の私は、母が暮らすコンドミニアム近くにあるユダヤ人のための食料品店で出会う証券会社の一〇代の事務員や、ゴルフ用ショートパンツをはいた年金生活者が、私のＢＷＨのありえないバランスに頭を混乱させている様子を、ごく客観的に、ほとんど学問的関心から観察する。これまで愛した男性たちが、私のおっぱいをやさしく、敬愛の念を持っていつくしんでくれたことには感謝している。それでもしばしば身体をすっぽり覆う服を着て緊急避難したい、と願うことがあるのだ。登山のときの防寒用に使うスペースブランケットみたいに小さく折りたたんでサイフのなかにしまっておけて、いざというときにさっとはおって全身を覆い隠せるもの。

私がこの巨乳で得することって何なのだろう？　車の修理工が「今日はタダでいいよ」といってくれたのはこのおっぱいのおかげ？　飛行機の手荷物検査で、うっかり入れてしまっていたポケットナイフを「ご自宅にお送りしますよ」と係員がにこやかにいってくれたのも？　不案内な街で道に迷ったときに、その場所まで連れていってあげるとおまわりさんがいい張ったのは？　今日、ちがうシャツを着ていれば状況はたぶん変わっていただろう、と思ったのは一度や二度ではすまない。歴史には、紀元前四世紀に古代ギリシャの遊女フリュネーが、裁判官たちの前で乳房をあらわにしたことで、死罪を免れたと書かれている。長い歴史を経ながらもこの話が語り継がれてきたことが、乳房が肉欲をかきたてることをはっきりと告白している。現代でもドリー・パートンとジャネット・ジャクソンのおっぱいポロリの衣装が称賛されたり、問題視されるのも同じ流れだ。

『ロンドン・レビュー・オブ・ブックス』という書評の雑誌に掲載された、以下の男性の投書ほど、何百万人もの男性の真情を吐露したものはないだろう。

「デカイ口たたくこんな雑誌を読んでいるあなたのことが好きです。それにあなたはすばらしくデカイおっぱいを持っているし。デカイ口がなくても俺は生きていけます。でもデカイおっぱいなしの人生は、マジ考えられません。浅はかなオトコ　三四歳」

男性だけではない。誰もがおっぱいへの強迫観念を持っている。おむつがとれるかとれないかくらいの子どもが私のおっぱいに夢中になるし、女性の友人たちは息を呑むし、医者は「どれくらい重さがあるんだろう？」といぶかる。いつも無表情のマンモグラフィの検査技師でさえも、気の利いた品のいいコメントの一つや二つをつい口にしてしまう。マンモグラフィの機械がまだ私のおっぱいをはさんだままとんでもない方向に動き出してしまったとき、ふだんは哀しげな顔をしている検査技師も思わず笑みを浮かべる。「すみません！」と私はいう。「まだおっぱいがはさまれたままなんですけれど」ゲイの友人さえも、私のHカップはどれくらい感じるのかと毎回会うたびに好奇心をあらわにする。

Hカップに魅了されるのは、人間ばかりではないこともはっきりしている。友人が飼っている体重九〇キロの山羊のハイジは、私が頭をなでると右のおっぱいを夢中になって噛み、歯型を残した。最近そのことを思い出したのは、ゴリラ基金に対して起こされた訴訟の件を読んでいたときで、二人の女性が、「話ができる」というメスゴリラのココがおっぱいに目がなかったことを述べていたからだ。彼女たちが訓練をしていた間中、ココはしつこく乳首を見せろと身振りで迫りつづけたのだという。

私はココの関心が好色なものではなく、科学的好奇心からだと解釈している。なぜなら人間のメスだけが動物王国のなかで唯一乳房を持っているのだから。ほかの哺乳類のバストは、妊娠したときと授乳しているときしかふくらまない。だがHカップの巨乳は、類人猿のなかでも突出している。私が授かったこの二つの球体に降りかかった、笑えない事件をいくつか披露しておこう。

ある気持ちのいい秋の朝、私がマニーとファニーという二頭の犬をつれて、カナダのトルーロにあるロングヌーク・ビーチに散歩に出かけたときのこと。駐車場には私の車以外は一台しかいなかった。浜辺をずっと歩いていったところで、私は一人で釣りをしている男性と出会った。私たちは挨拶をし、天気について少しだけ話をした。しばらくして駐車場に戻ると、もう一台の釣り人の車はもうなかったが、うっすら埃がたまっているフロントガラスに「ナイスなおっぱい」と書かれているのを発見した。

一七歳のとき、一人の友人と私は夏にヨーロッパを貧乏旅行した。ルーブル美術館でモナリザを見ようと汗臭い見物客に混じって列をつくった。やっと神秘的な微笑みとご対面したとき、一人の男の腕がどこからともなく現われて、私の左の乳首をかなり強くつまんだのだ。現われたのと同じくらいすばやく腕は引っ込んだので、私はその男の顔を見損なった。最近では、一人でローマに行って川を渡ってトラステベーレ地区に行こうとタクシーを止めた。つたないイタリア語で運転手とおしゃべりを楽しみ、目的地に着いたとき、愛想よく礼をいって料金に加えてチップをはずんだ。すると運転手は自然な動作で、お金をポケットに入れながら私のおっぱいをつかんだのだ。

めったにないことではあるが、ときには通りでおっぱい大好き男に出くわすことがある。彼らは驚くほど礼儀正しく、紳士であるといってもいい。ニューヨーク州ヘンプステッドの混雑する通りを歩いていたときのこと、「恐れ入ります」と高級そうなスーツを着たビジネスマンが私のほうに大またで近づいてきた。「すばらしいバストをお持ちでいらっしゃいますね。もしできましたら、ひと目拝見したいのですが。一〇ドルお払いしますし、指一本触れないとお約束いたします」まだ一八歳だったときだ。気色悪いその男を押しやるように私は逃げたが、その日一日後悔して自問しつづけた。

「おっぱい一つで一〇ドルだったのかしら？　それとも二つで一〇ドル？」

デカパイ女として生きていくにあたり、あくまでも個人的にではあるが、安全をどう確保するかというのが私の関心事となってきた。エレベーターのドアに乳首をはさまれないように、とかそういうことではない。もちろんそれもありうることなんだけれど。夜、人通りが途絶えた通りを一人で歩いているときなどは、昼間よりもっと私のおっぱいにそそられる人がいるかもとびくびくする。しかし、気持ちよく晴れた日中につい油断をしてしまっているときこそ、おっぱいは私をもっとも恐ろしい危険に陥れかねない。ボストンの灼熱地獄の夏の午後、タンクトップとショートパンツという服装で犬を連れて散歩に出たときのことだ。両側にいかめしい建物が並ぶコモンウェルス大通りを歩いていたとき、私の歩みと合わせ、車をぴったり横につけて運転している一人の男に気づいた。その男の視線は、大昔に盗まれてしまった大事なものを見つけたとでもいわんばかりに私のおっぱいにひたと注がれていた。「いいおっぱいだね」ウィンドゥから首を伸ばして、私に向かって男は叫んだ。数秒後、彼の車は街灯と正面衝突した。車から出て被害状況を調べた男は破損したレベルがかなりとわかり、逆ギレしてあわてて自分のアパートに逃げ帰ろうとする私の背中に罵声を浴びせた。

振り返ってみると、私のバストが原因で引き起こされた出来事の何件かは訴訟レベルだったかもしれない。たとえば、週刊新聞での私の上司は、雇用にあたっての前置きとしてこんなことをいった。「きみに決めたのは、すばらしいおっぱいを持っているからというのだけではないよ」しかし年月を経るうちに、私は自分なりの正義の論理で対抗するようになった。大学院時代に勤めていた格調高いコンサルティング会社で同僚の一人だったハーバード大学出身の血筋正しい男は、仕事に関係した話をするときに、いつも私のバストに直接言及するコメントをつけ加えた。ある日、彼の言葉にカチンときた私は、右のバストをつかむと上下に動かすことで、楽しい会話のお返事に変えさせていただいた。一度など、夏季休暇中のあるむしむしした日、おじいちゃんくらいの年齢の上司が私に「ちょっと話がある」と呼びだしたことがある。「きみはよく働いてくれているよ」と彼はいった。「それにきみが非常に優秀だということは私もよくわかっている。だが、ここに仕事にやってくるときには、ゆったりとしたブラウスを着てきてもらえないかな。オフィスで働くセールスマンの気が散ってしかたないんだ」

私にはそこの仕事が必要だった。だが本能的に、私のおっぱいと私はそこでは場違いだといわれているのだと気づいた。当時私はフェミニスト的言辞をはっきり口にしていたわけでもないし、行動もともなっていなかったが、問題は私の側にあるのではなく男性側にあるのだということくらいはわかった。仕事をやめた私に上司は何日にもわたって電話をかけてきて、花まで贈ってくれたが、私は戻らなかった。何十年も前の話だ。その後、重い乳房のせいで痛んだ背中の手術をして、「いいおっぱいだね！」という叫びをさまざまな言語で何十回何百回と聞いたあと、デカパイ問題を解決するために私が取りうる手段は限られていることを悟った。たとえば減胸手術を受けて、Hカップをもっと健全なCカップか、もしくはBカップくらいまで落としたほうがいいのかもしれない。そんなときに出会ったのがナンシーだ。ナンシーは引き締まった、マラソン選手のような少年体型である。頭にぴったり張りつくほど短く刈り込んだヘアスタイルで、ホルターネックのシャツにショートパンツをはいている。ピーター・パンみたい、というのが私の印象だ。ある日、彼女は私にささやいた。「あのね、私のバストって以前はあなたと同じくらい大きかったの」

その告白は私を仰天させた。これまで私は、ナンシーと自分は同じ種類の人間ではないと思ってきた。思い切って減胸手術を受けた女性の多くは、ナンシーと同じように手術をすれば人生が変わる、と主張する。小さくなったバストを見せてあげる、というナンシーの申し出を受けた。近くによってじっくり観察するまでもなく、私には逆T字形に入れられた傷跡が認められた。たぶん私の目のほうがおかしいのだろうけれど、二つの乳首がなんだかおかしな方向に向いていて、飛行機が軌道修正するための誘導灯を見ているみたいで変だった。

「すてきなおっぱいになったと思わない？」ナンシーが聞いた。

彼女の意見に全面的に賛成というわけではなかったけれど、ブラをつけたり外したりするたびにドンとくる衝撃がなくなるだろうな、と思うと気持ちが動いた。別の種類の人間のほうへと移行することで、ストラップをゆるめてもおっぱいがたるまない人になれる、と想像してみた。ブラだって、肩の上にかつぎあげられるほどの巨岩を支えておくためのごついものではなく、つまめるくらいセクシーなかわいいものになるかもしれない。自分の胸で窒息することなく、ヨガのポーズをとれるかも……という想像にもうっとりする。

ランジェリー・ショップの販売員に「すみません……スポーツ・ブラはワンサイズなんです。申し訳ございません」などと謝られて屈辱を感じることもなくなるのだ。しかし私には、これまで何回か受けたバスト以外の手術の思い出したくもないほどうとましい記憶がある。もう一回あんな思いをする代わりに、私はこの本を別の角度から乳房を取り上げることにする。別の角度とはつまり、自分の乳房への強迫観念を赤裸々に書くこと——乳房のなかにすっぽり入りこむことだ。

この本で、私は読者の方々におっぱいが二つそそりたつ監視塔をくぐりぬけてもらって、みなさんを乳房文化の中心にまでいざなっていきたい。文化といっても高尚なものを求めている人にとっては、この旅は期待外れかもしれない。雑学から入り、おっぱいをめぐる広い範囲のさまざまな分野に分け入り、最後にはやわらかいおっぱいを削ったり形作ったりする手術室までの旅に、私のおっぱいにしっかりしがみついてついてきてほしい。エキゾチック・ダンスのショーに出演する踊り子たちの楽屋に入っておっぱいについて語り、文化人類学者のアカデミックな乳房論に耳を傾け、「どんなサイズも取り揃えております」と自慢する伝説のブラショップの試着室にもつきあってもらいたい。おっぱい雑誌『バスティービューティーズ』の編集室で繰り広げられる、乳房をめぐる言説の改革運動最前線にもご案内したい。また真空圧力を利用したバスト拡大装置、ウォーターパッドを入れたコルセット、「魅力のバストをつくる」と謳うクリーム、薬、パッチやチューインガムといった、急成長を続けるバスト関連産業もご紹介する。バストアップ、乳房の分離や結合、乳房を包みこむ技、減胸、露出方法、布を巻いて押さえ込む技、乳房のなかに何かを入れて形を作る技や乳首にピアスをつけることなど、昔から行なわれてきたさまざまな乳房の改造術についてもご案内する。

この本の執筆中、私の気持ちは揺れ動いた。簡単にいえば「たかが乳房、されど乳房」という思いである。バストをめぐる一般的・客観的なテーマについてだけでなく、私個人の胸についている双子ちゃんについて、もしくは女性であることについて、規格外れのおっぱいについて、さまざまに気持ちが入り乱れた。ネット上にこれほどまでに多くのおっぱいサイトがあるとは思っていなかった。サイトのタイトルのバラエティもすごい。デカパイ・ドットコム、かわいいブラちゃん、そのものズバリ、巨乳・ドットコム、ぴちぴちデカパイ、美乳一覧、原点おっぱい、パイパイ大好き、おっぱい一筋……。あんたたち、頭の中身は五歳？　と聞きたくなるほど世の中はおっぱい好きでいっぱいだ。私の知り合いであるストレートの男性たちもおっぱい大好きだ。ものすごく洗練されていようが、紳士だろうが、知的だろうが、がちがち保守的だろうが、老いぼれていようが、私が「おっぱいの本を書いている」と打ち明けると、頭のなかに浮かぶことは五歳児とたいして変わらなかった。「乳房への強迫観念」とか「乳房フェティシズム」と高尚な精神医学用語を滑りこませてみたり、文化によって乳房の発達具合がちがうとか、精神分析でいう乳房への固着もさまざまだ、という話をふってみたりもした。そんな高尚な話を辛抱強く聞いた男性たちが聞くのはつぎの一点のみ。「それで、その本には写真が掲載されるのかな?」

一方、女性たちにとっても、乳房は別の意味ではてしなく妄想をかきたてられるテーマの一つでもある。この本のことについて私が話をすると、場所も話題も関係なく、女性たちはみんな堰を切ったように自分とバストとのかかわりについて、これまで見たおっぱいについて、そして乳房についての不満について延々としゃべり始めた。行きつけの美容院で担当してくれているケイトとこの本のことを話していたとき、気がつくと周囲の女性たちが耳をそばだてて聴いていた。意を決したように、受付の女性も甲高い声でおっぱいについて話し出し、サロン中の女性たちが加わった。友人の五〇歳の誕生パーティでは、知った顔は友人の夫と子どもたちしかいなかったのだが、この本のテーマが紹介されたおかげで、私は一人の女性と会話が弾んだ。「おっぱいですって!」と女性は叫んだ。「おっぱいについてはいいたいことがあるのよ! だぶだぶの服でこのおっぱいを隠さなくちゃならないことに、もううんざりしているの」私の親友の若い娘さんは、この本のことを知って取材を受けるといってくれた。ロサンゼルスの女子大を卒業したばかりのそのお嬢さんは、「大学では何かというとおっぱいのことを話していたわ」といった。「友だちも私も、頭のなかはバストのことでいっぱいだったのよ」また犬を散歩させていたとき、一人の女性が私を呼び止めて、おっぱいの本を書いていると聞いたけれど、自分の話も聞いてくれないか、といった。「私のはまさに巨乳よ。私の意志とは関係なく、おっぱいだけが勝手に生きている感じなの」

調査のとっかかりとして、私はサイトに「バスト」という言葉が出てくると知らせるグーグルのアラート機能を利用した。登録した翌日からアラートされない日はなく、どのサイトにも最低でも三回以上バスト関連の話題が更新されていた。一週間にアラートされたぼう大なサイトのなかで、「バスト」がチキンの胸肉を使ったレシピだったというのはほんの数件である。

地球上をおっぱいに関する情報が駆け巡っている。そのなかには、職業柄おっぱいに接するさまざまな専門家たちが、乳房への欲望に血迷ってしまった話題が枚挙にいとまなく掲載されている。コネチカット州ニューヘブンでは、肺疾患を専門とする医者が診察中に患者のバストをもんでキスし、その上「やわらかくて美しい」と賛辞を献上したそうだ。その患者の女性は鼻炎で悩んでいた。ロサンゼルスでは音楽の先生が、声楽の個人レッスン中に胸郭の位置を教えるという名目で、ティーンエイジャーの生徒のバストにさわった。イングランド東部のリンコーンシャーでは胃痛を訴えた患者に、ブラジャーをとるように開業医が命じた。両手でバストをつかんで揺らした医者は、「そのデカパイが病気の原因だ」といったそうだ。その医者を訴えた患者は、別の医者にかかって胆石だと診断された。ウェールズの神経科医はてんかんの患者のバストを愛撫した件で訴訟を起こされた。

乳房に関してネットに書かれていることで興味を惹かれる情報に出会うことはめったにないが、バストを表現する絵文字には感心する。左に載せたので見てほしい。

(0)(0)
完璧なバスト

(+)(+)
豊胸手術をしたバスト

(@)(@)
乳首が上向きについているバスト

(o)(0)
左右非対称なバスト

(Q)(Q)
ピアスをしたバスト

oo
Aカップ

\o/\o/
おばあちゃんのバスト

ちなみにヒット数が一番少ないだろうと確信したサイトは、ペチャパイ・ドットコムだ。

巨乳に引きずられながら過ごした年月の長さを考えて、自分はたぶんバストについて人よりも少しは知っていると思っていた。大きなまちがいだった。美容整形と細胞再生についての権威者で、ブラバという豊胸のための器械をつくったロジャー・クーリ医師をはじめ、私にバストについて教えてくれた先生が大勢いる。クーリ医師は、身体にメスを入れることなく、「二つのアホな肉の塊」（クーリ医師の言葉）を十分に大きくすることができるという希望を女性たちに与えてくれた。有名な外科医でエッセイストのロバート・ゴールドウィンはハーバード医学校の名誉教授で、彼のやさしく知恵ある賢者ならではの言葉を読者の方々にも届けたいと思う。豊胸手術をしたバストの大きさでギネスブックに登録されたマキシ・マウンズの知られざる素顔について、この本ではくわしくお伝えする。

彼女のエキゾチックなダンスとポルノスターとしてのキャリアは、ビーチボール以上の記録破りの大きさになるまで手術を繰り返したバストによって築かれたものである。自称「おっぱい探求の旅」を続けた私はピチピチした魅力的な人たちに会うことができたが、その一人がお茶目なおっぱいオタク、人呼んで「ドクター９０２１０」のロバート・レイ医師だ。引き締まった浅黒い身体のレイ形成外科医は、ビバリーヒルズにおっぱい工房を持っている。

乳房が女性の象徴であるといわざるをえないような風潮はバカげているとは思う。それでも西欧の文化だけでなく、最近では世界中でバストは女性らしさを表わすためにますます重要になってきている。たとえば中国では、三〇万人近い女性たちが受けた「アメージングジェル」という名称の人工脂肪を注入する豊胸手術に対し、障害を引き起こす危険性があることから中国政府が禁止命令を出したことが報道されている。よきにつけ悪しきにつけ、バストは女性であることをひと目で伝える器官である、女らしさの象徴なのだ。バストが小さいことを苦にし、豊胸手術を受けようとしていた女性は、「自分が女だと感じられない」と訴えていた。社会は事あるごとに「バストが大きければ大きいほど、女らしい」というメッセージを送ってくる。手術を受けてアニメキャラを地でいくようなバストにする女性がいる一方で、私のような女性は自分が歩くおっぱいのように扱われることにフラストレーションをためてうんざりしている。巨乳の人たちのなかには、たえまない野次と背中の痛みから解放されるために減胸手術という道を選択する人もいるのだ。

女性の友人や知り合いから聞いた話は、女性たちがなんとなく感じていたことを裏づけてくれた。つまりふくらんできたころから、乳房は感情的にもっとも複雑なものを引き起こすわずらわしい身体器官になるということだ。乳房をいとおしく思う理由は山ほどある。はるか昔から、乳房は私たち女にもパートナーの男にも性的快楽を与えてくれた。何よりも赤ちゃんの唯一の栄養源であるし、赤ちゃんを胸に抱いて授乳するときには、人間という動物としてもっとも原初的で永続的な無条件な愛情を感じる。

本書では乳房がある人だけでなく、それを観賞する人たちにとっても、乳房はどんな意味があるのかということ、そしてこの神秘的でわけもなくパワフルな身体器官に女らしさを見るのはどんなときか、ということも考えていきたい。

生理食塩水の入ったバッグを入れる豊胸手術をいままさに受けようとしている患者の乳房から組織を取り出した形成外科医は、大きなバストの女性は、愛情生活においても、人生そのものにおいても成功をつかむことが多い、と私にいった。「しっかり見てくださいよ」と医師はスパナに似た器具を忙しく振り回しながらいった。「ほら、こうやってバストを大きくすることで、人生は上向くんです」

うーん、それ本当？　医師の言葉が議論の余地ない事実だとすると、私はひと財産築き、仕事でも大成功し、誰からもちやほやされる魅力的女性になっているはずなんだけれど。本当にみんな「おっぱいが大きいほうが勝ち組」と思っているのだろうか？　Hカップはちがう人生を送るのだろうか？　もしそうだとしたらどんな人生？　どういう理由で？

そんなことを知りたいような、ちょっと怖くて知りたくないような、そんな気分で答えを探す旅に出た。

# ナイス・チチ

おっぱいとか、パイオツとか、なんとか乳とかいう言葉なしには俗語辞典は成り立たないと思うのだけれど、バストに関する俗語を調べ始めたとたん、これはとてもじゃないが手に負えるものではないことに気づいた。長年にわたって本当に数多くのおっぱい関連のスラングが私に投げつけられてきたことを考えると、そもそもおっぱいの俗語を探す作業が「調査」と呼べるほどたいそうな仕事なのだろうか、と首をかしげた。語源学や辞書の編纂者なんかメじゃない。バストという言葉の同意語を知りたければ、公衆の面前に私が顔を、じゃなかった、胸を出せばいいことである。

おっぱい大好き男なら、またたくうちにこの世界にある言葉を並べることができるだろう。おっぱい、パイオツ、おチチ、ボイン、コイン、ナイン、巨乳、貧乳、美乳くらいはすぐに並ぶ。私のレズビアンの友人の一人は、棚から来た乳房を表わす俗語のラックスというスラングがわけもなくお気に入りだそう。でもこういうありがちな言葉では萌えのレベルが低い。っていうか、いまどきこういうのをスラングといわれても、寒い。おっぱいに関する話をしていれば、そのなかに何百という俗語が登場するし、いまこれを書いている間にも増殖していっている。

バストを表わす言葉は、まともな言語学的法則にまっこうから挑戦しようとする。一般的なものを表わす言葉は、たいてい源をたどることができる形で語彙のなかに入ってくる。形状からくる場合もあるし（ペニスのことを「さお」というように）、ほかの言語から借用する場合もある（ヒンディ語で悪党を表わす「タギー」から、冷酷な人殺しを意味する「タグ」という俗語が生まれた。暗殺するという意味の「アサシン」は、麻薬のハシシを吸って陶酔状態で暗殺を繰り返していたアラブの秘密暗殺団の名称からとられている）。擬音語もあれば（「ハクション！」）、発見・発明した人に敬意を表した言葉もある（「完全制圧する」という意味の「ハーフネルソン」という言葉は、英国のネルソン提督からとられた。「低音殺菌する」という意味の「パスチャライズ」は、フランスの細菌学者パスツールが語源だ）。仲間内で使われていた言葉が一般化した言葉もある。（「じゃあな」という挨拶で使う「Chill」とか、「ぷっつん」という意味の「dis」とか）。バストに関する俗語の多くは、語源をたどっていくとたしかにこういったカテゴリーにあてはめることはできるだろう。しかしどこまでも疲れを知らない言葉コレクターであるリチャード・スピアーズは、バストに関する言葉のなかにはどこから出てきたのかわからない、元の意味が探れないものがたくさんある、と指摘した。唯一必須なのは、複数形で表わされるということだけだ。

「数が鍵をにぎっているんですよ」と『俗語と婉曲語法』など特定分野の言葉を集めた辞書を何冊もあらわしているスピアーズはいう。言語学者として、バスト関連俗語の調査は忍耐力の勝負だ、と打ち明けた。バストの俗語はあらゆるものから想起される。発想の源は、想像を超えたところにあることが多い。俗語を調べる上でこの状態は、ただ手に余る。身体の部位にまつわる俗語に関しては「よくわからない場合、単数形ならばたぶんペニスをさしているでしょう。複数形だとバストです。bazongiesというのは大きくて格好のいいおっぱいのことなんですが、複数形で使われていることで九五%の人がバストの俗語だということを察します。女性の身体部位を指している俗語で複数形になっているのは、意味はわからなくてもバストに関係していると考えられます」とスピアーズはいう。

つまり英語のスラングの場合、単数形ならば男性のナニ、複数形ならば女性のおっぱいと推測がつく、ということだ。スピアーズと私がたまたま挙げた言葉は全部この法則に該当していたが、たぶんほかの言葉でもあたっているだろう。バストに関する俗語は、日常的に使われる言葉と多くの点で共通点がある。「うんち」についていろいろないい方があるように、おっぱいについても同じくらいか、それ以上の俗語があるのだ。俗語というより一般的に使用される言葉として浸透していくものもあれば、一部は隠語のまま表に出ることなく死語となっていく。

ヒューヒューと野次を飛ばされるほどすごいヤジ乳という俗語がある。それならばぷかぷか浮かぶ浮き輪乳っていうのもあっていいんじゃない？　いや、単にいま思いついただけだけれど、あっちゃいけないってわけじゃないはず。車のヘッドライト、メロン、ココナッツ、壺もおっぱいの俗語になっている。それならスポンジボールや野菜の蕪だって俗語になっていていい。あなた自身や友だちの名前をつけた俗語をつくるのもＯＫ。固有名詞は受け入れられるし、むしろ歓迎されるだろう。ほらほら、汚れた足で私のキャシー・リー・ギフォード乳にさわらないでよ、と飼い犬にむかっていってみるとか。ちなみにこれは、大きくてかっこいい美乳を表わしています、はい。

「バスト関連俗語のなかには意味を説明されると、本当にうまいと思われるものがありますね」とスピアーズはいう。「たとえばオーストラリアでノークスという豊乳を表わす俗語があるんですが、これはノルコという乳製品会社が牛の乳房を広告に入れていることから生まれた俗語です」しかし形状やサイズの類似をそのまま言葉にしたものも多い。「レモンより大きいもので呼ぶ俗語はバストを指していると考えられます」そして表現されるものがどれほど突拍子もないものであっても、ことバストに関する俗語であれば、そこにはあいまいさはかけらもない。たとえば身体の線をはっきりと出したセーターを着て街を歩いていて、建設工事現場の足場の上から男性たちに「ナイスな牝牛！」と声をかけられたら、それは私のおっぱいをほめてもらったと考えてかまわないのだろうか？　男性たちは女性の脚を、目を、お尻をほめて見とれてくれる。でも彼らの創造力のレベルを上昇させるインスピレーションを与えるのは、おっぱいなのだ。

スピアーズは一般に広まっているバスト関連俗語のなかで、「おっぱい《ブーブス》」という言葉が一番人に不快感を与えることがなく、広く受け入れられている言葉だと指摘する。自分自身のバストについて話をするとき、女性がもっとも使う俗語が「おっぱい」だから、という理由だ。私のおっぱいが痛いの、垂れてきた、ぶよぶよという具合に不満をもらす。でも女性が自分のパイオツの不快感について女友だちと不満をぶちまけあうかというと、それははなはだ疑わしい。

ほぼどんな人でも「おっぱい」という言葉には心地よさを感じていると思っていた。義理の孫娘はいつも私の「おっぱいちゃん」を自慢してくれる。「おっぱい」という言葉に拒否反応を示す人がはたしてこの世にいるだろうか？　ぜったいにいない、と私は思っていた。ところがいたのだ。夫と私はある晩、私がコラムを寄稿している週刊新聞が開催した一〇周年ディナーパーティに出席した。席が決まっていなかったので、私たちは偶然グラフィックデザイナー、編集者、経理と受付の女性と同じテーブルに座ることになった。私が執筆している本書の話題になったとき、テーブルにいる誰もがおっぱい話をしたがったのだが、ただ一人受付嬢だけは黙ったままだった。自分の皿をじっと困惑した様子でじっと見つめ、なんだか気分も悪そうだった。彼女の友人が突然息を呑んでいった。「あ、私、忘れてた。この人、その言葉が大嫌いなのよ」「おっぱいって言葉が?」私たちは全員で口をそろえて叫んだ。それでこらえきれなくなった彼女は、ついに泣き出した。「おっぱい」という言葉が単に嫌いなだけでなく、アレルギーを起こすのだそうだ。「お願いですから、その言葉を出すのはやめてください」と彼女は泣きながら訴えた。もしやめなければ、帰らなくてはならないという。

もちろん私たちはすぐに話をやめ、虫唾が走るほど彼女が嫌いな言葉を出さないようにした。もっとも忌み嫌われている言葉といえば、「マンコ」だろう。でもなかには、この言葉はイヴ・エンスラーの著書『ヴァギナ・モノローグ』によって意味が再構築され、汚らわしさが消えたと考えている女性たちもいる。ほかには「売女」という言葉も嫌われているが、これについても満場一致ではない。しかし「おっぱい」は子どもたちも大好きな言葉だし、「うんち」と同じくらい無害なものだと思っていた。

もちろんそういう感性は私だけかもしれない。言葉を聞いてどう感じるかは、女性の成育環境に関係している。私の実家では「クソ《ファック》」という言葉を使うのはなんの問題もなかった。「ファック」は思わず出る感嘆の言葉としてはOKだったし、形容詞で「ファッキング」を使うのも許された。ただし

「性交する」という意味で使うことはやや禁止されていた。「ファック・ユー！」はテレビの政治討論会で政治家の発言に対して「くそったれ」という意味をこめて使うのは許されたし、裸足に錆びた釘が刺さったときなどに釘に向かって叫ぶのもOKだった。子どもが自宅でいってはいけない最低な言葉は「ウッセー！」だっただろう。これは発しただけで外出禁止の罰が与えられた。「マンコ」に関しては、ラムチョップにマヨネーズをかけて食べるのと同じくらい、口にするなどありえないタブーだった。「チンチン」はまだ許されたが、同意語の「チンポ」は許されなかった。しかし人によってこの基準はちがってくる。友人たちは私が「クソ」というのを、私の両親がとがめないことに驚いていた。でも母は私がおっぱいのことを「おチチ」といったら、ひっくり返っただろう。「おチチ」というのを彼女は品がない言葉ととらえていたにちがいない。だが私の友人たちのなかには、「おチチ」という言葉を一片の恥じらいもなく口にしながら育った人が大勢いる。

「そこには社会階層によるちがいが大きく関係しています」とスピアーズはいう。「そのちがいを測る究極の物差しとして、「〜チチ」と「〜パイ」といういい方があると思います。全米をまわるうちに、最近になってとくに富裕層と貧困層の使用する言葉のちがいが鮮明になってきたように感じますね」スピアーズは言葉というのはたえず変化しつづけるもので、何かの出来事をきっかけにそれまでタブーとされていた言葉が表舞台で堂々と使われだすことがあるのだという。その一例として、彼は『ヴァギナ・モノローグ』がベストセラーになったことで、「ヴァギナ」という言葉を口に出すことへの抵抗感が弱まったことを挙げた。「でも、もしこの著書のタイトルが『マンコ《プッシー》・モノローグ』だったとしても、マンコ《プッシー》はタブー度がより高いので抵抗感は薄まらなかったと思いますよ」

バスト関連俗語の多くはそのままずばりの下品さがぬぐえないが、一方ではっとするほどアイロニーを感じさせるものも多い。なかには詩的といっていい表現もある。『ユリシーズ』でレオポルド・ブルームが買う好色本『罪の甘さ』を読みながら想像する「ふっくらとうまそうな肉の盛り上がり」という表現や、ウディ・アレンの「あなたさまのすばらしいトマトをこの手で味わってよろしいでしょうか?」という表現とか。

ぼう大なバスト関連俗語をもっと的確にとらえるために、私はカテゴリー別にすることを考えた。分け方は以下のとおりだ。

そのままずばりの粗悪な表現。にきび乳、とかげ乳、胸についたチンチン、錨乳、チンチン暖房装置、ミルクタンク、飼い葉桶、ヒレ肉、釣鐘形ゼリー、男のお人形、乳首キャンディー、こねくりまわし用パテ、胸の垂れ板、シャツのジャガイモ、イボ、パイオツ、肺のピーナッツ、一日中なめていて飽きないもの、胸のタマタマ、もっと露骨な表現として「胸のハム」。私が見つけた乳首についてのもっとげんなりする表現は、「貝の水管」というもの。

地名に敬意を表した言葉というジャンルもある。対象となっているのは世界中の地名。ボストンさまよい乳、ブリストルの街、カラカス、首都にそびえるドーム、ドイツアルプス、グランドキャニオン、半球、グランド・テトン、ジャージー・シティーズ、カンチェンジュンガ山、ミネアポリスとセントポール、ピラミッド、ラングーン、フジヤマ、タヒチ、トラ・ボラ、バビロン、アイガー、アイダホ。

いい意味でも悪い意味でも有名人やチームの固有名詞をつけたバスト関連俗語もおびただしいほど

ある。目の前にすぐに浮かんでくるほど明瞭な表現としては、ドリー・パートンとか、私がかわいいと思っているのが、ポインター・シスターズというの。ロサンゼルスでお金のために親を殺した冷酷な兄弟、エリック&ライルをはじめ、よく考えないと意味がよくつかめない手の込んだ言い回しもある。恋人の乳首にだまされたと思った人が、完全犯罪を狙った殺人者、レオポルド&レーベの二人組の名前をそのおっぱいにつけたのだろうか?

固有名詞の例を挙げておこう。ちょっとおデブなコメディアンのデュオにちなんだ豊乳は「アボット&コステッロ」、アイスクリーム・メーカーの名前はもちろん牛をイメージして「ベン&ジェリー」、かっこいい「ブラッド・ピット乳」、セクシーではつらつとした「アーサ・キット乳」、迫力ある「ボニー&クライド乳」、知恵と力の対決をイメージして「ダビデとゴリアテ乳」、アメリカ大統領にオマージュを捧げて「アイゼンハワー乳」、クリントン元大統領とのスキャンダルで一躍有名になった人物をイメージさせる「モニカ・ルウィンスキー乳」、美しいバレリーナにちなんだ「ヴィヴィアナ・デュランテ乳」、驚異を感じさせる「ゴジラ乳」、英国の香り漂う「ホームズ&ワトソン乳」、宇宙の神秘をかんじさせる「アイザック・ニュートン乳」、ザ・ビートルズから「ジョン&ポール乳」、非暴力を訴えて「マハトマ・ガンジー乳」、かわいらしく「ミッキー&ミニー乳」、童顔で最低女優の汚名をものともしない「ピア・ザドラ乳」、暴走するフェミニストをイメージして「テルマ&ルイーズ乳」など。

バスト俗語の大半は男性たちによってつくり出されているために、軍事用語から引き出されたものがきわめて多いことが哀しい、とスピアーズは指摘する。私も軍に関係したジャンルの言葉をたくさん見つけた。キャノンボール乳、クルーズミサイル乳、三八口径乳、弾頭乳、飛行船乳、二筒式乳、歩兵乳、エルプリモ魚雷乳、砲艦乳、ヘリコプター乳、ＩＣＢＭ乳、曲射砲乳、爆乳、リーサルウェポン乳、手榴弾乳、モーゼル乳、水爆乳、浮き箱乳、発射台乳、レーダードーム乳、サテライト乳、シャーマン戦車乳、スミス&ウェッソン乳、スタンガン乳、掃海艇乳、トリニトロトルエン爆薬乳、Uボート乳、ツェッペリン乳など。私のお気に入りは「ショック・アンド・オウ」という言葉。敵につけいる隙を与えないすばやい奇襲で制圧する、という軍事作戦である。

女性として、もっと重要だと思うバスト語は果物や野菜や異国の風味にちなんだ言葉である。ココナッツ、メロン、かぼちゃ、（お菓子の）トルテなど、舌なめずりするほどおいしそうな響きがそこにはこめられている。男性たちは恋人のトルテッリーニを味わうことを許されるか、もしくはご褒美のごちそうとするかもしれない。しかしなんといってもおいしいバスト語に貢献しているのは、メキシコ料理の数々である。ここに挙げたレシピからとられたバスト語を見れば、それも納得か。カッサバ、チャルーパ、チチ、チミチャンガ、コンシータ、エンチラーダ、ヒヨコマメ、マルガリータ、マンゴ、タマーレス、トルティージャ……いずれも味や形からバストを想像させる。

私にとってもっともうっとうしいカテゴリーといえば、現代社会における男性ホルモン噴出装置である、車から連想されたバスト語である。私のおいしいチミチャンガ乳をいとおしみ、ティートン山脈乳をつまみ、ドリー・パートン乳をもんでくれてもいいけれど、頼むから私のおっぱいをディストリビューター・キャップと褒めちぎらないでほしい。同じように私のエアバッグを、アモルティッシユー（フランス語。ショックアブソーバーのこと）とか、バンパー、グッドイヤー、グリルワーク、ヘッドライツ、ハイビームズ、フード飾り、クラクション、ハブキャップ、リベット、ロータ―、胸板のバンパー、ウィンカーズ、ヴォルボ乳、スノータイヤ乳、減速バンプ、ワイパー乳、ウィネベーゴ乳なんて呼ばないでほしい。

車が発想の源になっているバスト語は、どんどん車線を外れてとんでもない方向に走っていく。二〇〇五年バルワー・リットン・フィクション・コンテストの受賞者で、ノースダコタ州ファーゴのドン・マッケイの小説の冒頭の一行は、最悪の表現から始まっていた。「彼女の豊かな胸をじっと見つめるうちに彼の頭に浮かんだのは、自分のヴィンテージもののトライアンフ・スピットファイヤーについている二筒のストロンベルグ製キャブレーターだった。高度に機能的なだけでなく、官能的なばかりに美しいフォルムで、マニホルドの吸入口の先に誇らしげに突き出しているそのオイル・ダンプナーの小さなぎざぎざのついたキャップは、熟練者の手によって愛撫されるようにやさしく点検され、整備されることを待ちこがれていた」

ウィキペディアには私が見つけたバスト俗語リストなどものの数にも入らないほど大量の言葉が紹介されていて、そのなかにはほんの少し――笑えるくらい数が少ないのだけれど――胸がキュンとなるかわいい言葉がある。パートナーが宝物をいとおしむように彼女のバストを「ラブ・マフィンズ」と呼んでくれたら、とろけちゃうと思わない？　あなたのミナレット（イスラム寺院の尖塔）に登らせてください。篤い信仰の対象になっているような気分にさせられる表現もある。あなたの神殿の帽子かけに私の帽子をかけさせてください。その祭壇で拝ませてください。あなたの神殿の帽子かけに私の帽子をかけさせてください。まあ、いいけれどね、最後の頼みはちょっとお断りしたいところよね。でも以下のような表現にはやさしさと洒落を感じる。二つの月の光、ドッペルゲンガーズ、黄金のドーム、ホーム・スウィート・ホーム（楽しい我が家）、パラボラアンテナ、聖体拝領のホスティアなど。「愛の丸パン」なんていう言葉には慈善団体の無料食事サービスの響きがあるし、「多量の量子」はまちがいなくおアツイ素粒子物理学者が考え出したものだろう。これは私が言われたことなんだけれど、いささか重複した表現。音楽用語を使った表現もあるだろうと思われるかもしれないけれど、私の想像力をかきたてるものは少ない。晩年のウラジミール・ホロビッツがあの悲しげな顔を妻の「月光」のなかに埋めていたことを願う程度である。

意味不明ながら、響きからおっぱいの表現として的を射ていると思わせるものをあげていったとしたら、前にも書いたけれどバスト語はかぎりなく広がっていく。おっぱい《ブーブス》の音の響きから派生した古典的な言葉だけでも、ババローズ、バルーバズ、バズンバズ、チャチャス、ティティス、ナムナムズ、シャッバドーズ……これくらいにしておきたい。

最後にふれておきたいのは、乳房の本来の機能に強くこだわった呼び方だ。ウィキペディアにはそんなバスト俗語が少なからず並んでいる。赤ちゃんの栄養補給器、哺乳瓶、おっぱい枕、神の哺乳瓶、ミルク爆弾、ミルクシェーキ、ミルクワゴン、ミルク壺。私はこういう言葉が大嫌い。嫌いな理由はわからないのだけれど、もし誰かがペニスのことを「精子噴射機」とかいったら……以下略。

ストリップショーやポルノ女優という職業には根本的に惹かれるところがないのだけれど、ただひとつ彼女たちのような芸名は欲しいかも、と思っている。どんな芸名で呼んでもらいたいかを考えるだけで、わくわくする時間が過ごせる。本名やそれをもじった名前を芸名にしている女性はまずいない。こういう業界で仕事をしているエージェントだって、苗字なしで名前だけしか使わないみたいだし。もらった名刺の一枚には、「ワイド・ワールド・エンターテインメント　ブルース」としか書かれていなかった。フォトクラブス・ドットコムのサイト内にある「超巨乳コレクション」では、創造性豊かな芸名のなかに最高のバスト俗語を見つけだすことができる。ディーディー・デラックス（Ｄｅｌｕｘｘｘとｘを三つ並べるところがミソ）、キンバリー・カップス、パンドラの頂、ハニー・メロンズ、そして私の親友であるマキシ・マウンズもいい芸名だ。クリスタル・ガンズ、カイラ・カップケーキズなんてのもいい。おっぱいマローン、バスティ・ダスティ、ティファニー・タワーズにメロディ・フォックス（Ｆｏｘｘｘとｘが三つ並べてあるのがミソ）。ラナ・ロッツ、バスティ・ボゼーナ、オッパイディザイアー、アレクシス・アモーレ、それにダフネ……？　これはすごい。バスティーズやティファニーズという言葉があふれているなかで、ひときわ精彩を放っているのがこれ。

「官能のおっぱいダフネ・ローゼン」

うーん、いいねえ。たぶん私には芸名なんて必要ないのかも。ダフネ・ローゼンと同じく、私も本名でそのままいっちゃうのだ。もしそれじゃイケないっていう男性がいたら、そうね、私のおいしいパンケーキにはありつけないってことよ。

## 私たちのおっぱい、私たち自身

母方の祖母についての最初の記憶は、その胸の谷間の感触とにおいである。彼女の皮膚は薄く、太陽を浴びすぎたためにシミだらけで、胸の谷間は大きな洞窟のようで、頭全部がすっぽり入ってしまいそうなほど深かった。というか、子どもの私にはそう見えた。祖母はその谷間になんでもはさんだ。ハンカチ、お金、読書用のメガネ。その世代のユダヤ人家庭で家を取り仕切る主婦の大半がそうであったように、祖母は石鹼と肉の缶詰を開けたときのようなにおいがした。祖母のブラは母のとはちがっていた。シャワー室の扉にかかっていた祖母のブラシエール（と呼んでいた）はなんの飾りもない無趣味のもので、厚手の綿素材でできたカップは、子どもの頭がすっぽりおさまるキャップが二つ並んでいるみたいだった。その実用一辺倒のそっけなさは、祖母が着ていたエレガントで女っぽい服とは見事なくらい対照的だった。彼女はおしゃれで、九二歳で亡くなるまでファッションに関心が高かった。しかし年をとるに従って髪は薄くなり、入れ歯をはめて、バストも乳房切除したみたいになくなってしまった。我が家にやってくると、祖母は私と一緒の部屋で眠ったのだが、ぺちゃんこになった胸を見るよりも、かつらをとった姿のほうが怖かった。

母方父方を問わず、家系的に我が家の女性たちのおっぱいは大きかった。母方は豊満系の女性たちが勢ぞろいしていて、八個もフックがついた色気もなにもないブラジャーに押しこめられた乳房は、胸に大きな棚板がかしいだみたいなスロープを形づくっていた。下着の圧力から解放されると、大伯母のバストはただ垂れ下がるだけでなく、お互いにそっぽを向いた。二つのおっぱいが東と西を向いて、双璧はけっして出会うことがなかった。いや、近寄ることさえなかった。その間にできた広大なスペースで、サッカーだってできただろう。そんなバカでかいおっぱいをつけている人が、どうやってまっすぐ立っていられるかが謎だった。伯母たちは私たち子どもの誰かの家に葬式やバーミツバのたびに集まり、彼女たちの水を入れた風船のような迫力あるバストが、その身体の真ん中あたりでぼよんぼよんと揺れている光景は壮観だった。親戚のなかでウエストなるものを申告する人はいなかった。ウエストなんてものは、映画スターか非ユダヤ人にしかないとされていた。

そのおっぱいは、たとえば海岸などでは一種独特の存在感で周囲を圧倒した。いまでも私は一族の女性たちが勢ぞろいした海水浴の光景を鮮明に思い出すことができる。ファニー、テッシー、ベルサ、そしてジュリアおばあちゃんはセイウチのごとく浜辺に寝転がっていた。冷たい海水をすくってはその胸にかけて、「ううう」「あああ」「おおお」とか悲鳴を上げる女性たちの様子を見て、幼い私は「水泳」というのはそういう行為をさすものだと思いこんでいた。彼女たちが着ていた水着は、さながら花をいっぱいさしたビア樽で、水泳帽はデイジーの花束のような凝ったデザインから、ハゲ頭の坊さんみたいなビニール製のものまでいろいろだった。こういった親戚の女性たちと、自分の子育てが終わった世代のおばさまやおばあさまたちのおかげで、浜辺はさながら永遠につづく「誰が一番色気がないかコンテスト」だった。この体験が私に、年をとるということの意味を定義づけた。浜辺でかわいく見せることをやめて、ビア樽のような水着にハゲ頭みたいな水泳帽をかぶり、鼻にたっぷりと白い日焼け止めを塗ること――それが老いるということなのだ。

私はぜったいにかわいく見せるのをやめないぞ！　と固く誓った。もし水着を着るのが許されない体型になったら、ぜったいに着ない。水泳帽なんて死んでもかぶらない。おっぱいをおへそに届くほど垂れ下がらせることは、断固阻止するぞ。

そして年月が流れ、いま裸になると私のバストはおへそとキスしそうになっている。私は自分のバストと平和協定を結んでいるが、多くの知り合いの女性たちは戦闘状態にある。若かろうが年をとっていようが、たとえ自分のバストがひそかに気に入っていても、手放しで自分のおっぱいを自慢する女性には、私はまずお目にかかったことがない（豊胸や減胸手術をした人たちは例外だ）。クレイグスリスト・ドットオルグという出会い系サイトの「ベスト・オブ」という自己アピールコーナーに書かれているみたいに、手放しのおっぱい自慢ができればいいのに。「おっぱいってほんとにおもしろい。いつでも遊べるストレスボールみたい。身体にぽんぽん弾むものがぶら下がってるんだよ。見とれるくらいきれいで、その上遊べて、全然あきない。私のおっぱいは元気いっぱい！　朝には「さあ、行くぞ！」って張り切っちゃってるの」

おっぱいが元気いっぱい？　この人、どっかおかしいんじゃないの？　私が知っている巨乳の女性たちの大半は、ブラジャーのなかに重くてかさばるおっぱいを押しこんで持ち運びしていると、一日が終わるころには、もう、ちょっと触れただけで痛くて、おっぱいもぐったりしているといっている。それに成熟した、ま、いってみれば元気いっぱいのピチピチしたティーンエイジャーや若い女性のバストも、少なくともその持ち主からは当然の正当な評価を得ていないのがつねだ。イリノイ大学のメディア研究者であるクリステン・ハリソン博士は、とくにティーンエイジの女の子たちにとって、人生は「自分をみじめにする出来事がつぎからつぎへと襲ってくる」ものだという。思春期の女の子で、バストが大きいことでハッピーになれる子はまずいない。若い女性にとっても、よほど運がよくなくてはバストが大きいことに喜びを感じて、自分のバストが好きになるということはないだろう。ＴＶをつければ登場する、お色気の権化であるジェシカ・シンプソンでさえも、若いころは自意識過剰で、自分の早熟なバストに「罪悪感を覚えていた」と打ち明けている。「いまになって、みんな私のおっぱいがいいっていってくれるのよ」と彼女はいう。

推測するに、性生活を送っている女性なら誰でも、バストにキスされ、愛撫され、ときには拝まれたりもしているだろう。私はこれまで「きみのバストもいいんだけれど、僕はもっと硬めでぷりぷりした感じのほうが好きなんだよなあ」などとヌカす男性に一人もお目にかかったことがない。実際のところ、私のこのおっぱいをあるがまま愛してくれない男性には会ったことがない。女性の裸の胸を前にして、あえてその欠点をあげつらうアホ男なんているのかしらね？　パメラ・アンダーソンのバストに執着することはさておいて、たいていの男性たちは自分が手に入れたバストで満足しているものだ。そしてたとえどんなサイズのバストでもエロチックな快楽を提供できることをありがたく認めたとしても、多くの女性たちは自分にくっついているものについてお世辞の一つもいわれようものなら、思わずこんな反応をしてしまう。「なんでよ……この古びたおっぱいのどこがいいっていうのよ」

たしかに自分のバストにひそかに自慢に思っている女性たちはいるにはいる。あえて自分の「元気いっぱいのおっぱい」を褒めたたえる言葉を書いたりはしないけれど、私の知っている三四歳の女性は、自分の75Cカップを「手のなかにおさまる完璧なバスト」と思っている。彼女、アリエルは自分の身体のほかの部分についてはかぎりなく欠点をあげつらうのだが、少なくともおっぱいについてだけは「ラッキーだったわ。青筋が立っていないし、毛も生えていないし、乳輪の大きさも瓶の蓋くらいでちょうどいいのよ。すごくきれいだし、ハリもあるし、でもきっと年をとるとだんだん垂れていってしまうんでしょうけれど」という。ほかの女性の裸をロッカールームで盗み見るたびに、アリエルは理想的な脚やうらやましいほどきれいなお尻を見てため息が出る。「でもね」と彼女はいう。「ほかの人のバストを見るたびに、自分のほうがいいと思う」

アリエルの自分のバストに注ぐ愛あるまなざしには励まされる。しかしより魅力的な、さもなければ健康的で実用面からも完璧なバストを求めてやまない美乳マニアが増えつづける現在の風潮を考えると、彼女は一服の清涼剤のような例外である。自分のバストに満足しているのとは対照的に、ほかの多くの女性たちがいかに不満をもっているかが際立ってくることをアリエルも認めている。たとえ理想からほど遠いとしても、男性たちがそう思っているとは聞いたことがない。いや、本音では男性も私のバストを理想だとは思っていないはずだ、と私たち女性がいくら断言しても、男性は何もいっていないのだ。バストについて声高に批判しあっているのは私たち女性で、面と向かってダメ出しをしているのが、下着メーカーのヴィクトリアズ・シークレットである。

つまり敵は女性なのだ。

もし理想の乳房に対する手がかりをエンターテインメントとポルノ業界に求めたとしたら、大きくて、引き締まっていて、グレープフルーツを半分に割ったような半球形の乳房が、ほっそりしたピチピチボディにくっついていなくてはならないと思いこんでしまうだろう。しかし7号という細身の服のサイズが着られるボディに、硬く引き締まった巨乳をくっつけようとしたらその方法はたったひとつしかない。豊胸手術だ。

矛盾をはらんだボディへの執着は、乳首のないバービー人形で遊ぶ子ども時代に始まり、「豊満な細身」が理想体型だという風潮によって増幅されていく、とイリノイ大学教授で、コミュニケーション論の専門であるクリステン・ハリソンはいう。ハリソンにとって「豊満な細身」という女性の身体の矛盾した表現は、たとえば「堂々たる小柄な体格」とか「がっしりしたかわいらしさ」という矛盾した語法で表わされる皮肉に近いものがあるという。女性の身体部位のひとつが優れているとなると、心理的なゲームが仕組まれる。バストが気に入っていれば、お尻のことはけなさなくてはならない。遺伝的に、またはピラティスヨガのおかげで奇跡的におなかがぺちゃんこだったら、漫画家のR・クラムが描く、肉がこんもり盛り上がったムチムチの太腿という代償を払わなくてはならない。引き締まった格好のいいお尻はフライドエッグ以上大きくないバストと、高い頻度でセットになっている。

私たち女性が注文するのは、スペシャル・セットだ。ミートローフも、ヘルシーサラダも、全部一緒に盛りつけてもらいたい。ウェイトレスが何回も「メニューの変更はできません」と不機嫌な顔で繰り返しても、なおも生まれながらに具わっている身体のセットを変更してくれと食い下がるのをやめない。私自身はジムに通いつづける根性はないが、友人たちの多くは個人的に専属トレーナーを雇って、エアロビクスやウェイトトレーニングやエクササイズではできない身体改造をやってくれと無理難題を突きつける。「私はこのお尻がいやなの」「ちょっと、このウエストをどうにかしてくれない?」ああ、どれだけ大金を積んでも、おっぱいだけをもっと大きくしてくれる専属トレーナーはいないのよ。身体のほかの部分のサイズが小さくなれば、おっぱいも一緒に小さくなっていくものなんだからね。

私の場合は、なんでほかの部分が全部小さいのに、おっぱいだけがかくも巨大になったのかワケがわからない。いきなり巨乳になってしまったのよね。花粉症になって、ニキビができて、走りで世界最遅のタイムを出したと思ったら、巨乳になっていた。

「大きくて何が問題なんだ?」とは吐き気がするくらい何回も聞かれたことなんだけれど、それでもなおかつ「大きさは問題ではない——研究が進む」という記事には思わず目を奪われ、どうかペニスの話だけではありませんようにと小さい文字で書かれているサブタイトルを確かめてきた。二〇〇五年、研究者たちがロサンゼルスのアメリカ心理学協会に働きかけ、MSNBC/エル・オンラインの協力を得て、五万人の女性と異性愛の男性を対象に自分とパートナーのバストをどう思っているかをたずねるアンケートを実施した。その結果、七〇%の女性がもっと豊かで丸みのあるバストが欲しいと回答した一方で、五六%の男性は自分のパートナーのバストが好きだと答えた。もっとこまかく見ていくと、自分のバストに対して満足している割合が高いのは、一八歳から二五歳の女性たちだが

（それでも三三％しかない）彼女たちの三七％はもっと大きなバストが欲しいと答えている。二〇代の女性たちのうち、二二％がすでに「垂れてきている」ことを気にしていて、そのパーセンテージは年齢を増すごとに高まっていく。男性たちも「下垂」には敏感で、少なくとも二〇％（この数字はアンケート回答者の年齢に比例して増える）がパートナーの乳房が「垂れすぎている」と答えている。

興味深いのはこの研究がポジティブに報告されていることだ。つまりこれって、男性がバストのサイズを気にしてないってことじゃない！　この調査結果は世界中のニュースで取り上げられ、要点は「男性は私たちが思っているほど軽薄ではない」とまとめられた。しかしこの結果がなぜそれほどまでに驚かれたのだろうか？　なぜ男性も女性も大半はバストに満足しているはずがないと思いこまれていたのだろうか？　朗報はさておき、問題は四四％の男性たちが、もし魔法の杖があればパートナーのバストをもっとステキにしたいと答えていることだ。匿名ならば打ち明けられる正直なその気持ちを、パートナーにはあえていうことではないと考えているわけだ。魔法の杖といえば、八五％の女性たちはパートナーのペニスの大きさに満足していると答えている。行間を読むと、彼女のおっぱいがもっと大きいほうがいいなと思っているペニスが小さい男性がいるかも、ってことだ。

それってちょっと不公平ではないか。

わりに最近のこと、わが家に女性たちに集まってもらって、バストについて自由に語り合う会をもよおした。年齢は、三〇代前半から七〇代後半までと幅広い。子どもがいない人、孫がいる人、母親たち。一人は話し合いの間にも授乳していた。異性愛者も同性愛者もいて、それぞれの乳房は大きさ、重さともにさまざまであった。会の目的は六〇年代に女性のための性のテキストとしてベストセラーになった『私たちの身体、私たち自身』のむこうを張って、「私たちのおっぱい、私たち自身」を語り合うことで、できれば思いっきり軽薄な話が出て、刺激的であってほしいと願った。みんなを盛り上げるために、私はドアの「ようこそ」のサインボードのところに、ギネスブックに「豊胸手術で世界一の巨乳」として登録されたマキシ・マウンズの写真をプリントアウトして貼っておいた。飛行機製造メーカーのボーイング社がデザインしたにちがいないビキニトップを突き破りそうな勢いの巨乳は、片一方だけで子ども用のビニールプールを占拠できるだろう。

コメディアンのケイト・クリントンは以前に私に、レスビアンのパーティで行なわれるゲームのことを話してくれたことがある。トップレスになった女性たちが向き合って二列になり、前かがみになってておっぱいを突き出すようにし、一人ずつその間を通り抜けていくのだそうだ。これは「洗車ゲーム」と呼ばれているとか。こういうユーモアたっぷりの遊びはすごく好き。女性たちが自分たちの持ち物で大騒ぎして遊ぶなんて、ステキじゃない？　男性の乳房への執着が入りこむとその楽しさは阻害されてしまうけれど、女の子だけだったらおっぱいはすごく笑えるおもしろいものになる。

ところが思いもよらずこの会は暗く深刻なものになってしまって、私はがっかりした。会の参加者たちはおっぱいにまつわる苛立ちと憤懣をぶちまけた。サリーとケイトはもっとも年長の二人で、母親たちに胸が大きくならないようにとさらしを巻かれ、しつこくチェックされつづけたという苦い思い出を語った。両極端の話も出た。五〇代で巨乳の私が「ぺちゃんこ胸から巨乳へ」いきなり（一週間くらいで）変化した話を語ると、一方現在五四歳のメイドリンはいずれ大きくなると信じて、あくまで予備のつもりでＡＡカップを買いつづけ、ついにあきらめるまでの話をした。赤ちゃんをあやしながら参加した三四歳のKCは、自分のおっぱいがほかならぬ「ミルクタンク」以外なにものでもないと疲労困憊の末気づくとは、出産するまで想像もしていなかったといった。

七六歳のサリーはいまごろになってバストがどんどん大きくなっていくことに怯えている。「この年で大きくなってもなんの役にも立たないのに」と両手でおっぱいを抱えて、吐き捨てるようにいった。「どんな目的であれ、こんなもの無用の長物ね」。そこでブラジャーの問題を取り上げ、私は口角泡を飛ばして語った。ワーナーズとワコールという大手ブラ・メーカーに憤りの矛先は向けられ、その勢いはかつて冷戦時代に産軍協同を攻撃したときと同じくらい激しい。「胸を小さく見せるブラのためになんで私が七五ドルも払わなくちゃいけないの！　なんでほかに選択肢がないわけ？　これは陰謀よ！」ゴージャスなメイドリンには自慢できるおっぱいはないけれど、キャサリン・ヘップバーン並みの彼女の美脚には誰もが悩殺される。「でも私はね、脚がいくらほめられたって関係ないの。私が欲しいのは大きなおっぱいだけ」

「私はギリシャ系で、血筋として女性は全員おっぱいが大きいのよ」というのは自分も巨乳のキャシー・ハレーだ。gURL・ドットコムというサイトの編集者で三八歳。ここには女性たちが関心を寄せるページがいろいろ展開されている。「自分らしく生きる」「信じるもの」「マイナスの感情」のほか、スポーツ、デート、健康とセックスなど。私はそのなかにあった「おっぱいファイル」というページで、年長の女性たちもふくめて、サイトがターゲットにしている一八歳以上から三〇代の女性たちが書き込んでいる内容を見て、ハレーにコンタクトをとった。トピックスとして「大きいおっぱい」が取り上げられているところにこんな書き込みがあった。「私はバストが大きい。相対的に見ると小さいとか、ふつうとかではない。絶対的に大きい。小さい人と比べて大きいとか、ふつうよりも大きいとかではない。ただひたすら大きい。ぴったりしたTシャツを着て大きく見えるとか、ルーズなシャツを着ても大きく見えるとかではない。ただただ大きい」

その書き込みをしたナオミ・オーデスは、胸が大きいという一大事が日常生活の各方面にどれほど影響を及ぼすかについてこう語る。「いまや私はこのことをはっきり認識しているのだが、それでも人々は私にそれを思い出させつづけてくれるのをやめない。まるで世紀の新事実を発見したみたいに。高校時代には男の子たちが、自分たちがその事実を発見したと思って、私が廊下を歩いていると無邪気にわめきながらついてきた。「おいおい、おまえ知ってたか？　おまえのおっぱいデッカイぞ」そう、どうもありがと」オーデスは胸を見るとにんまりする男性たちに、水着ショップの女性店員に、そして水着メーカーに憤慨をつのらせる。書き込みのすべてをマントラのように締めくくるのは「ほっといてよ！」の一言。

ハレーにはそういう気持ちがよくわかる。「私は何回となく減胸手術を考えたし、人に勧められもした。でも私には厳格なところがあるのね。髪を染めないし、禁欲的なのよ。髪を切るのに高いお金を払うのも許せない」でもハレーがいくら自分はこれでいいのだと思っていても、胸が原因で街で男性と敵対関係になってしまうことも認める――もとい、男性「たち」と、だ。「男性たちに対してキレないようにしなくちゃならないのよ」と彼女はいう。あるときサンフランシスコで男が一人やってきて、いきなりバストをつかんだことがあったそうだ。ハレーはキレた。「頭に血が昇って、そいつのあとをついていった。ずっと叫びつづけてやった。いまにも殴りつけられそうだったし、通りではみんな立ち止まるし、バスまで止まったのよ。それでもわめきつづけた」ハレーはポカンと口を開けて眺めるやつは無視しようとしているし、何かあれば賢く反論しようとしてきた。以前はおっぱいを隠そうとしてきたが、もうそれはやめたのだそうだ。gURLの編集者であるハレーは、ティーンエイジの女の子たちから、バストに望まない注目を集めることに慣れることがなく、彼女たちが自分のバストは目立ちすぎると考えている話をよく聞く。そこでこのサイトでは、野次を飛ばすやつから逃げたり、ぶちのめしたりするショックウェーブのゲームをインストールできるようになっていて、この種の不安や不満が解消できるように対応している。『ストリート・ハッスル』というゲームだ。

私はMSNBC／エル・オンラインでバストについてのアンケートを企画したデビッド・A・フレデリックと話をした。フレデリックは、身体・醜形・障害の分野にかけてはまちがいなく世界NO.1の中心地であるカリフォルニア大学ロサンゼルス校で社会心理学を専攻している大学院生である。「アンケートにはバストの下垂についての質問を加えたのだけれど、（その答えを読んで）どれほど多くの女性たちが自分の身体についての不満をもっているかを知ってただ驚いたよ」と彼はいった。この調査であきらかになる問題のひとつは、女性たちがパートナーから美容整形を勧められたことがあるかどうかである。フレデリックが衝撃を受けたのは、思ってもみなかったほど多くの女性たちが豊胸手術をしていたことで、何が正常かを判断する身体観が揺らいでいることに気づいたという。私たちの周囲ではバストはどんどん膨張していくばかりで、生まれつきのままの乳房が小さく見えてくる。同時に人工的につくりかえた乳房が女性にどれくらいマイナスの影響を与えるかをフレデリックは知りたいと思っている。社会が先入観としてもっている「自然な身体」とはどのようなものなのか？　「これが四〇歳の身体」と弁解を加えず淡々といえる女性は絶滅したのか？　換言すれば、バストもヒップも大きい細身の身体を理想とする風潮は、元気で健康的でありのままの自分でいることを誇りに思うという女性に影を落としていないだろうか？

ハリソン博士が自分の学生たちに理想体型について言葉を替えて聞いたとき、胸が大きいことよりも痩せていることを上位に置く人たちが多かったという。しかしハリソン博士は、現在のマスメディアで取り上げられる理想体型は痩せていて胸が平らな女性ではないことを知っている。痩せていて、しかも胸が大きいのが理想なのだ。「だから私は身体の本をつくったんです」と彼女はいった。いくつかのパーツにわけた身体を好きなように組み合わせることができる本で、ハリソン博士は若い女性たちに自分の理想のボディを組み立ててみなさいという。すると、別に驚くことではないが、ほとんどの若い女性たちは大きな胸と細身の身体を組み合わせるのだそうだ。しかしハリソンにとっての関心事は、メディアがどのように人の欲望に影響を与え、形成していくかということなので、その結果を女性たちのテレビの視聴時間に関連づけようとした。相関関係はあきらかだった。視聴時間が長いほど、女性たちは自然のままではまず出現することがないバービー体型を望む。「私たちは理想体型を非常に狭い範囲で、つまりＢＷＨを九〇‐六〇‐九〇センチに規定してしまうメディア環境のなかで暮らしています」とハリソンはいう。「屋外の大型看板に登場するモデルたちを眺め、雑誌を読み――知らず知らずのうちに洗脳されていくんです。理想体型はどこにでもあらわれます。果てしなくつづく刷り込みで、そこから逃げる術はない」

ときどき私はくだらないテレビ番組をだらだら見つづけたい気分になる。そんな気分のある日曜日、私はCBS放送の人気ミニシリーズ『壊滅暴風圏Ⅱ：カテゴリー7』をじっくり見てしまった。

どうやら神のご意志で世界が崩壊にむかっていく、というこのドラマは、前作から荒唐無稽だ。すでにシカゴ、ニューヨーク、パリなどの都市が崩壊し、カテゴリー7ではワシントンDCが前後の脈絡なくいきなり崩壊の危機に瀕していて、恐怖に慄く首都の住民たちを救うことができるのは、ただ一人の女性であるという設定。その女性はシャナン・ドハーティー演じるFEMAの科学者だ。彼女が司令部を大股で歩きまわるたびに、完璧に染められた髪が顔にびしばしあたるのを眺めているうちに、私は複雑な思いにとらわれた。FEMAって連邦緊急乳房局の略なの？　この女性科学者——きわめて有能で、大統領から直々に任命された司令官で、その決断が地球存亡に直接的にかかわっている、という役どころ——の一番目立つ身体的特徴は、もうおわかりのとおり、バストなのだ。そのバストときたら、わずかしか覆っていないシャツからはみだしそうな勢いで、高々と突き出ている。なんかね、このシャツ、ヴィクトリアズ・シークレットのカタログで見たことあるんだけれど。

ハリソン博士がいうとおり、若年層の消費者たちに刷り込まれる理想体型のイメージは、油断も隙もなくどこからでもあらわれてくる。

そんなイメージが若い女性たちに苦悩を与えていることを、私の若い友人のミーガンと話して確かめた。ミーガンはロサンゼルスにある女子大を最近卒業した。赤ちゃんのころから彼女を知っている私は、すくすくと魅力的な女性に育っていく成長過程をかたわらで見ていて、娘が共学の大学に行って男女関係の過酷なドラマに翻弄されたり気もそぞろになったりしてほしくないと配慮して、女子大に行かせた両親の気持ちもわかる。しかし女子大に入学する女の子というのは、一時代前の古臭い女性観にとらわれていて、自分に過酷なばかりに厳しいそうだ。「私たちはひっきりなしにおっぱいのことを話題にしてた」とミーガンはいう。健康的でブロンドで、豊満なバストのミーガンは、鋭い知性と回転の速い頭をもち、欲望に関してもあけっぴろげに話してくれる。ミーガンがいうには、通っていた女子大は自己憎悪教の信者が集まる寺院のようなところだったそうだ。トイレは過食症の人たちが吐いたあとで汚れ放題。将来は医者に、法律家に、政治家に、学者に、作家に、俳優になろうとする女性たちが集まっている大学だ。ところが学問によって身を立てようとする夢は、美しくなりたい、それ以上に痩せたいという欲望の前に色あせていた。正確には、バストが大きくて痩せた女性になりたい、だ。棒みたいに細くて、おっぱいだけが突き出ている体型。「友だちのエスターは口を開けば豊胸手術の話だったけど、彼女のおっぱいは最高にかっこよかったのよ」とミーガンはいう。「でも彼女はハリウッドで映画スターになりたいんだって」

二二歳という若さであっても、ミーガンはセックスのときに騎乗位にはならないようにしているのだとか。仮に自分が上に乗ることがあっても、そういうときはブラをつけたままにする。若くて引き締まっているにもかかわらず、自分の75Eのバストが、たとえセックスしたいと思うくらい好きで信頼できる相手でも、男性の目の前で揺れることを想像しただけで引いてしまうという。「親友のおっぱいは私と同じサイズで、ブラをつける必要がないくらい硬くて引き締まっている。でも私のバストときたら、ブラのなかにしっかりおさめておかないとどこにいっちゃうかわからないのよ。女の子だけでトップレスになってラインダンスをしたことがあったんだけれど、そのときの写真を見てぞっとした」

「友だちのなかでは私のおっぱいは大きいほうなの」とミーガンは続ける。「チューブトップなんかとっても着られなくて、そのことがつらい。でも巨乳とはいえないから、隠したいときには隠せる。誰かに「あの子、胸大きいよね」とかいわれたら、きっとコンサバな服を着なくちゃ、とは思うのね。ボタンダウンのシャツとか。バストのことが原因で、最低でも一カ月に一回は家から出られなくなっちゃうことがある」

ミーガンは胸の谷間《クリーベジ》についても困惑していることを認めた。「『セックス・アンド・ザ・シティ』の再放送をよく見ていたんだけれど――前はすごく嫌いだったのよ――あそこに出てくるバストの何かが私をムカつかせて、自分のサイズについて自意識過剰にさせるのよ。がりがりに痩せているハリウッド女優が胸の谷間を見せびらかしていると、それがかっこよくて流行なんだと思いこんじゃうじゃない。ジュリア・ロバーツだって『エリン・ブロコビッチ』で胸の谷間を見せるカッコで品のない女を演じたけれど、ちっともそうは見えなかった。でも、もし痩せていなくてもっと胸が大きい女が同じように谷間を見せたとしたら、それはちょっとヤバイんじゃないかと私のなかで警報が鳴るのね。だから「小さいおっぱいの谷間はかわいくて上品。大きなおっぱいの谷間はダサクて下品」なのよ。『セックス・アンド・ザ・シティ』では女性たちが上に乗ってセックスするときにはブラをつけているの。私はそこからヒントを得たのかも」

私の知り合いの女性のなかで、唯一自分の身体を卑下しないのはアリスだ。アリスは乗馬インストラクターと馬のトレーナーの仕事をしていて、バストサイズは85E。身体に対する自信は、厩舎のために重い借金を背負ったことで、大金を稼ぐ必要に迫られたことで生まれたのだという。アリスはストリッパーになって、ボストン郊外のサウスショアにある全裸で給仕するクラブで昼間働いていた。身長一五五センチで、がっしりしたスポーツウーマン体型のアリスは、当時すでに三五歳だった。面接のときいわれたのは、当然のことながら、とにかく裸を見せびらかせ、ということだった。「たしかにうまい見せ方というのはあるにはあるけれど、実際にやらなくちゃいけないのは服を脱ぐことがすべて」とアリスは私に語った。「女の子のなかにはダンスができる子もいたんだけれど、そういう子は胸がないのね。見せびらかすうえでおっぱいに問題があるようだったら、胸が大きいふりをすればいいのよ」ラップダンスはとりわけ有効なごまかし方で、男性たちは女性の身体に手をふれることは許されないので十分だませる。アリスは男性客の顔の前にバストを突き出して、谷間にチップをはさんでもらうことができた。そういう自分を嫌悪しただろうか？　自尊心は傷つかなかったのか？

ちっとも、とアリスはいう。「あのときほど自分に力があることを実感して、人生を変えた経験はなかったわね」ステージネームはフェニックスだった。「自分の自我にとってすごくよかった。自分がセクシーだと感じたし、どこにいっても男性たちが目を丸くして見てくれた。セックスを発散しているだけでね。乗馬クラスの生徒の前に立つときに必要な自信をあのとき得ることができた」アリスはランチタイムにやってくる客に全裸でサービスしていたのだが、「客たちが見ているのはおっぱいしかない」ことにすぐに気づいた。馬に乗るときに、ときどき自分の胸が大きくて邪魔だと感じていたし、減胸手術を受けるべきだと勧められたこともある。「でも手術には踏み切れなかった。私のおっぱいは私の人格のなかで大きな部分をしめているから」

もちろんアリスのいうことには一理（もしくはおっぱいなみに二理？）ある。バストが女をつくるのではない――少なくとも、私はそう思いたい。でも自分のバストに親しみをもち、いとおしく思っていれば、心の平穏と居心地よさを感じるだろう。ミーガンのために、アリスと同じくらい自分の身体とバストに自信がもてる日が一日も早く訪れることを祈るばかりである。彼女の母親の親しい友人としては、もちろん自信獲得のための手段がストリップダンスではないことも祈るが。

# 乳房のナゾ

高校一年のとき、ロングフェローの叙事詩『エバンジェリン』を読む授業ではっきりと覚えていることがある。授業では順番に声に出して朗読していったのだが、髪がぼさぼさで気の小さいステューイが読む節のなかに「胸《ボソム》」という言葉がふくまれていた。ステューイはためらって口ごもった。たぶん自分の番が来る前に、カストロがクラスにミサイルを撃ちこんで、教室が消滅してくれないかとかなり真剣に祈ったはずだ。「胸」だって‼ キャハハ！ いやはや、そのころの私たちがいかに無知なアホだったか！ 「胸」という言葉を口に出すのは、うんこを褒めたたえる詩を厳かに読めといわれるのと同じくらいの恥ずかしさだったのだ。

思春期前の少年少女たちは「胸」ごときでヒステリックに爆笑していたわけだが、私たち女の子の誰ひとりとして、いつか自分も世界中で困惑のタネとなる乳房を所有することになるとは考えもしなかった。そのころの私は、「乳首」や「おっぱい」という言葉が出てくるだけで顔が青ざめるほど狼狽した。でもひそかに、「胸」という言葉は健康的でいい感じだと思っていた。時代遅れな言葉で、いやされる。祖母や大伯母は「おや、このドレスはおまえさんのかわいい胸を目立たせちゃうね」とよくいっていた。「胸」は母や祖母がもっているもの。「胸」は授乳のためについていてふくらめばふくらむほどいい。ティーンエイジャーのころ、母とケンカしたあと仲直りするときに、よく母の胸に顔を埋めた。くつろいでテレビを見ているとき、八歳になる義理の孫娘は無意識のうちに頭を私の胸に載せて憩いの場所にしている。

人類の進化の過程で、性的な対象ではなく、授乳時と幼い子どもがなぐさめを得るためだけに役立っていた乳房が、どのようにして男性たちの憧憬の対象となり、女性たちの性感帯となっていったのだろうか、と考えることがある。人類進化史のどこかで、「胸」は「乳房《ラック》」になった。「乳首」は授乳するだけでなく、愛撫されるところになった。「いいおっぱい《ティッツ》だね」というほめ言葉が生まれた。子どもに母乳を与える役割と同じくらい、性的快楽を与えたり、与えられたりする器官として、女性たちも乳房を誇りに思うようになった。

乳房という器官は、乳腺の束を脂肪で包みこんだものにすぎない。思春期にはエストロゲン（卵巣ホルモン）とプロゲステロン（黄体ホルモン）という女性ホルモンが生成されることで、女性の身体には丸みが出るとか生理が始まるといった第二次性徴があらわれ、その一つとして乳房がしだいにふくらみはじめる。乳房の成長は最大四年間にわたって続く。どれほど小さな乳房にも、乳腺葉とよばれる束が一五から二〇ある。乳腺葉にはごく小さい腺房と呼ばれる粒が何千個とついている。ぶどうの房にも似た形の乳腺葉がまとまって管（乳管と呼ばれる）をつくり、腺房でつくられた乳汁を授乳期間中に乳首から出すのである。授乳期間中には、二ミリ以下の細い乳管に乳汁洞と呼ばれる小さな貯蔵場所ができることで乳房は膨張する。乳房は乳腺組織を保護するための脂肪と、それら全体を包みこむ皮膚の関連組織からできあがっているが、それを胸部にくっつけているのが靭帯である。これがやっかいなクーパー靭帯と呼ばれるもので、年齢とともにその強度は衰えていき、私たちを恐慌に陥れる「クーパーの下垂」を引き起こす。

乳房をざっと解剖学的にまとめてみた。身も蓋もないいい方をすると、乳房とは乳汁の原料となる血液と、乳汁をつくるための腺と、それを出すための管を脂肪で包みこんで皮膚で覆い、乳首で蓋をつけたという色気のかけらもないただの袋である。なぜこんな袋に大騒ぎし、欲望がかきたてられ、もっとかっこいい袋が欲しいと必死になり、少しでもしぼんだりしたら落ちこむのか？　Aカップのバストは一〇〇グラム強で、Bカップになると二〇〇グラムほど。乳首は上下、左右いろんなところを向いているのがふつうだ。ほとんどすべての女性の乳房は左右非対称である。それにどれほどジムで胸筋を鍛えても、鳥のように両腕を振り回す体操に励んでも、乳房の形は遺伝子と体脂肪によって決まっている。女性の「ちっちゃなバスト組合」の会員証は、生まれる前にすでに発行されてしまっているのだ。

すべてのバストは、いつかは垂れていく運命にある——あなたの胸にぶら下がってしがみつく。年をとるとバストの張りをつくるコラーゲンというたんぱく質が失われていくためだ。乳腺は感傷的な価値以上の存在ではなくなり、役割を終えてまばらになっていく。乳腺がなくなって空いた隙間を埋めるように進出するのが脂肪である。おっぱいが膝のところまで垂れ下がっている姿でおばあちゃんを描いて怒りを買う漫画家はほとんどいなくなったが、現実には皮膚が年齢を増すごとに弾力性を失っていっておっぱいが垂れ下がるのは避けようがない。乳房を覆っている皮膚の弾力がなくなっていくと、おっぱいは重力に逆らうことに疲れて下がっていく。

女性ホルモンが毎月急に増加したり減少したりを繰り返すことで起こる生理現象の影響を受け、乳房を大きく、または小さくしていた細胞は、加齢とともに癌へとつながる突然変異体をもっとも起こしやすくなる。乳癌が引き起こされる原因はまだ十分に解明されていない。寿命が延びている現在、八人に一人の割合でなるという乳癌の不安から逃れるためには、定期的にマンモグラフィ検査を受けるしかない。かかりつけのいつも穏やかな産婦人科の医師に、最近私は「私の年代の女性にとって産婦人科医の先生というのは、癌検診をしてくれる医者なんですよね」と指摘した。すると男性の先生は「いや、産婦人科医の仕事は本来は……ああ、でもそうですね。おっしゃるとおりです」と認めた。

原始時代の女性たちもまた、私たちと同じように乳房に授乳と性的な役割の両方を見出していたのだろうか？　言語が発達する以前にも、男性たちは美しい、たとえば丸石のような乳房を見ると思わず身を乗り出していたのだろうか？　妊娠時や授乳時ではないのに大きなバストをつけている哺乳類は、人類だけである。つねに乳房が大きいままであることを選択した利点は、進化史ではなんだったのだろう？　まずは子どもにおっぱいをあげるために大きくふくらんだ乳房が、ほら穴で生活していた時代の人類の男たちの勃起を促したのだろうか？　体脂肪を貯蔵しておく器官という以上のどんな目的で、乳房は発育したのか？　乳房が大きければ大きいほど女性の繁殖能力が高いと感じとった原始的な欲望が、女性の体型に影響を及ぼしたのだろうか？　もしそうだとしたら扁平な胸の私の友人たち、サラやメイドリンやビビアンが子沢山なことや、日本の人口の多さをどう説明できるのだろう？　もし「理想的な」ＢＷＨのプロポーションが、生殖をより成功させ、人類が生き延びるために役立っているのだとしたら、なぜ理想から遠い体型の女性たちがずっと繁栄しつづけているのだろう？　お尻のふくらみのないがっしりした体型の女性がいっぱいいたり、私の伯母たちのようなビヤ樽体型が出現するのはなぜなのだろう？

進化論学者はそういった疑問にどれもそれなりに理由をつけて答えを用意してきたが、乳房の問題と男性がなぜそれに惹かれるのかについての説明にはいまだに隔靴掻痒の感がある。というか、私からいわせると当惑を深めるばかりだ。もちろん成人した動物にとって、異性との外見のちがいがお互いを惹きつける性的魅力になっていることはまちがいないだろう、と文化人類学者で『女の由来』を書いたエレイン・モーガンはいう。「ダーウィンが進化論で唱えた性淘汰説を拡大解釈して、たとえばくじゃくのオスの羽を説明するむきがあります。こういう拡大解釈は女性よりも男性が取り上げがちね。鳥と哺乳類のメスが薄汚れた外見なのは、周囲にまぎれてしまうように、また巣で卵を温めているときに捕食者の注意をひかないようにという安全のためです」

乳房が人類のオスを惹きつけるように進化したのだとしたら、有史以前の独身者に大いなる誤解を生じさせたにちがいない。ある研究者は、ふくらんだ乳房は少なくとも最初は男性に性的には嫌悪感をもよおさせたのではないだろうか、と指摘した。乳房が大きいということは、その女性が生殖できないという合図だった――今風の下品な言葉でいうと、オンナとして使えないということだ。有史以前のドン・ファンたちにとって、大きな乳房は「あっちに行ってよ。あたしはもうほかの人のものなんだから」と告げているようなものだったはずだ。

たぶん大きな乳房の女は、群れのボスである男をしらけさせただろう。生物学者のなかには、ふくらんだ乳房のままでいることは、ボスである男を中心に下したハーレムのなかで、ボス以外の赤ん坊を妊娠することを避けるための女の生き残りをかけた一つの手段だったという人もいる。ボスとなる男に自分の群れの女がいま生殖不可能な状態であるとわからせる意味では、人目を惹くほど大きな乳房はたしかに役立っていたにちがいない。乳房が豊満な女たちは協力しあって、ボス以外の男たちの関心をより惹きつけることを楽しんだかもしれない。生物学者を困惑させるのは、種のオスがメスに対して「つがいの評価」をどのように下して進化してきたのか、ということだ。贈る牛の頭数やダイアモンドのカラット数やスパの招待であらわされる評価のことをいっているのではなく、繁殖のための適応度のことをさしている。自然界においては、種の繁殖能力は非常に重要で、これができるかどうかが唯一の評価だといっていい。しかし女が繁殖能力の上ですぐれていることを示す特徴は——その生殖能力、病気に対する抵抗力、年齢も関係する——ふさわしいつがいの相手を探す男をたくみにごまかすことができるものだ。男は群れのなかの地位で女に評価されることがはっきりしているが、女の繁殖能力がどのように見分けられてきたかはほとんどの場合あきらかにされていない。そこで生物学者は、化粧もシワとりも髪染めもボトックスもなかったはるか昔に、男たちがいまでいう性的魅力の属性に惹かれるようになったのではないかと推測する。大きなバスト、細いウエスト、ぱんと張ったヒップは女の健康と生殖能力を示す最高の指標だった、というわけだ。

進化論の自然淘汰説に照らし合わせると、見た目のよさについての概念は時代や地域によって左右されるものではない。進化論学者にとって「性的魅力」はつかみどころのない、人によっていろいろというようなものではない。最近の研究では、バストの大きさとウエスト・ヒップのバランス――「女の子を測る物差し」ともいわれる――は、つがう相手を探している男性が最重要事項として知っておかねばならないことだということがあきらかになった。どの文化においてもそれは真実で、流行にも左右されない。西欧社会のように女性が細身になりたがる文化でも、若い花嫁に肥満ぎりぎりまで食べるよう強いて、肉づきのいい女性を好むマリやナイジェリアなどのほかの多くの文化においても、重要なのだ。

しかしそれでもなお、なぜ乳房が大きくなるように進化したのか、またなぜ男性たちが乳房にこだわるのかという説明には十分ではない。それに豊満な乳房が男性たちのつがいの選別において生殖相手として適格であることを示すしるしになっているのだとしたら、なぜ身体のほかの部分が細い女性たちのほうに、男性はより惹かれるのだろうか？　棒のような身体のマラソン選手や拒食症の女性たちはときには生理が止まることもあるが、ふくよかな女性はエストロゲンをしっかり脂肪のなかにまで貯めこんでいるのだ。細い身体に大きな乳房の女性たちは豊胸手術という人工の身体であり、いまから五〇年前にようやく登場したばかりだ。そういう体型の女性が繁殖しているのはヴィクトリアズ・シークレットのカタログのなかだけで、自然界には存在しない。

一九九五年、人類進化と行動科学学会がビンガムトン大学で開かれたとき、私はたまたま大学に学生として在籍していて、エドワード・ミラー教授の『乳房：その起源は栄養補給と一時的不妊の必要から見せかけのシグナルとして進化した』という論文発表を聞いた。ミラーの専門分野は経済学なのだが、「なぜ男性は乳房に惹かれるのか？　脂肪組織だけが詰まっている乳房と、乳腺組織で張りのある乳房とのちがいを男性が見分けられなかったのだとしたら、進化論学者たちは、女性が授乳能力を増して、子どもに栄養を与えるために乳房が大きくなったという選択的優位性にかわる説を打ち出さなくてはならないのではないか？」という命題を投げかけている。ミラーは、扁平な胸の女性たちに「男性に投資させるだけの魅力がなかったとしたら、彼女たちの遺伝子はとっくに死に絶えていたのではないか？」と書いていて、たぶんミラー教授の頭のなかにある「扁平な胸」とは男性と変わらないほどなのだろうと想像した。

大きな乳房の女性は生殖不能状態にあるから嫌う、という遺伝子をもった男が消えてしまった結果、大きな乳房に惹かれることが男の遺伝子に組み込まれたのだということもミラー教授の論文では示唆されていた。大きな乳房を嫌う男の遺伝子？　そういう時代もあったってことか。ミラー教授の論理は迷走しているけれど、最初の命題については頷くところがある。授乳中の女はふだんよりもっと栄養を必要としていて、平たくいえばもっと食べなくてはならない。簡単にいえば、ミラーはバストの起源は栄養のある食物を必要としていることを示す「見せかけのシグナル」にあるとする。男はボノボを見てもわかるように、交尾をさせてもらうための引き換えに肉を提供した。女は、大きな乳房に興奮してのしかかり、事が終わればブッシュに走り去ってしまう男よりも、ベーコンや、もしかしたらマストドンの肉をもって帰ってきてくれる男のほうにより執着した。そこで大きなおっぱいと大きな肉との交換で、女は食べものに対する飢えを、男はセックスに対する飢えをそれぞれ満たし合うことでペアになり、より健康な子どもが生まれて繁栄していった。大きなおっぱいの母親から生まれた娘は大きなおっぱいをもち、その遺伝子をもつ女がどんどん増えていった。

ミラーはいう。「メカニズムは単純だ。もっと栄養のある食糧をとることで、授乳期間中以外女性たちは始終生殖可能になった。脂肪をたっぷり乳房に貯蔵している女性は男性にとって魅力的にうつり、彼女はもっと食糧を得ることができた」栄養の行き届いた女性はより多くの子孫を残すことができる。進化生物学者は、身体のほかの部分にある脂肪を乳房に移動させることには「たいしてコストがかからなかった」と信じている。彼らがそういうのは簡単だろう。でも乳房に脂肪が集まってきたことによって、ブラのために一〇〇ドル以上支払わなくてはならないというコストがかかってしまう現代女性はどうしてくれるのよ！

私の友人の扁平な胸の女性たちは異を唱えるだろうけれど、私はミラーのこの説が気に入っている。頭で考えて理にかなっていると思っただけでなく、先祖の女性たちが骨にもっと肉をつけたいというやむにやまれぬ欲望をもっていたことを、この直観的な説がクローズアップしているからだ。

乳房の形のことはさておき、なぜ乳房は女性に性的快楽を与える器官となるよう進化したのだろうか？　熱心なフェミニストの活動家やトップレス活動家に話すと、彼女たちはそんなことは議論する意味がないというだろう。なぜなら乳房は性的な器官ではないから。男性たちのなかにはこの考え方にとまどう人もいるみたいだが、私たち女性はたしかに乳房は文字通りの性器ではなく、生殖のためにこそ重要であることがわかっている。男性にとっては性的な器官であり、女性にとっては授乳の器官であるが、どちらかの役割だけで乳房を位置づけることはむずかしい。しかし解剖学的な観点から、なぜ乳房は性的な器官になったのだろうか？　男性のたくらみか、もしくは自然の知恵の結果として、乳房と肉との取引が成立したという説を肯定するか否定するかに関係なく、乳房が性的なシンボルであることは否定できないだろう。

デズモンド・モリスはロングベストセラーである著書『裸のサル』で、この疑問に対する答えとなる自説を披露している。この本とそれからつぎつぎ出した自著のなかで、モリスは性的な器官としてこそ乳房は重要であると考えているような画期的な説を打ち出している。彼は、乳房は臀部の擬態として発達してきたにちがいない、と書く。人は性交のスタイルとして後背位から、対面の正常位へと進化――好みによっては、退化かもしれないが――してきたと一般的に信じられている。そこで男性を誘惑する性的な信号としてお尻があまり重要でなくなっていき、人のオスは身体の前にお尻のようなふくらみをもったメスを好むようになったのだ、という。同時に乳房が性的な刺激に敏感になっていくことで、女性たちもまた対面式の体位を取りたがるようになった。そうすることで大きなおっぱいはセックスの興奮をより高め、そして、性的興奮が高まる方向に自然淘汰が働いた、というわけ。

この説は多くの人たちを憤慨させた。『女の由来』の一部を抜粋して紹介する記事のなかで、モーガンはデズモンド・モリスのセックスを切り口にした論の展開に対してこういっている。「うまく書かれてはいるが、とてもまじめに取り上げる気にはならない。オオカミの群れは性的に誘惑する身体部位などなく性交してきている。ヒトの近い親類であるテナガザルたちは、対面式のセックスをせず、性的興奮をかきたてるための部位を発達させることもなく、生涯にわたってオスとメスが仲良くつがっている。（中略）なぜヒトがそれをできなかったというのか？」モーガンは「私はこの特徴をセクシーだと思う。だから私にセクシーだと思わせるために、そのような形に進化してきたにちがいない」というモリスの思考回路そのものがおかしいという。彼女が指摘するのは「（モリスの論は）男にとって魅力的に映るから、女は腰を振って歩くようになった、といっているようなものだ。実際には、ヒトの頭脳が発達したために、腰を振って歩くようになったにすぎない。ヒトの赤ん坊の大きくなった頭蓋にうまく産道をくぐり抜けさせるために、女は男のように二足歩行に適応した骨格にうまく進化することができなかった。そして男はその欠陥を女性特有の特徴ととらえ、性的な魅力を見出したにすぎない」うん、それなら納得。

モリスを徹底的にこきおろしながら――「バカ！　バカな男！」――モーガンは乳房について言及するなかで、私たちに基本を思い出させる。「進化の過程を考えるときには、乳房を子どもの父親の所有物として関連づけようとするよりも、乳房の原初の受益者――当然ながら、赤ん坊――を主に考えるほうが理にかなっているだろう」赤ん坊に授乳するために、進化して体毛がなくなったヒトのメスは「赤ん坊の小さな手がつかむのにふさわしい大きさの骨ばっていないやわらかい塊で、膝の上に抱えたときに赤ん坊の唇を導くことができる位置にある」乳房が必要だった。「進化した結果として現在の姿があるので、必要だったからこそ乳房はこの形になっている。赤ん坊が哺乳瓶のように簡単に抱えられるように、ヒトのメスは二つの垂れ下がった美しい肉の塊である乳房をもつようになった」乳房に脂肪を蓄積しておくことには別の利点もある。文化人類学者のライラ・レボウィッツは、乳房の基盤となる脆弱な組織を守るクッションとなり、母乳をあたたかくしておく役割をもって脂肪が乳房につくよう進化してきたのかもしれない、といっている。エレイン・モーガンは今日的な乳房――たとえば私のHカップ――は、プロテイン摂取量の増加とか健康法の改善などがもたらした近年の発育状態のよさから大きくなったのであって、自分の乳房にあうサポート機能にすぐれたブラジャーをつけることによってその形と大きさが維持されている、という。

だが実際のところ、答えは「誰も知らない」。

一九世紀、人体測定の専門家たちは人体比例に関するトンデモ科学を追求していて、何よりも乳房こそが女性らしさの真髄であると称賛した。一八五八年、ジュール・ミシュレは『ラムール（愛）』という論文のなかで、乳房は女性にだけしかない胸の拍動を生み出していて、「言葉に出ない豊かな感情がそこで表現されている」と書いた。スティーヴン・カーンは『肉体の文化史』で、またドイツの評論家、レオ・バーグも一八九一年の論文で、女性の総合的な人格を決定するのは乳房だけである、と書いている。バーグは書く。「女性の乳房は彼女自身をもっとも知的に表現することができる器官である。乳房は彼女の言語であり、詩であり、歴史であり、音楽であり、純潔であり、欲望である……」は〜（ため息）。

おっぱい大好き男がいるのだとしたら、バーグがまさにそれ。彼は「女性が考えていること、願っていること、気分のすべてが乳房につまっている」とまでいっている。バーグと同年代を生きた医師の一人は「白色人種《コーカソイド》の女性のバスト」は「人類がこれまで見てきたなかでの傑作中の傑作で、もっとも精緻につくられた完璧な形状であり、美の模範となるものだ」といっている（こんな医者には年一回の乳癌定期検診でも女性はかかろうとは思わないだろう）。おっぱい大好き男たちの文言は、男の乳房に対する強迫観念を映し出していて、性欲にまどわされることなくもっと厳格に乳房を研究対象とする学問をまどわしつづけている。

「乳房に対する強迫観念は文化によるものだと私は思う」とエレイン・モーガンは私にいった。「文化がちがえば見方もちがい、時代によっても変遷する。東洋のいくつかの文化にあっては、西欧で現在見られるよりも乳房は軽視されているようですし、西欧の影響を受けていない時期には、乳房を第一の性的信号と考えてはいませんでした。身体のほかの部分、たとえば纏足《てんそく》などがもっと性的興奮をかきたてたのです。西欧でも、バッスルスタイルというお尻を大きくふくらませたスカートが流行した一八世紀には、お尻の曲線が強調されました」

女性がバストを露出する習慣がある文化では、毎日裸の乳房を見ているうちに性的興奮が減じてしまうだろうことは想像がつく。しかしそういう文化であっても、美しい乳房は性欲を刺激とまではいわなくても、称賛と羨望の対象にはなっている。ナンシー・エトコフは『なぜ美人ばかりが得をするのか』のなかで、露出するかどうかに関係なく、世界中のどんな文化でも乳房の表現方法は三つに分けられるとしている。一つ目は掌を広げて胸に押し当てるようにすること。二つ目は広げた掌を外向きに突き出すようにすること。三つ目は掌を下に向けること。一つ目は痩せた若い女性を、二つ目はセクシーな女性を表わす。三つ目は妊娠して授乳している女性を表わすか、授乳に関係なく年配の女性を表わすときに使う。

私はテキサス大学オースチン校の心理学者であるデヴェンドラ・シンハ博士と連絡を取り合っている。シンハ博士は男性が女性の何に惹かれるのかという数々の研究をしていて、その研究成果は、70Hカップの私がすでに体験から知っていることについて、きっぱりとした裏づけを与えてくれるので私は非常に気に入っている。たとえば男性の被験者がつぎつぎと写真を見せられて、女性は若いほうが魅力的だと思うことを証明する研究がある。しかし年配の女性たちの写真を大きな乳房も入れたものに変えると、男性たちは全員が、若くてかわいい女性だが扁平な胸よりも、年はとっていても巨乳のほうを選ぶのだ。

シンハ博士は異文化研究でもっとも知名度が高い学者である。ルーベンスが描く女性のような豊満体型のインドのゴッドマザーたちから、マサイ族のほっそりした牛飼いの女性たちまで、男性が魅力的だと考える女性のBWHの比例は驚くほど同じである。ポルトガル西方に浮かぶアゾレス諸島、ギアナ・ビサウ、インドネシア、そしてアメリカまで、おっぱいとお尻が大きくて、ウエストが細い、俗に砂時計と呼ばれる体型がもっとも人気が高い。そこでひとつ問題がある——もしこのテーマに関する研究が大真面目に取り上げられるようになると、大きなおっぱいにヨダレをたらさない文化というのはこの地球上でどんどん減っていくのではないだろうか。そう、中国の男性たちは伝統的に小さな足に興奮してきたし、アフリカやカリブの文化では大きなお尻が称賛の対象だった。太った女性が好きな男性がいれば、がりがりに痩せた女性が好きな男性もいる。しかし西欧のメディアが世界中を席巻するにつれて、アジアの男性たちもおっぱいを女性の魅力ととらえるようになり、男性たちを喜ばせることを保証するという売り文句でアジアでのバスト関連商品の売上げが急増している。メインカルチャー、もしくはサブカルチャーによっては、バストが大きいほうが好きという真の気持ちが、宗教の教えに逆らうこともある。マンハッタンにあるメイシーズ百貨店のランジェリー売場で出くわした光景が忘れられない。私が見かけたユダヤの教えに厳格な男性は、ユダヤの聖なる言葉を唱えながら、レースをふんだんに使った寄せて上げるブラを買っていた。ザ・ファッグスの忘れられない歌詞にあるように、誰もがみんなおっぱいが大好き、なのだ。

シンハ博士はこう結論する。「女性のウエストとヒップが細くて全体に細身の身体に大きなバストという体型は、もっとも魅力的で女らしくて健康的で、いっとき楽しむだけの関係でも、長く継続する関係を築くにあたっても望ましいと評価されてきました。身体のサイズが大きくなるほど、またウエストとヒップの割合が高くなり、ヒップが大きくなるほど女性の体型は年をとっているように見られ、魅力的でなくなり、ロマンチックな関係を結ぶには望ましくなくなっていきます」図々しくいわせてもらうと、私の個人的な非科学的体験からもこれは正しいと思う。これまで旅した、北アフリカ、中東、インド、スペイン、ギリシャ、イギリス諸島、チェコ、中米、ニューファウンドランドのどこへいっても、地元の人たちから私のおっぱいはもまれ、つかまれ、つままれ、はやしたてられてきた（もし私の発見が正しければ、この地球上で乳房への欲望が最高レベルなのは、イタリアのブリンディジという港町のカフェである）。英連邦諸国とケニアの男性たちを対象にした英国のある研究でも同じ結果が得られた。英国人たちは女性がよりほっそりしているほうを好むという結果なのだが、私には疑問がわく。英国のあの食事、カリカリに焼いたベーコンとマヨネーズをたっぷりかけたチップスに、クリームをこんもり盛ったレイヤーケーキを食べろ食べろといっておいて、どうやって痩せるんだ？

つい最近、九〇代のしなびたおじいさんが私のところにやってきて、名前と結婚しているかどうかを聞いた。かたつむりの歩みでのそのそ近寄ってきて、シャツのポケットに差してあるメガネをごそごそ探すふりをしながら、おじいさんが私の胸を意識的にさわろうとしていたことはまちがいないと思う。いや、別にそれが悪いっていうんじゃないのよ。私の男性の友人は、生きているかぎり性欲は消えない、とよくいっている。男性がセックスに突進する元気がなくなったら、若いころに夢中になっていた多くの、もしくは大半のことに対する関心を失ってしまうのは目に見えている。それに黄斑変性によってせばまってきている視野のなかに、私のおっぱいがしっかと映っていたのだから、まだ元気がある証拠。

それにしても通りすがりにでもおっぱいにさわっていこうとする男たちは、いったい何がしたいのだろう？　男性たちはおっぱいを切望している。もし取り上げられたら、盗んでしまうかも。私たち女性にはどうもそのあたりの心理がよくわからないのだけれど、たぶんそれは男性の遺伝子のなかに組みこまれているのだ。それにもちろん、女性の遺伝子のなかにも。

# 完璧なブラを求めて

完璧なブラを求めることは、悟りを開くことに近いものがある。すぐ近くにまで行くことはできるが、哀しいことに決して到達することはできない。探し求めるうちに、ブラを究めた多くの賢人に出会うだろうし、彼ら彼女らから学ぶことも多いだろう。ときには道を踏み外して、たとえば「どんなサイズにも合います」というような残酷きわまりない約束の言葉にまどわされてしまうこともあるだろう。年齢を重ねるうちに、若さゆえの無知からかつては「たかが下着でしょ！」と思っていたブラに、ふらふらとビザカードを渡して大枚を支払ってしまうことになるだろう。

作家のドロシー・パーカーは「ランジェリーの真髄ははかなさにある」と書いたが、そのときの彼女が、Ｈカップのおっぱいの重荷を負わされた女性がブラを選ぶときの現状について、何も知らなかったのはあきらかだ。私のバストに合うブラは大半がものすごく不格好で、安価であることはめったにない。例外的に安価なものは、両親を訪ねてフロリダに行ったとき、私が気に入ってしょっちゅう出かけるサンプル・ロードで開かれるフリーマーケットで見つけたアンダーワイヤーの入った７０Ｈ

カップだった。私はそのブラを試着しなかったが、はっきり私のサイズだとわかったし、タグにもそう書かれていた。見たところ、おかしいところはどこもなさそうだった。カップは二つあるし、フックも背中にちゃんとついている。それでたったの五ドル。どうやってもまちがいっこないはず。ところが、ああ、つけてみたらとんでもなかった（ため息）。二つのカップの距離が近すぎて、おっぱいが寄り目しているみたいに密着する。それぞれのカップはいまにも破けそう。脇を支えるはずの伸縮性のある合成スパンデックス地は、よれて肉に食いこんだ。苦行としてわざと不快な肌ざわりの服を着る修行僧がいるが、そのブラをつけた私はまさにそんな苦痛を味わった。

忘れられないブラのもう一つは、ショッピングアーケードのフィレーンズで見つけたミニマイザーブラである。ミニマイザーブラとはバストを小さく抑えるブラのことで、それはきつく締めつけるブラの対極にあるはずだ。しばし問いただしたいのだけれど、この世界に「足を小さくする靴」と書かれていると、ふらふら引き寄せられてしまう人っている？　私のサイズでは一般のブラを見つけるのがむずかしいので、私は死ぬまでミニマイザーブラをつける運命にあった。私が見つけたそのミニマイザーブラの売り文句は、成形されたアンダーワイヤーがやわらかい肉に食いこんで、まちがった場所に押された烙印のような痕を残すことがない、ということだった。しかし、ブラはなぜだかわからないがはじけ飛んでしまった。マサチューセッツ州オルレアンズにある古めかしい洋品店の女性販売員は、私に必要なのはいわゆる「野球ブラ」と呼ばれる、野球のボールのようなステッチが入っていて、バットでかっ飛ばされるのではないかと心配になるほど小さく見せることを保証するスポーツ・ブラだと断言した。巨乳がいきなり野球ボールのサイズまで小さくなるブラを創造することはありえない程度の物理学の知識は私にある。でも、もちろん私はそのブラを買った。つけたのは一回こっきりで、胸の周りがあまりにもきつく締めつけられたために、肋骨も乳房も痛みで麻痺するほどだった。ブラを外したあともしばらく麻痺は続き、乳首をつまむと、思わず悲鳴をあげた。

つけ心地がよくて、ぴったりとしたフィット感のあるブラがあれば、私はいくらでも払う……とはいえないいか。いいえ、払いますよ。一五〇〜二〇〇ドルくらいなら。はじめて高いブラを買ったのは、マンハッタンのユニバーシティ・プレイスにあるランジェリー・ショップ「ラ・プティット・コケット（かわいい浮気女の意味のフランス語）」である。ふかふかのカーペットが敷かれた贅をつくした店内で、女性販売員たちと女性ならではの楽しいガールズトークができて、とても楽しかった。彼女たちは私に最高級のものを身につけるのに価する女であるという気分にさせた。私の70Hカップはメンテナンスにも気を使わなくてはならないし、病気の子どものようにやさしく扱われなくてはならない、と彼女たちはいった。背中の手術をしたあとで、ベッドのマットレスをけちったりするだろうか？　そう、ブラだって同じことだし、見つけることができさえすればセクシーなものをつけるべき。意気揚揚と店を大股で出た時の私は、スパイスのきいた料理にかぶりついたみたいな気分だった。「ラ・プティット・コケット」のセクシーさ満点の紙袋を振り回しながら大満足でたったと五番街を歩きながら私は心のなかでこう叫んでいた。「ねえねえ、この赤い紙袋のなかに何が入っていると思う？」ところが一〇ブロックほど歩いたところで興奮がさめて、かわりに頭に浮かんだのは自分を責める言葉である。「ブラ一着に、一五〇ドル！　バッカじゃないの！」

でもほんと、すごいブラだったのよ。その夜、友人のバーバラの家でのディナーにそのブラをつけていった私は、集まった友だちにつぎつぎ見せびらかした。なかの数人は男性だったけれど。一人残らず叫んだわよ。「オーマイガッ！」カップの部分はクリムゾン・レッドと黒の繊細なレースが覆っていて、ともすると色気も何もない幅広のストラップのところまで巻きつくようにレースがカバーしている。フェラーリ級の高級感あふれるブラのなかにこんもり包まれている私のおっぱいは、品のいい豊かさに見える。上品に上に持ち上げられ、外側に張り出しているそのふくらみ具合の美しさは、自分でも鏡をうっとり眺めてしまったほど。できれば服の上からこのブラをつけたい、とさえ思いましたね。友人たちは私が値段を教えたときに、まばたきさえしなかった。へえ、そうなんだ。上等なブラってそれくらいするものなのね。どうしてそのことをこれまで誰も私にいってくれなかったのかしら？　中年になるまで、私は自分の乳房が負担になりこそすれ、財産だなんて思ったことがなくて、たとえば脚のようにお金と手間をかけたことなどなかった。しかし、そのブラはフィットしなかった。つけ心地は悪いし、バストをぺったりつぶして台地のようにするか、風にそよぐ胸にするかどちらかだった。

ファーストブラのこともしっかり覚えている。記憶はほろ苦い。そのブラはお古で、最初は白かったのだろうが、何回も洗濯されてグレーに変色していた。でもどんな色であってもセクシーとはお世辞にもいえなかった。トレーニング・ブラという、男の子たちが「補助輪付きブラ」と嘲笑する類のものだ。五歳年上の姉が屋根裏に置いていた、着なくなった服を入れた衣装袋をあさって私はそのブラを見つけ出した。私は家族にそれを秘密にしていた。つけてみて鏡の前に立ち、聖堂の窓枠のような瘦せた胸に、たとえ小さくてもいいからふくらみが生まれる日を夢見て、うっとり見入ったものだ。

私はそのとき中学一年生だった。問題は、二年飛び級をしたので一〇歳だったことだ。男の子が生理用品を必要としないくらい、そのときの私にもブラは必要なかった。

クラスには私と同じく飛び級をしていて、まだアンダーシャツを着ている女の子も何人かいた。だがアンダーシャツ組の人数はどんどん減っていった。思春期特有の残酷な少年たちは、誰がブラをつけているかに注目しはじめた。「おまえ、まだ亀か?」と聞く。ブラのストラップに気づくと、こういうのだ。「パチンとやってやろうか?」

ある朝学校に行った私は、最後まで残っていたアンダーシャツ組がいっせいにいなくなってしまったのを発見した。みんな白のブラウスを着ていて、下にははっきりと見間違うことなくブラをつけた胸が透けて見えるではないか! その瞬間、私は吐きそうになった。当時の私はそれくらいプレッシャーになっていたのだ。なぜみんないっせいに? ウッドランド中学でブラをつけていないのは、私一人じゃないの! しかし翌日には私は問題を解決した。

いまとなれば、私は母の偉大さを見くびっていたと思うが、当時の私は母に悩みを打ち明けたら、きっとこういわれるにちがいないと思いこんでいたのだ。「ちょっと待ってよ。あなたがブラをつけるっていうの?」だから私はよれよれになった姉のブラをつけて学校に行き、帰ってくるなり外していたが、ついに母に見つかった。思春期前の女の子だった私は、見つかってしゃくりあげて、鼻水を流しながら泣いた。そしてついにブラを買いに出かけたのだ。子どものころの記憶のなかで、その思い出は強烈である。メイシーズのトレーニング・ブラの売場に乗りこんで、雪のように白く、伸縮性のあるカップにレースがついていて、いつか胸の谷間となるところに小さなピンクのリボンがついているブラを買ってもらった。代数やフランス語で男の子を負かすことなんてどうだっていい。そのブラを、ついている正札よりも真っ平らな胸に夢中になって巻きつけた。ほかの何にもまして、そのブラは私が獲得した女の子であることの勲章だった。

ほかの女の子たちのかすかなふくらみを胸が痛くなるほどうらやんでいた当時の私には、まさかその後に彼女たちをはるかに引き離す大きさの乳房をもつ日が来るとは予想していなかったし、夢にも思っていなかった。

若いころにはっきり覚えているブラの思い出はそれが最後だ。それからの日々を私はどうしのいでいたんだろう？　かすかに覚えているのは、クロス・ユア・ハートというメーカーのAカップにパッドを入れたブラをつけていたことだが、そんな時期はあっという間に過ぎ去ったにちがいない。オーバックやギンベルズというショッピングモールに水着、通学服や冬のコートを買いに出かけたことは覚えている。下着のパンツについてはいろいろなスタイルのものを選んだという記憶もある。ところがブラに関しての記憶は、ぽっかり抜け落ちてしまっている。

私が現在の大人のブラサイズになったことをはっきり自覚したのは、最初の結婚式の準備をしていたときだった。二八歳の私は、結婚式というイベントと自分を取り巻く騒ぎについていけなかった。母は私のウェディングドレスをあつらえるためにローラ・アシュレイのブティックに予約をとった。家の小さな裏庭を会場にして、シンプルで着心地のいい衣装を着てささやかな式を挙げるつもりでいた私は、そんな母の浮かれっぷりに驚愕した。小柄なユダヤ人の女の子こそローラ・アシュレイの服を着ることが許されるのだ、ということもわかっていなかった。何着かいらいらするほどふわふわしたドレスを試着した私は、鏡に映る自分の姿を見て、これじゃ『オズの魔法使い』に出てくるよい魔女のグリンダか、ドラッグクイーンみたいだと思った。そこで私は宣言した。もうたくさん！　母が車のエンジンをアイドリングさせて待っている間、私はブルーミングデールズに駆けこんで、サテンのスリップがついたアイボリー色のレースの袖なしシュミーズドレスを買った。

ドレスを着た自分の姿にうっとりみとれたのだが、それもシュミーズドレスの肩紐が筒状の細いスパゲッティ・ストラップで、ブラのストラップが見えてしまうのに気づくまでで、そのとたんに血の気が引いた。何十年かあとに生まれた人たちにはわからないだろうけれど、八〇年代はじめにはブラを半分見せて外を歩きまわるなんて、許されないと考えている人が世の中の大半だった。ブラのストラップを見せることは、歯に食べかすがはさまったまま気づかないとか、靴にトイレットペーパーをつけて歩くのと同じくらい恥ずかしいことだったのだ。親切な見知らぬ女性が肩をたたいてそっと教えてくれる。「ストラップが見えてますよ」そしたらここぞこ最寄りのレディースルーム（五〇年代のアイゼンハワー大統領の時代にはトイレをこう呼んでいたのよ！）に駆けこんで、ストラップを即座に隠さなくてはならなかった。ゴシックだのマドンナだのが流行する前には、白いトップスの下から黒のブラを透けて見せたまま人前に出てくるような人は、頭がイカれていると思われてもしかたなかった。

そのウェディングドレスにはストラップレスのブラをつけなければならなかった。いまだにそれには納得がいかない。そこで出かけたコルセットの店のおばさまの店員から、ブラサイズは70Hカップだといわれ、そのサイズのストラップレスブラをおつくりしますよといわれて愕然とした。私は大学で理系を専攻した。重力と質量との関係についてはよくわかっている。70Hカップのストラップレスブラなんて、吊るものがない吊り橋と同じくらい欠陥がある。私の乳房はそれぞれ一キロ以上あるはずだ。それをしっかりと支える棚板のようなブラとは、いったいどれくらいごついものなのか。

母は私にそのブラを買ってくれたのだが、いまにいたるまであれほど高額のブラを私はつけたことがない。結婚式に一回だけそのブラをつけた。誓いの言葉を交わしているときブラはあるべき位置からずれはじめ、一センチずつじりじり下方へと下がっていった。最初のダンスを踊っている間に、足首のところまで落っこちた。同時にドレスの色に合わせて染めた生地を張ったヒールもこわれ、ブラと靴を脱いだときに三〇ドルもしたストッキングがぼろぼろになった。ケーキカットのときには、衣装は台無しになった。結婚生活はドレスよりももう少し長くもったけれど。

私のタンスの引き出しにはブラがあふれていて、ときどきひとつかふたつがタンスのブラックホールに飲みこまれて消えていく。かわいくてセクシーな服を処分するのは、たとえもう着ないとわかっていてもむずかしいし、ましてや五〇ドル以上払っていたらなおさらだ。試着もしないで、たかがブラ一枚に大枚をはたくのは、何回もいうようだがとても賢明な行為とはいえない。それ以上に、試着してみてめちゃめちゃ欲しくなってしまい、脇の下の前方にもう一対のおっぱいがポヨンとはみだしているのを無視してまで買ってしまう行為は、もっと愚かだ。セクシーな魔性の女を演出できそうなブラとパンティのセットがたまらなく欲しくなって、試着室の鏡だからこそかっこいいおっぱいに見えるだけだと頭の隅でわかっていながら、ブラそのもののエロチックとかセクシーとかにほど遠い大きさには目をつぶって、きっとこのセットをつけたら私だってエロチックに見えるにちがいないと自分に思いこませ、あとで価格に息を呑むことをいったい何回繰り返してきたか。

まちがって買ってしまったブラは、失敗した靴についで大きい後悔の山を築いている。だが靴ならば友だちに譲るとか、リサイクルショップに出して処分するということもできる。買ったものの使えないブラは、靴よりももっとプライベートな失敗の証明である。そんな恥ずかしいものなぜとっておくのか？　貝のような縁取りをしたすみれ色の寄せて上げるプッシュアップブラのカップサイズになるまで、私のおっぱいがしぼむのを待てばいい？　後ろめたさでいっぱいになるので、引き出しを開けるのが怖い。

「ブラ・ボール」というイベントが行なわれていたときに、そのことを知っていればよかったのにと思う。サンフランシスコのアーティストで、アートカーの作品で国際的に知られているエミリー・ダフィが、一九九三年からブラの寄付を受け付け始めた。それからの一〇年間に彼女はブラをつなぎ合わせて、子どもたちが輪ゴムでつくるのとおなじようなボールをつくった。一万八〇八五枚のブラをまとめてつくったブラ・ボールは、直径一・五メートル、重さ八一六・五キロまで大きくなった。

インターネットとラジオとテレビが取り上げたおかげでブラ・ボールの企画が広まり、あちこちからブラがなだれこんできた。ダフィのもとには、カナダ、フランス、ドイツ、ブラジル、日本、インドそしてセルビアからも、レースを使ったセクシーなものから、かっちりした機能性重視のものまで、ブラが送られてきた。ほとんど新品のブラに添えられた手紙には、購買価格と、つけてみたら具合が悪かったという話が書かれていた。ダフィは手紙の何通かを私に見せてくれた。私が気に入ったのは、横浜の女性から届いた手紙だ。「ブラは必要だし、女性にとってはとてもだいじなものだと思いますが、最近家ではブラをつけなくなりました。そのほうが気持ちいいからです」

ランジェリー・ショップの販売記録では、私は「大柄な女性」の範疇に入れられてしまうだろう。細いところは棒のように細い、ということは記録には記されない。大きい部位が、常識の範囲を超えて大きいことが記録される。私はめったにない血液型とめずらしいブラサイズのせいで、傷つき、呪われた人なのだ。70Hカップ（アメリカでは32DDD、ヨーロッパでは32E）を手に入れることは可能なのだけれど、ふつうの人のようにメイシーズに行ってさっと買ってくるようなわけにはいかない。私はそのことを恨んでいる。サイズの品ぞろえが豊富なデパートであっても、私のブラサイズに店員があたふたするということだけでなく、サイズを見つけてもふつうの女性が買うブラの優に二倍の値段がすることへの恨みがある。ぴったり合ったブラに一〇〇ドル支払うほうが、あまり合わないブラ一枚に四五ドル支払って三枚買うよりも、最終的には経済的だというような話ではない。そういう考え方を聞かされると、私は脱力する。簡単にいうと、私は同じ一〇〇ドル支払うんだったら、イヤリングとかを探したいのだ。

私同様豊かな胸の女性たちが匿名で、エブリシング2・ドットコムというブログで、私の怒りを増幅させた書き込みをしてくれている。「現実問題、私にはお店で自分にぴったりあったブラを買うことなんかできないってことなのよ。二、三カ月前、かっこいいブラを買おうかなとはじめてヴィクトリアズ・シークレットに入ったんだけれど、涙を流しながら一〇分後に店を飛び出したの。そのときに起こったこと。

私：もっと大きなサイズがあれば見せていただきたいんですけれど。

店員：お探しのサイズは？
私：（赤面して、思いっきり小声になり）８５の……Ｇ……かな？
店員：（目をまん丸く開いてじっと見つめ、思わず噴き出して笑いが止まらなくなる）
私：（くるりと踵を返し、泣きながら走り去る）」
ブラは複雑な工業製品だ。何が複雑なんだ、というのであれば、ブラがコルセットから独立を宣言した一世紀半前に、ブラジャーの特許申請書についている図をじっくり見るといい。この不思議なシロモノはロッキード社のエンジニアがヒマな時間にデザインしたものじゃないかと思うかもしれないが、それも当たらずとも遠からずだ。ブラにはほかの衣服とは比べものにならないほど、工学的な設計が必要とされる。考えてもみてほしい。機能性の高いブラは二つの山の重力と戦い、しかもできるかぎりその存在を消さなくてはならない。二つの山を分けるだけでなく、肩や腕の動きを妨げないように、上に肉の塊をもち上げなくてはならない。伸びるだけでなく、縮む機能もなくてはならない。ゆとりをもたせて、身体に合うように調整できなくてはならない。長時間着用するうち呼吸が苦しくなったり、肌に跡が残ったり、傷になったりするなんて論外だ。ダンス、スキップ、ストレッチや前かがみになっても、ストラップがずれたり、カップ部分がずれたりすることは許されない。こういう要求をすべて満たしたうえで、セクシーとまではいわなくても魅力的といえるくらいのデザインでなくてはならないのだ。
ブラジャー誕生秘話については、オット・ティツリングがひょんなことから発明したという実におもしろいストーリーがあって、たぶん読んだことがある人も多いだろうけれど、悲しいかな、オット

・ティツリングは架空の人物である。ブラはひらめきの発明で生まれたものではない。ブラの構造は、アヘンで幻想を見た発明家が思いついたものではないのだ。乳房をどのように支えるかという点を重視したブラ研究の歩みは、何世紀にもわたって三歩進んで二歩下がるという遅々としたものだった。乳房が少し締めつけから解放されてほっと息をついたら、ファッションだのモラルだのが変わって息もできないほどきつく締めつける、という揺り戻しがくる。

「ブラジャーは、自由意思でつけるようになったことで、より強烈な快楽をもたらすようになりました」というのはファッション史家のアン・ホランダーだ。小柄でかわいくて、とても上品なホランダー女史は、自宅近くのワシントン・スクエアで、私と午後のお茶を一緒にしてくれた。「三〇年前には、女性は衣生活において実に多くのアイテムを必要としていました」当時女性がつけなくてはならないとされていたコルセットやガードルは「家族が家父長制の厳しい拘束を課さなくなると消えました。でもいったん消えたはずのアイテムも、かつてのように男性を喜ばすことを自分の意思より優先するのではなく、女性の気まぐれで復活したりしますね」とホランダー女史はいう。事実、二〇世紀後半にブラは女性を抑圧するためよりも、むしろ解放する方向でデザインされるようになっていった。スポーツ・ブラがその最たるものだが、ほかのブラでも、つけている人、外す人双方にとってブラの真の目的は共通して「機能じゃなくて楽しみになっている」、とホランダー女史は指摘した。

六〇年代後半に大人になった私は、当時の女性たちが熱に浮かされたようにブラを脱ぎ捨てたのを目撃している。しかし私自身はその運動に加わらなかった。私はブラなしで外出したことはない。私くらいの巨乳だったら、ブラをつけないことは砂利の上を裸足で歩くくらい無防備なことなのだ。私はブラが好きだし、日常生活を快適に送るにはブラは欠かせないし、脊髄の手術後の健康を支えているのもブラである。それに私は他人にはちゃんとしていると見られるほうが好きだ。仕事をしているときも、くつろいでいるときも、家では色あせたレギンズと、透けそうなくらいすりきれただぶだぶのTシャツを着ている。だがすぐ近くの雑貨屋まで走っていくときでも、外に出るときには、私は正装する。つまりジーンズとぴったりしたシャツを着る。つねにハイヒールをはいているというホランダー女史の一昔前のエレガントなスタイルは私にはできそうもないが、世間という公の場においては、楽すぎる格好は赤ちゃんみたいに見えるという彼女の意見には賛成だ。こと服装のスタイルの見地からは、「楽だから流行する、ということはいまも、これまでもまったくなかった」とあっさり切って捨てたホランダー女史の前で、私はただちに二〇キロ減量して、合成繊維のでれでれしたニットの服は着ないようにしなくてはという気になった。でもブラに関しては、私は両方欲しい。つまりかっこよく見えて、しかも、肩越しに酸をかけられるような苦痛を味わわないですむ楽につけられるブラが欲しい。お金を出せば、それは可能なのだろうか？　とにかく完璧なブラを見つけなくては話にならない。でもその前に、ブラジャーができるまでの歴史を少し。

紀元前二〇〇〇年ごろ、クレタ島の女性は乳房を下から支えるコルセットをつけて、バストを上のほうへ、前のほうへと突き出していた。それから数千年後、コルセットは乳房の下に布を丸めてつけるものに形を変えた。ときを経るうちに、布の幅は広くなり、乳房の下だけでなく乳房全体を覆うような形になっていった。少しでも形が変わるたびに、呼び方も変わっていく。「下から覆って首から吊るもの」とか「乳房覆い」とか。初期のローマ人たちは乳房に巻きつける布のことを「ファスシア」と呼んでいた。胸が豊かな女性は「マミジャーレ」というやわらかなレザーのブラで乳房を抑えつけるか、「ストロフィウム」と呼ばれるスカーフでそっと乳房を包みこんで、形をつぶさないようにするかどちらかの選択肢があった。ローマ帝国時代には、女性たちのやわらかく垂れ下がった乳房は野蛮だと考えられていて、さまざまな思想家たち——といっても男性にかぎられる——がバストを小さいままにするための処方を記している。医師で植物学者のディオスコリデスは「ファスシア」に、ナクソス島の石を削った粉をまぶすようにとアドバイスした。プリニウスは研ぎ屑を処方している。オウィディウスはパンのかけらをミルクに浸したものを勧めた。

ベアトリス・フォンタネル著『図説ドレスの下の歴史：女性の衣装と身体の二〇〇〇年』によれば、ローマ帝国が滅びたとき、おっぱいへの関心の大部分も滅びたそうだ。ケルト族やゲルマン族といった征服民族の女性たちは、ゆったりとしたチュニックの下で、乳房を重力のなすがままに垂れ下がらせていた。乳房を拘束するものが復活したのは、ゴシックの時代になってからで、一四世紀からはバストを布で縛るか、巻きつけるか、コルセットで拘束しなければ、女性たちは牢獄に入れられた。中世からルネッサンス初期まで、バストはレースのついたコルセットとボディス（上半身に鎧のようにつけるベスト）のなかにおさめられていた。教会は脚に関しては踝がちらりとでも見える程度で目くじらを立てたが、襟元はどんどん深くくられるようになり、肩も胸も恥ずかしげもなくむきだしになっていった。フォンタネルは中世騎士物語の一節を引用している。「もし彼女の乳房があまりに高く盛り上がるようなら、乳房に布を巻かせなさい」

ルネッサンスは女性らしい体型を絶賛した時代だった。ただし、女性たちの側に立っての女性らしさではなかったけれど。なめらかで健康的な乳房が、たいていは掌にすっぽりとおさまる程度の大きさで、絵という絵に描かれつづけた。肖像画のなかで、女性は化粧台の前に座り、薄い布地で覆われて乳房が透けて見えているとか、片側の乳房だけをあらわにしてくつろいでいる姿で描かれた。長い髪をまとめた女性たちは、彼女たちの最高に愛すべき宝物を惜しげなく見せてくれる――ふっくらとした両乳房がつくる谷間、あらわになった鎖骨、うなじ。だがルネッサンスが終息していくとともに、女性の服装はごてごてと飾りたてる堅苦しいものになっていき、よくない方向へと締めつけがきつくなっていった。乳房はふたたび、ツゲ材や象牙や銀や、お金がある人は骨でつくられたボディスのなかにしっかり閉じこめるべし、という判決が下された。一七世紀に描かれた女性の肖像画を見ると、乳房がどこにあるのかがわからないし、首が大きく広がるラッフルのなかに埋もれていて、まるでお盆のうえに頭が載せられているように見える。

長年にわたって、医師たちはコルセットの着用に警鐘を鳴らしてきた。コルセットが肉体にどれほど残酷な害を与えるかが、内臓器官に深刻な損傷を負った女性の患者の症例によってあきらかにされた。フォンタネルは、コルセットが胃やみぞおちをあまりにも強く締めつけるせいで「帽子が落ちた程度でも失神してしまうほどだ」と書いている。コルセットをつけていた時代の女性たちがコルセットのストラップをゆるめられるときの解放感は、私の母の世代がボディスーツを脱いでムームーに着替えたときに匹敵する。フォンタネルは、コルセットをつくって売っている店のショーウィンドゥに「強い女性を抑制し、弱い女性を支え、さまよっている女性を引き戻す」というサインが掲げられていたことをあきらかにしている。女性を犬に変えても、そっくりそのまま使えるコピーだろう。

スティーヴン・カーンが著した、人体の「文化史」である『肉体の文化史』には、一九世紀後半に医師や身体文化の向上を唱える人たちが、きつく締めあげるレースのついたコルセットが身体にどのようなダメージを与えるかを研究したおかげで、女性の服装の改造を求める声が高くなった、という話が書かれている。一八五六年、イギリス人女性のロクシー・カプランは、コルセットは生理学を念頭に置いてデザインしなおすべきだと主張した。カーンはこう書いている。「(カプランは)異なるニーズにあわせるように二三種類のコルセットをリストアップした。たとえば幼児用、少女用、肥満気味の女性用、急成長している少女用、妊婦用、なかには子どもが片足で立たないようにするためのコルセットというものまであった」カプランはまた、コルセットを全部外してしまうと、アフリカの部族の女性たちのように「乳房がどんどん垂れ下がって、背負った赤ん坊に肩越しに、または腕を伸ばした先に赤ん坊がいても授乳できるほどになる」といって、ヨーロッパの田舎に住む女性たちの心臓に恐怖の一撃を与えた。

しかし一八九〇年代後半のバストまわりの衣服のデザインのすべてが、医学的見地からコルセットの締めつけをどの程度にするかを重視していたわけではない。そのころファッションがいかに気まぐれかを示すような流行があった。パリの高級宝飾店から「乳房リング」なるものが売り出されたのだ。両乳首に穴を開けて通すリングで、大胆な女性たちのなかには二つのリングの間に細いチェーンを渡すものもいた。現代のピアスやタトゥーの流行を予言するような流行だったが、乳首リングにはわずかではあるが乳房を大きくする効果があり、「つねに性的興奮を感じている状態にする」とカーンは書いている。

マドンナやフレデリックスといった面々のおかげで、コルセットとビュスティエはいまだに広く売られている。しかし昔といまとのコルセットを比較すると、本来の目的において見事なばかりに対照的である。いまの時代にコルセットをつけるのは、一刻も早く脱いでしまうことが目的で、それもいそいそ手伝ってくれる人がいれば望ましい。ウエストまであるロングライン・ブラは最近ではめったに見かけなくなった。母はロングライン・ブラと、さわると鋼で補強されている感じの硬いパンティ・ガードルをコレクションしていた。幼かったとき、この二つの下着をつけて顔をゆがめた母が、ドレスを着るのを眺めた記憶がある。「身体の上半分をブラで締めつけて、下半分をガードルでしぼりあげたら、あまったお肉はどこにいくの？」と私は聞いたことがある。

「お肉は脇の下にいくのよ」と母は説明した。

「バスト・サポーター」の最初の特許は一八六三年にニュージャージー州のルーマン・L・チャップマンが申請した。従来のコルセットで生じていた摩擦による皮膚の痛みは、彼の「バスト・パフス」と名づけられた画期的なデザインによって軽減された。ジェーン・ファレルーベックとコリーン・ガウという二人の研究者が、共著書『バストの引き上げ：アメリカのブラ』で提案した、下から押し上げるよりも、上から引き上げたほうがいいという考え方は、コルセットが「胴体の動きを制限し、そのために筋肉を弱め、肺を圧迫し、消化活動と妊娠を妨げる」ことを実感していた「進歩的な思想の医師と、思慮深い一般女性たち」が後押しをして生まれた。コルセットによる障害が論議の的になり、著者たちは「乳房の重みを肩から支えるためには、相当に高度な技術が編み出された。なぜなら一九世紀半ばのドレスは一五キロ近くあるものもあったからだ（両肩はすでにその重みに耐えてきたのだ)」と書いている。

ブラにつけられる長ったらしい、しばしば詩的な香り漂う名称は、当時の女性の社会的地位と希望と同様、時代のファッションを反映している。いくつか例をあげよう。「アクセンチュエイト(引き立たせるもの)」「ビューティー・フィット」「ブレシング・ブラ(熱望のブラ)」「チャンピオン」「ファンシー・フリー」「フォーマスター(形づくりの達人)」「ハリウッド・ユース」「ラ・トスカ(オペラのタイトル)」「ラバブル(愛すべきもの)」「マルディブラ(お祭りのブラ)」「マスタービルト」「ネイチャーズ・ライバル(自然のライバル)」「スキャンデレ」「トレ・セクレット(秘密のこと)」「ヴィーナス」「ワンダーブラ」そして「ウィングス」こういった名称は聞くだけで、お色気や性的なパワーや異性を惹きつける魅力や身体的な心地よさをイメージさせた。ブラの名称にこだわる下着メーカーは、なんでもいいからとにかくフランス語っぽい名前をつけるという安易な道を選んだ。たぶんそういう時代はもう終わったのだと思うが、一九四〇年代から五〇年代の女性たちが「ラ・ヴァッシュ(フランス語で牝牛)」というブラに飛びついたとしても私は驚かない。

ことランジェリーに関して、我々アメリカ人は名称だけでなくフランス人に大きな借りがある。パリのランジェリー・ショップほど贅沢感を味わわせてくれる場所はほかにはない。パンティは一枚ずつパッケージに入っていて、ブラは匂い袋のクッションをつけたハンガーにかけてある。そのハンガーを枕にして昼寝くらいは軽くできそうだ。ブラがぴったりフィットすると、パリジェンヌっぽくカシミアのニットとパールで控え目に装った店員さんたちが「おお! きれいです!」と大合唱してくれる。まったく、パリのランジェリー・ショップの店員さんの格好を見ると、家に走って帰って、これまでの服をみんなゴミ箱に捨てたくなっちゃうのよね。

でも日常的に私たちがいまつけているブラの源流は、パリのエレガンスの象徴のようなそんなブラにないことはわかっている。現在のブラの原型は、乳房を持ち上げて二つに分けるだけでなく、値頃感やつけやすさやつけ心地のよさについても気にする労働者階級のお針子たちからヒントが生まれた。ブラの歴史に英雄がいるとしたら、私はロシアからの移民で、ブラジャー界の大御所であるアイダ・ローゼンタールをあげたい。ローゼンタールは手縫いのブラという種をまき、メイデンフォームという最大手の下着メーカーに育てあげて大きな花を開かせた。一八八六年ミンスクに生まれたこの女性は、一八歳のときに社会主義とフェミニズムの理想と、一台のミシンを抱えてアメリカにやってきた。二〇歳のときウィリアム・ローゼンタールと結婚した彼女は、分割払いでシンガーのミシンを買い、オーダーメイドの室内着を縫いはじめた。ところがアイダの胸は豊かで、ジャズ・エイジと呼ばれた一九二〇年代に流行していたほっそりした直線裁ちのドレスを着るには、包帯のような布地をきつく巻いて胸を平らにしなくてはならなかった。なぜ自然に逆らうようなことをしなくてはならないの？と彼女はたぶん考えたのだろう。婦人服の仕立て屋を開いた彼女とパートナーのエニド・ビセットは、乳房を二つに分けて支えるカップをつけた布地を縫いこんでドレスを仕立てた。この発案のおかげで、おしゃれなだけでなく、信じられないほど着心地のいいドレスだという噂が広まった。アイダとエニドの顧客はやがて、ドレスとは別にカップつきの布地のほうだけを別につくってくれと注文するようになった。まもなく二人はドレスをつくるのをやめて、ビジネスを女性に人気の新商品にしぼることにした。一九二八年、二人はカップつき布地を五〇万枚売った。一九三〇年までに、あらたにメイデンフォームと名づけられた製品は、デパートで売られるようになり、会社は大恐慌を生き抜いた。

アン・ホランダーは、二〇世紀のアメリカの女性の胸の変化を早送りで見ると、最初は平だったところからしだいに盛り上がり、外に突き出していく映像になるだろうと解説する。最初は一つの山だった胸が、やがて二つに分かれて二つの半球をくっつけた形になったが、最近では子どもを産んで中年が終わるころまで、最新技術によって肩甲骨の下の胸板の上に若いころと変わらないふくらみを保ちつづけるようになっている。ローゼンタールの発明は女性の身体に新しい理想形を生んだ、とホランダーはいう。特筆すべきは、もし自分が着ている下着に拘束を受けつづけていたとしたら、スポーツをし、仕事をし、やらなくてはならないことや楽しみがどんどん増えて忙しくなっている現代女性は、どうしようもなく不愉快で不便な思いをすることになっていた、ということだ。

私はメイデンフォームのブラの「夢キャンペーン」が最高潮に達したときに思春期を迎えた。その広告は笑いたくなるほどの悩殺シーンの連続だった。上半身にメイデンフォームのブラだけをつけた女性が、ウディ・アレンの映画『カメレオンマン』に出てくる場違いな主人公みたいに、非常に重要な場面で深い思索にふけっている、というもの。たとえばブラだけで国際連合の安全保障委員会に出席したり、飛行機に乗っていたりするのだ。笑っていいのかどうかとまどった。たぶん、ブラがフィットしていれば女性はやるべきことがちゃんとやれる、ということがいいたかったのではないかと想像する。一方で、下着を替えたくらいで女性がめざましい業績を上げるなど、夢のまた夢であることを暗に示してもいた。

私の母はブラをイディッシュで表現すると「しっかり留めて、垂れ下がらせないもの」といっていた。私はそのいい方がおかしくて、いまでもときどき使っている。各国語でのブラの呼び方のなかで、一番おかしいのがオランダ語の「バスト・ホルダー」だ。イタリア語では「乳房を支えるもの」フランス語でも「乳房支え」である。

長年私は自分の正しいブラサイズを知らないで来てしまったのだが、それはとくにめずらしいことではない。女性たちはみんな女性誌で「あなたのブラはフィットしてる?」という特集記事に、最低でも一年に一回くらいは目を通しているから、自分のブラのサイズくらいわかってるわよ、と思っているだろう。だから脳天気なことに、レースの切れ端ごときで乳首と乳首の間が広がるはずがないと思っているし、一見かっこいいスポーツ・ブラにサイズがSMLの三種類しかないことも気にしていない。私はエルマ・ボムベックが男女平等憲法修正条項についてすばらしい指摘をしたのを思い出す。「「どんな人にも合うフリーサイズ」が広まって以来、フリーほど誤解されている言葉はない」しかし私が知っている女性のほとんど全員が、自分のサイズは自分で決めていて、いったん決めたらそれに固執していることを認めている。雑誌や新聞のブラサイズを取り上げた特集記事には、遺跡を発掘したほど古くさい話ばかりが書かれていて、いまの時流に全然ついていけていないし、「全女性の七〇%がまちがったサイズのブラをつけている」という推計をまったく無視しているとしか思えない。私たちがわかっているかぎりでは、七〇%という数字は私のまわりの友人たちを調査したところから考えると、まだ低い。ヘアスタイルの微妙なちがいを出すことや、マスカラをたっぷり塗りまくらないですむまつげの処理や、股の肉にパンツが食いこむ「ラクダのつま先」と呼ばれる不幸な現象を避けるための方法を必死に探したりすることにうつつを抜かしているヒマがあったら、ブラがフィットしていないことから起こるみっともなさからの脱却をはかるべし。CからJカップの女性のための下着メーカー、フェイリフォームの「ブラオロジスト」であるエマ・チャップマンによれば、ブラ選びの四つの大失敗は、①肉がはみ出ているバスト（カップサイズが小さすぎるため）、②カップにしわが寄っていること（カップサイズが大きすぎるため）、③ずりあがってくる（アンダーのサイズがあっていない）、④ブラが食いこむ（ストラップの長さがあっていないか、アンダーワイヤーがあっていない）、となる。なぜブラオロジストにいまさらこんな症状を指摘されなくてはならないのか、なぞだ。なぜならブラにまつわるこういった複雑な問題が起こるのは、大きすぎるものを小さすぎるものに、もしくはその反対のことを、無理やりやろうとした当然の論理的結果だからだ。

しかし、窒息しそうな狭い試着室でサメが歯をむきだしているようなハンガーからブラを外し、万引き防止のタグをふり払い、ストラップの長さを調節して永遠に近いほどの時間をかけて吟味しているのに、どうして自分のサイズが正確にわからないのだろう？　どんなに気持ちをしっかりもった女性でも、煌々と照らすライトの下でシミだらけの肌をさらけだすというだけの目的で、試着室に喜んで入りたいとは思わないだろう。それくらいなら自分で自分のサイズを測る。女性たちはそう思っているのだと私は想像する。自分のサイズを測るのなんて、たいしてむずかしいことじゃない。巻き尺を乳房の高いところを一周させて胸囲を測り、つぎに乳房の下でアンダーバストを測る。それから「インペリアル・システム」というかっこいい名前がついたサイズ表でアンダーバストとカップサイズの合うところを探せばいい。私のアンダーバストは六八センチで、乳首の上を通って一周した胸周りは九六センチで、ほらこれでHカップ。簡単じゃない？

しかしこれでぴったりのサイズを見つけられた人を、私はただの一人も知らない。

ぴったり合ったブラを見つけるのは「人生を変えるほどの大きな経験で、しかもタダでできるのよ」とエマ・チャップマンはいう。どれだけジョギングしようが、くるくるまわろうが、汗だくになろうが、ヨガに励もうが、脂肪と靭帯でできていて、筋肉がないおっぱいは変わりようがない、とチャップマンはいう。だからもっと谷間を深くしようとか、もっと小さくみせようと思って小さいサイズのブラをつけることはやめましょう、と彼女は忠告する。「そんなことをしたら肉がはみでて、乳房を傷めてしまいます」という。バスト位置をもっと高くしようと、ストラップを短くすることも危ない。身体にぴったり合ったブラをつけはじめるまで、私がやってきた最大の失敗はこの二つだ。肩にストラップが食いこんでできている溝は、もう永遠に刻まれたものだと思いこんでいた。私のバストは両方で三キロ近くある。じゃがいもが詰まった袋を、糸で肩からつるしているようなものだ。もし私のようなメロン大のおっぱいをブラがしっかり支えなければ、クーパー靭帯が重みに耐えきれずに下垂が始まってしまう。

成長過程において、ブラを試着することはおばさんになること、もしくは大おばさん化することだと私は思っていた。伯母のベルサ、ファニー、テッシー、リッツィー、ドッティーやローズという姉妹たちは、みんなヒマラヤ山脈級のバストと体型で、ニューヨークのローワー・イーストサイドでブラを買っていた。母はオーチャード通りにあったそういう店の一軒に、私たち子どもを何回か引っ張っていったことがある。世界でもっともみっともない下着があれほど広い場所で売られている光景を、私は見たことがない。おなか周りを引き締めるために伸縮性素材をはめこんだパンティ・ガードルが、白旗を掲げているようにぶら下がっていた。ブラのカップはロケット弾の弾頭みたいで、ストラップは滑走路ほど幅広だった。幼いころ、年よりのおばさんたちのおっぱいを見ると私は怯えた。大きかっただけではなく、その形が異様だったからだ。私をぞっとさせたのは、胸全体の茫漠とした広がりと、片方が西を向き、もう片方が東を向いていた乳房だ。海岸に打ち寄せる高波に感じるのと同じ、呑みこまれるような怯えを感じた。しかしそれ以上に私をうろたえさせたのが、バスルームにおばさんたちのブラがぶら下がっている光景である。いまにも動きだして、首に巻きついてきそうな不気味さがあった。

ワコールのような下着メーカーや、ニーマン・マーカスのようなデパートが私に合ったブラを提供してくれたことに感謝する一方で、「フィットするブラ」と「セクシーなブラ」はまったく別モノだと気づくことにさほど時間はかからなかった。ブラ関係のサイトに張られたリンクをたどって、私のバスト向けの異常なブラサイズで、しかもゴージャスなものを探したことがあった。そういうブラは、びっくりするくらい高かった。だから私は値段のゼロの数を自分に納得させて財布を開くために、無理やり理屈をこねた。つまりこの大きなバストは、ベッツィー・ジョンソンの四〇〇ドルする浮浪者バッグや、マサイ・ベアフット・テクノロジーが売り出している二五〇ドルの靴と同じくらいの価値があるのよ。浮浪者やアフリカのセレンゲティに住むマサイ族の人たちは、そんな大金をまとめて目にすることはたぶん一生ないだろうという皮肉には目をつぶった。たしかに私は「ラ・プティット・コケット」で買ったクリムゾン・レッドの寄せて上げるブラが大いに気に入っていたが、それも完璧なブラではなかった。身体にフィットはしたけれど、最高にしっくりくるというわけではない。ちょっとちくちくしたし、激しい運動、たとえば乗馬をするときにはつけたくない。完璧なブラを手に入れるために、私は自分が何をすべきかわかっていた。「ザ・タウン・ショップ」に行かなくてはならない。

「ザ・タウン・ショップ」は、マーケティング戦略的意図からニューヨークの高級住宅街を後背にしたアッパー・ウエストサイドにある一八八八年建築の建物に入っている。私はその地域にある「ゼイバーズ」という高級食品店に世界一おいしい白身魚を買いにいったり、ほかでは食べられない「H&H」のベーグルを食べにいったりしていたので、その存在は知っていた。でも「ザ・タウン・ショップ」は私の祖母くらいの年をとった女性たちのためのランジェリー・ショップではないかと思いこんでいた。それがまちがいだとわかったのは、ある朝ジムでホットヨガのクラスに出たあとロッカールームで着替えていたときだった。三〇代で、通常のブラサイズではおさまらないバストの持ち主である友人のエイミーが、その乳房をそっとくるんでしっかりおさめているかわいいブラをしているのに気づき、驚きで立ちすくんだ。ポルシェに魅せられて目が釘づけになるほどの衝撃だったと思う。エイミーは私の視線に気づき、私のブラを憐れみと嫌悪の入り混じった目で見つめた。「そんなブラしてちゃだめよ」と彼女はいった。「「ザ・タウン・ショップ」に行きなさい。あそこでちゃんとしたブラをつけてもらったら、そんなものは二度とできなくなるから」と、エイミーは私が最高だと信じていたブラからはみでた肉がつくっている副乳みたいな小さなおっぱいを指差した。

一時期、エイミーは「ザ・タウン・ショップ」で働いていたこともあった。一度そこのブラをつけると、二度とほかではブラを買わなくなったそうである。「ザ・タウン・ショップ」のモットーは、以前のオーナーだったセルマ・コッチ女史が唱えた「完璧なブラを見つけることは、技術ではなく、芸術である」だ。「ザ・タウン・ショップ」は数えきれないほど多様なブラを置いていて、サイズもAAからLまで幅広い。ほかのランジェリー・ショップでは、ブラとは欲望を一時的に鎮める薬、もしくは魔法の秘薬のような考え方で売っているが、「ザ・タウン・ショップ」は病院のようにもっと根本的な治療として考えている。実際、お客は病院と同じ手当を受ける。診察、予後、そして回復。

キャンディ・ピンクの日よけシェードから、年配の販売員が大勢いるところまで、「ザ・タウン・ショップ」には昔なつかしいくつろいだ雰囲気が漂っている。入口から試着室までの長い通路にあるサインには「男性の方はここから立ち入りをお断りします」とある。そう、つまりですね、愛人が試着するところを盗み見たい人や、手もち無沙汰な旦那さんたちや、心配症のお父さんたちは入っちゃいけない店なのだ。女性だけの神聖な領域である店内には、さまざまな言語や、訛りのある英語をしゃべる女性たちの声が響いている。私が聞いただけでも、フランス語、ロシア語、日本語、スペイン語と私の祖母の母国であるポーランド語が聞こえた。販売員の女性たちは、やってくるお客さん全員に「あなたのブラサイズはお考えになっているものとはちがいます」という愛のムチをふるっている。「自分の本当のブラサイズを知って、みんなショックを受けるんですよ」とレジを担当するフェルミーナはいった。

幸運なことに、私を担当してくれたのは一〇年働いているベテランのベッシー・デイだった。一見して年齢不詳のかっこいい女性だ。「私のサイズはちょっとないもので……70Hなんです」と私はいった。「そんなの、ここではふつうのサイズですよ」とデニムのパンツスーツを着たベッシーはいう。なんだか診察室でお医者さんと向き合っているみたいだ。彼女は私のバストをじっと観察してから「ふーむ」と唸った。しばらくして私の目を見ていった。「今日はブラのつけ方をお教えします。そしたらそういうはみだしはなくなりますから」

ブラのつけ方ですって？　半世紀近くにわたって、私は正しいブラのつけ方を知らないで生きてきたということか？　そう、そのとおりだった。淡いピンクに塗られた試着室でブラを脱ぎ、ベッシーが戻ってくるのを待った。もう私は彼女のなすがままである。ベッシーは二枚のブラをもってきた。「右の胸のほうが大きいんですね」というベッシー。そんなことはじめて聞いた。「でも別にそれが悪いっていうんじゃないですよ」と彼女はつけ加えた。私はブラの一枚をとって、いつものとおりストラップの間に腕を通そうとしたところでベッシーからやさしさのかけらもない声でさえぎられた。「ダメ、ダメ、ダメ。まず前かがみになりなさい。身体を前に倒すまで何もしちゃダメ」その言葉に逆らわないほうがいいとわかって、鏡の前で身体を前に倒し、乳房をぶらんと垂れ下げた姿となった。鏡のはじっこに映っているベッシーは、私に命じた。「片方のバストをカップの中央のところにもってきて」反射的にストラップを引き上げようとした私の腕を、ベッシーがわっしとつかみ、「ストラップをあげるとき、もう片方の手を使ってください」と指導した。「そう、それでいいわ。両方の手を使ってつけてくださいね。それじゃもう片方の胸も同じようにやってみて」左側の胸をブラのカップの中心にもってきて、右手でストラップを肩にかけると、ベッシーはそれでいいわ、というようにうなずいた。それから毎朝やっているのと同じことをやろうとした。こぼれている肉をブラのカップのなかに押しこもうとしたのだ。ベッシーは唸り、私の手を振り払った。「ぎゅうぎゅう詰めこむのはやめなさい。やさしくなでつけるように。こんな風に」ベッシーはアンダーワイヤーからはみでたおっぱいを後ろから前のほうへと、外科医のようなたしかな手つきで指を走らせた。「さあ、これでいいわ」と宣言した。「ちゃんとつけられました。それじゃセーターを着てみてください」そういうとベッシーは消えた。

胸元が大きく開いたセーターを着た私は、鏡に映った自分と向き合った。いつもとちがう私がいる。私は……なんといったらいいのか、引き締まっている。急に体重が減ったみたいだ。このブラをつけると、やりすぎない程度にワークアウトをした人みたいに見える。鏡に映った大変身した二つの乳房を見た。豊かだけれど、しっかり高さがあって硬く引き締まっている。私はセーターを脱いで考えた。淡いピンク色のこのブラは、私の頭のなかにあるカンニングペーパーに記したブラの条件のすべてを満たしている。背中のバンドはゆとりがあって、あと二センチくらいつまめそうなほどだ。肩のストラップは食いこんでいないし、左右どちらも親指が入る。おっぱい全体がすっぽりとブラカップのなかにおさまっている。それに中心はちゃんと胸板の上にのっかっていた。こんなにフィットするブラがあったのだと感激したけれど、同時に私は思った。これまで私はなんてバカだったんだろう。この瞬間を私は本当に長く待ちこがれていたのに。

ベッシーが戻ってきたとき、彼女にいった。「ワオ、ほんときれいに見えるわ！」つぎの藤色のレースのブラに挑戦した。タグには「７０Ｉサイズ」と書かれている。え？　私って７０Ｉサイズなの？　仰天した。「そんなに驚かなくても大丈夫ですよ。こちらではJをつけられる方も大勢いらっしゃいますから」「ファーストブラが７０Ｉカップっていうこともありました？」「ええ、ありましたよ。さあ、正しくつけられるかどうか拝見しますね」私は身体を前に倒して、ゆっくりと片側のバストをカップのなかに入れて、もう片方の手でストラップをあげながら考えた。この新しいつけ方には頭痛が起きそう。時間がかかってしかたないし、全然セクシーじゃない。もう片方のバストをカップのなかにおさめながら、なんだか悪臭漂うゴミを二重のゴミ袋に包んでいるような気がしてきた。顔をしかめていたら、ベッシーが突然学校の先生みたいな口調で「さあ、もっとさっさとしましょう！　手を動かして」とせかした。やっと両方のカップにおさまると、彼女はため息をついた。「さあ、やさしく、やさしくなでるように。そう、いいですよ。ちゃんとできました。それじゃセーターを着てください」そういって彼女はまた消えた。

ブラには値段のタグがついていない。ベッシーにそれを聞くのは、救命活動の最中に、医者に「それでこの治療代はおいくらですか？」と聞くくらい失礼なことのような気がした。どんなに高くても買わなくちゃいけないのだ。なぜならつけ心地がいいのだから。

ベッシーはレーン・ブライアントというメーカーのマンハッタンにあった店で、「信じられないくらい長い年月」働いていた。昔風の熟練の販売員で、子どものころ家族で買い物小旅行に出かけたときなどに接してきたタイプだから、私としては慣れていた。こういうタイプの販売員は、世界中で顧客はあなた一人です、という気分にさせるから、試着してみてすてきに見えたら、買わないのはバカだという気になる。

つぎのブラは黒地にゴールドの刺しゅうが入っていて、ちょっと私には若すぎるんじゃないかしら、とつぶやいた。「出生証明書はタンスの引き出しにしまって、年齢のこと以外の感想をいってくださいね」とベッシーはいう。「私はそうしていますよ」その黒プラスゴールドのブラは「きれいすぎて、買わないではいられないはず」だそう。

私は二つのブラを選んだ。合計で二五〇ドル近くになった。黒地のほうは、完璧なブラだと確信した。ピンクのほうもかなり完璧に近い。残りの生涯、ふだんはこの二つのブラを交互につけて、勝負のときには「ラ・プティット・コケット」のクリムゾン・レッドのブラをつけることにしよう。きっと十分元は取れるはず。

## おっぱいが大好きなおっぱい男

『バスティービューティーズ』や『ジャッグス（おっぱいの俗語）』はアメリカでは知る人ぞ知るおっぱい雑誌で、私はよくその編集会議に出る自分を妄想する。『エコノミスト』の編集者になるのとはまたちがった意味で、毎月新鮮な素材を追いかけて、「おっぱいの小道」や「俺の新しいおっぱいちゃん」というような特集を組むというやりがいがありそうな仕事じゃないかな。おっぱい雑誌であっても、特集を組むにあたってはそれなりにタイムリーな話題を提供することが必要である。たとえば七月号の企画には、独立記念日に合わせて超巨乳の愛国主義者を密着取材するとか、一二月号では一年を通してのおっぱいを振り返って素材を探すとかだ。誰のおっぱいがいま来ているか？　反対に時代遅れのおっぱいは誰？　世界的に熱い視線を浴びているおっぱいは？　私の妄想の世界では、かびくさい会議室で開かれる編集会議で、うんざりした編集者たちが取り上げる企画について論議をかわすシナリオまでもができあがっている。たとえば「北極点まで一輪車でいった視覚障害の女性の話題はどうだろう?」「うーん、おもしろいんじゃないかな。それで、彼女のおっぱいはどんな感じ?」

おっぱい雑誌間で競争はあるのだろうか？　「おい、エライこった。今月号の『熱い乳首』誌を見たか？　特集記事がおっぱいセックスなんだが、それって俺たちがバレンタイン特集号でやろうとしていたのと同じなんだよ。おまけにやつらはおっぱいセックス情報を入れた袋とじまでつけているんだ。俺たちのこの企画、取り下げようか？」

おっぱい雑誌をつくっている人たちは、ジャーナリストやリポーターに与えられる名誉の賞であるニーマン・フェローシップスなんかには縁がない。だがインターネットにポルノ画像や情報が氾濫している時代にあっても、また出稿している広告といえば「きみのペニスをデカくしよう！」とか「あなたの愛の奴隷になりたいローラです」なんていうレベルであっても、結構な部数を売り上げているのだ。『ジャッグス』はおっぱい雑誌の白衣の天使のような存在で、私から見るとほかとは一線を画している。その理由は？　一つにはこの雑誌が、断固として編集長は取材を拒否しているので確かめようがないが、女性によって編集されていることだ。もう一つの理由は、カバーガールの女の子たちのおっぱいが、整形なしの本物だということだ。『ジャッグス』のページをめくってみると、そこかしこに掲載されているおっぱいが……私のとそっくり。だが『ジャッグス』はおっぱいをクローズアップしている、おびただしいほどあるヌード雑誌の一冊にすぎない。フロリダに拠点を置くスコア・グループは、おっぱいを中心に取り上げている雑誌とウェブコンテンツの制作会社で、想像できるかぎりあらゆる嗜好を満足させ、また想像力を強く刺激するおっぱい雑誌やサイトを数多く発行・運営している。彼らの運営する「スコアランド」には、おっぱいに関するあらゆる情報が集められていて、しかもわかりやすく、ユーザーの立場に立って考えられた検索サイトがある。なかでもアルファベット順にモデルが紹介されているXEMCAS.orgは特筆ものだし、ほかにも「巨乳の館」なんていうサイトも有名だ。スコアのなかでも、よりおっぱいを中心に据えた刊行物である『ヴォラプチュオス（官能）』誌には、黒人の巨乳、大きな乳首、直立した乳首、ふっくらとした乳首、長い乳首、超巨乳、巨大なお尻、第一級のおっぱい、異様なおっぱい、とっておきの美しい乳輪、若くかわいいおっぱい、ハードコアのオッパイ、授乳中のおっぱい、おっぱいセックスなどが掲載されている。「おっぱいなんか一対見れば、すべて同じ」と思っている人向けの仰天情報がいっぱいだ。「爆乳娘といちゃいちゃしよう」というような文章を書いている人は、きっと毎日さぞかし楽しい気分でオフィスを出るにちがいない、と私は想像する。いったいどんな人が、こういう雑誌を定期購読しているのだろう？

『ジャッグス』の年間購読料は五九・九五ドルだ。男性はどれくらいおっぱいを見たら、「もうおなかいっぱい、結構です」というのだろうか？　おっぱいに関して満腹になって脚とかお尻とか、もしくは帆船模型に関心が移ることはあるのだろうか？　答えは「NO」である。おっぱい大好き男にとって、どんなおっぱいが目の前に来ても、それは初物だということがわかっている。グーグルで「巨乳」を検索すると何百万ものヒットがあるが、そこで閲覧数が高いのは単なる巨乳や爆乳だけでなく、巨大でしかも美乳とか、左右非対称や変わった形など、特徴あるおっぱいが見られると謳っているサイトである。自信をもっていえるのだが、どれほどおっぱい狂いの人であっても、彼らが思いつく種類のサイトはすべてもう存在している。

おっぱい雑誌やおっぱいサイトをつくっている編集者の頭のなかをじっくり探ってみたいという願

いは、『ハスラー』誌の特別号である『バスティービューティーズ』を創刊した、愛想のいい、でも疲弊したN・モーガン・ヘイゲンをインタビューしたことによってかなえられた。ビバリーヒルズのウィルトシャー大通りにある出版社ラリー・フリント・パブリケーションズ社内のオフィスにひきこもっているヘイゲンは、おっぱい大好き男のために働いているおっぱい男である。現在は『ハスラー』誌の編集長になっているヘイゲンは、一五年間にわたって『バスティービューティーズ』――「バストの最前線」が売り文句だった――をつくりつづけ、現在でも『ハスラー』誌から『バスティービューティーズ』のビデオ版を出している。

私が残した音声メッセージに、彼はただちに返事をくれた。「もちろん、いつでも来てくださいよ」としわがれた声でいった。ヘイゲンは男性なら誰でもうらやむ仕事をしているはずだが、声の調子は疲れてあきあきしていた。「巨乳についてお話したいと思っています」と私はいった。ヘイゲンは淡々とした調子で、いいですよ、なんでも聞いてください、と答えた。僕は巨乳とともに生きてきて、一人の男が目にできる数としては最大といってもいいほど見てきましたよ、という。私がロサンゼルスに行こうと思っていると告げると、彼は「いいですね、到着したら電話をください」といった。「ホッケーの試合があるときは、午前中がダメですけどね」ヘイゲンは長年にわたっておっぱいビジネスに携わってきた――モデルが手術しない自前のバストで登場していたほど昔からだ。ボスのラリー・フリントがまだ歩いていたころ（現在は下半身麻痺）からラリー・フリント・パブリケーションズで働いている。彼からおっぱいビジネスの歴史と全貌を聞くのが楽しみだ。

ロサンゼルスはおだやかな気候だった。N・モーガン・ヘイゲンに電話をかけると、ストレスに圧しつぶされているようではあったが、来てもいいですよといってくれた。たぶん締切が迫っているせいで元気がないのだろう。

そこで私はシボレーをレンタカーし、出版社へと向かった。ラリー・フリント・パブリケーションズの殿堂は、見落とすことがけっしてできない外観だ。卵形の塔だけでも十分に威圧されるがその上にジョン・ウェインが前脚を振り上げて立つ馬にまたがっているブロンズ像がのっかっているのだ。まさにそれは『ハスラー』の感性に似つかわしいが、実はブロンズ像は前にそのビルの持ち主だったグレイト・ウェスタン・セイビングスという貯蓄銀行が建てたものだという。

私はわずかにあいていた隙間に車を駐車して、『ハスラー』誌のほか多くのポルノ雑誌を出している出版社の聖域へと足を踏み入れた。ラブホテルのようなロビーで、色褪せた錦織の長いすの端っこに腰かけてヘイゲンを待つ私は、金線細工の凝った書体で「ラリー・フリント・パブリケーションズ」と社名が描かれている看板を眺めた。受付嬢が一人いるだけで、その場所は墓地に似たくすんだ色合いで、静まり返っている。そこで私は、フロック加工した壁紙をバックに、大昔のフリントの黄金の彫像の写真を撮ることができた。

数分後にN・モーガン・ヘイゲンがエレベーターから降りた。よたよたと歩くしおたれた無精髭のその男性は六〇代に見えたのだが、あとで五六歳だとわかった。たるんだ肉がついた赤ら顔に、アンディ・ウォーホルのヘルメットような白髪だ。すりきれただぶだぶのジーンズを骨ばった身体の高い位置でベルトで縛るように押さえていて、まるで自分のジーンズに何か緊急事態が起こって、しかたなく誰かもっとガタイの大きい人のジーンズを借りてはいているみたいに見えた。「もしかするとチビでデブでハゲの男が現われると思ってたんじゃないですか？」とヘイゲンが聞いた。

南部の田舎出身の労働者風に装っているヘイゲンは、くわえタバコでテキサス訛りの語尾を引き延ばすようなしゃべり方をするが、実は保守的な地域であるロングアイランドのストーニー・ブルックの上流階級出身である。一九七七年にフリント・パブリケーションズで働きはじめ、最初は原稿の整理を担当していた。『バスティービューティーズ』が華々しくデビューしたのは一九八八年で、一年後には月刊になり、二〇〇五年に休刊になるまで続いた。しかしヘイゲンのオフィスの壁を見ていると、休刊になったとわからない。『バスティービューティーズ』のベタ焼きが優に一五年分、いまだにドアのところにぶら下げられている。表紙を飾ったカバーガールたちのサイン入り写真が壁に貼られている。コート掛けにはしわだらけの幅広の黒のドレッシーなパンツと古ぼけたピンクのパンティがひっかかっていた。まだ少女といってもいいほどの女性が、上半身は見えない男性に奉仕しているポラロイド写真が数枚貼ってあるのも目に入った。「なんか、すごいわね」と私はコメントした。

「ああ、そうかな」とヘイゲンはいった。「性的嫌がらせとなる写真は全部外さなくちゃいけなかったんだよね。上からのお達しがあったから」お達しは数週間前に下された。おかしな話だ。ハスラーに「性的嫌がらせとなる写真」の掲載を禁じるのは、肉屋に肉を売るなというのと同じじゃないか？

なぜ『バスティービューティーズ』は休刊になったのか？「巨乳とか胸の深い谷間に読者の興味を惹きつけられなくなってきたんだよね」とヘイゲンはいう。「こういうものにはサイクルってのがあるから」『バスティービューティーズ』のビデオはまだ順調に売れているけれど、とヘイゲンは悪企みしているみたいに声をひそめて教えてくれた。新聞・雑誌売り場の「おかしな商売の仕方」に苦しめられて、『バスティービューティーズ』の売り上げが伸び悩んだんだよ。もっと凝ったものにしそこなったのだ。しかしあらゆる種類のおっぱいを掲載するというのは「とてもフロイト的」だから、ぜったいにすたれたりはしないよ、と彼はいった。

私はびっしり写真が貼られた壁を指して聞いた。「このなかでどれが本物？」ヘイゲンは芸名が「ザ・リアル・マッコイ（まさしく本物）」と呼ばれるカバーモデルを指差した。彼は豊胸手術したおっぱいには熱くならない。一つにはエージェントがモデルの写真のバストを、必ずといっていいほどなめらかな肌に見せる修整を加えた上、エアブラシでぼかしてくることに辟易しているからだ。モデルが撮影のために現われると、そのおっぱいには手術跡があったり、脱色してあったり、しわだらけだったりすることがしょっちゅうだ。ときには乳首がありえないところについていたりする。「縫合した痕が残っていて、ぶよぶよの中身がつまっているバストのモデルを、なんとかして撮影しなくちゃならない。ボーリングのボールが欲しかったら、わざわざ胸に入れてもってきてもらわなくても僕はボーリング場に行くね。最近ではアジア系の平たい胸のほうが好きなんだ」

おっぱい雑誌の本当の編集作業には、写真の撮影をコーディネートすることと、それに手垢がついたようなダジャレを入れたコメントをつけることがある。ヘイゲンはアメリカ南部の方言で「ごっつ《ボデ》エエ感じ《イシャス》」という言葉が好きで、『バスティ』誌のどの号にもどこかにその語が躍っている。「ごっつエエ感じのエロ女が生まれたままの姿で登場」「ごっつエエ感じのすっぽんぽんの牝狐がいっぱい！」といった調子。一五年間、ヘイゲンはおっぱいにまつわる造語を生みだしつづけてきた。「そこにあるチチ」「おいチチ〜」「裸一貫乳二貫」「膨張ブラ」など。そしてどの号でも彼は形容詞をひねりだすために地獄でのたうちまわる苦しみを味わったにちがいない。「バルコニー乳的」なんて表現を産んだ妄想はいったいどれだけなのだろう。

ヘイゲンには聞きたいことがあったのだが、私が聞くより前に彼が答えてくれた。「ここにいるモデルの女の子たちの大半と僕は寝たよ」と壁に貼ってある写真や積んである雑誌を指して断言したヘイゲンの口調には、イギリスの詩人、ロバート・ブラウニングの「最後の公爵夫人」のような冷めたものが感じられた。「この子がレイチェル。僕は惚れたね。大学生だったんだ。賢い子だったよ」大半の女の子はエージェントからの紹介だったが、たまに素人がやっている舞台やダンスのコンテストで声をかけたモデルもいる。「僕が婚約していた女の子も素人だよ。シボレー・ブレイザーを買ってくれたんだ」

今回のインタビューが終わるまでに、いったい何回シボレー・ブレイザーという車名を聞いただろうか？　二人の間に何があったにせよ、この女性とその車にかかわったことがヘイゲンに身も心も削るような苦悩を与えたことはまちがいない。雑誌の折り込み見開きページで大きく脚を広げているその元フィアンセの写真を私に見せてくれた。「僕らの関係は彼女がおっぱい関連の仕事をするようになって、泥沼にはまっちゃったんだよ」また別のモデルが乳首にトウモロコシの穂軸をつけている写真も見せた。「僕は彼女のことが大好きだった」とヘイゲンはいう。「それとこれがプレンティ・アップトップ（巨乳のヌードダンサー）。僕は彼女がまだゴーゴーガールだったときにつきあっていた。彼女が入っていたダンス・グループはいい感じでね、グループのかなりたくさんの子と僕はセックスしたよ」

だがヘイゲンは自分が何はさておいてもジャーナリストであることを私に思い出させた。「僕は自分の仕事が好きだよ。雑誌をつくるのは天職だと思っている。それとモデルに手をつけちゃう編集者だ。『バスティービューティーズ』では、ほんとやりたい放題だった。でもいままで誰もカネを要求してきたことがないし、僕が知るかぎりでは妊娠した女の子もいない」さまざまなペンネームを使い分けて、彼は『バスティービューティーズ』の記事を書いてきた。簡単なプロフィールと、ユーモラスなおっぱい話とフィクションといった記事もふくめて、『バスティー』のどの号も非常に控え目ではあるが、文章が入ることでぴりっとしまったものになっている。たとえばこんな感じ。「彼女はレザーのぴちぴちの衣装に足を入れ、形のいいお尻の上まで引き上げ、つぎに窮屈そうに腕を袖に押しこんだ。ストラップを突き破らんばかりに、カラフルなお菓子みたいな二つの小山が盛り上がっている」おいしそうな表現じゃない?

ヘイゲンの『バスティー』でのお気に入りのペンネームは、テックスノボだ。「その名前はどこからとったの?」と私は聞いた。恥ずかしそうに答えた。「電話番号からなんだ（電話機の数字にはそれぞれアルファベットがあてはめてある）」ついでに聞いた。「お名前のNというのはなんの略?」「ナッシング。Nは何にもないのN」と彼は答えた。

ヘイゲンは「おっぱいナンセンス」というユーモア欄もペンネームで執筆していた。「これはすごく自慢できるコラムだった」という。ノリまくって書いていたそうだ。「メルセデス・アシュレイは二〇〇三年のセックスフェスタ期間中に誕生日のケーキのキャンドルを吹き消して祝ってもらえなかったけれど、自らケーキになっておいしく食べてもらっちゃうチャンスがやってきた」といった調子。

ヘイゲンは雑誌を売るためにはそれなりの駆け引きがあることを説明する。たとえばどの号にもCカップやBカップのモデルを差しこんでいくのだそうだ。「めりはりがつくからね」と彼はいう。「それにほかのモデルたちのバストをもっと大きく見せる効果がある。実際のところ、バストが小さいモデルたちにプレッシャーをかけたりはしたことがないんだ。でも読者は胸の大小に関係なく、女の子がブスだとそっぽをむくね」

私に断ってから、彼は嚙みタバコの箱を取り出して口のなかにいくつか放りこんだ。長年にわたっておっぱいと密接につきあってきて、学んだことがいくつかあるという。たとえば女性は年をとってくるにつれて、大きなおっぱいが必要になることだ。「僕らの雑誌のモデルに三〇代の離婚経験者がいたよ。そうなるとおっぱいがモノをいうんだ。『プレイボーイ』に採用してもらえるくらいきれいな子じゃなかったら、ほかに売り物がなくちゃね。きれいであればあるほど、おっぱいをふくらませる必要はなくなっていく」

それでは男性のほうは、おっぱい男になるためにどんな準備をすればいいのだろうか？　その昔、ヘイゲンは小説家になろうと思っていたことがあった。「僕は七〇年代のカート・ヴォネガットになりたかったんだ」（カート・ヴォネガットって七〇年代の作家じゃなかったっけ？　ま、いっか）。ダラスのサザン・メソジスト大学に、いまも残るテキサス訛りが染みつくほどいてからドロップアウトし、ヘイゲンはニューヨーク市立大学を経てオハイオ州に移った。「僕はその昔、左翼団体に入っていた」と彼は打ち明けた。「でも友人の一人が銀行を爆破したとき、「これはやってられない」とやめた。僕の両親はストーニー・ブルックという保守的な地域に住んでいる。それなのにデモに行くといったら送ってくれたりしたんだよ。以前はラディカルな人間だったんだ」

ヘイゲンの最初の『バスティー』でのロマンスは、一九八九年のミス・テキサスとだった。「彼女に会ったとき、僕は書くものをもっていなかったんで、テックスノボに電話して、とだけいったんだ」

私はこの話に大興奮だ。ヘイゲンの物腰は終始控え目なのに、語られる恋愛遍歴がエグくて、その落差に笑える。それに男性が大人になってからの人生をおっぱいのことだけで頭をいっぱいにして送り、おっぱいにすべてを捧げていることが、あながちとんでもないことではないということも知った。彼によれば、彼の下品な手はこれまでいくつもの有名モデルの乳首をつまんできたし、そのしなびた外見にもかかわらず、まだ現役なんだそうだ。ホッケー・チームに入ってプレイしているというヘイゲンのもう一つの顔も私には意外だった。でも彼のもの悲しげな外見は、ホッケーで背中を痛めたせいかもしれない。「そうなんだよ。僕の背中は大好きなホッケーに痛めつけられた」と彼はいった。

ほかに好きなものの話が出てきてほっとした。このときまで、ヘイゲンの話は過去につきあった女性たちの面影を沈鬱に苦々しい口調で語るばかりだったから。「前に一回だけ結婚していたことがあるんだ」と彼はいった。「細胞検査技師で、乳房の細胞の検査をしていた人とね」定期的に彼は元恋人とシボレー・ブレイザーの話に戻る。「元フィアンセはジェニー・ジョーンズのバラエティ・ショーに出演したことがあるんだよ」と彼は唸るようにいった。「そのときのテーマは男をどうやって落としてきたか、だった。二万五〇〇〇ドルのシボレーは彼女が稼いだものなんだ。ストリップで男からのチップをかなり巻き上げたからね。僕なんかもうすってんてんにされちゃったよ」

ヘイゲンにふつうの女性とつきあったことがなかったのか、と聞きたい誘惑に勝てなかった。「そうだね、好きだった女性はいるよ。霊的に生まれ変わったクリスチャンだったっけ」そうか、「ふつう」の尺度って人それぞれなんだわ。それとヘイゲンは自分が卑劣な男ではないことを知ってもらいたがった。「僕は女の子とヤリ逃げしちゃうタイプじゃないよ。逆に、うるさいくらいつきまとうタイプ。それに結婚したいと思わない女性とは寝ない」

すでに一時間にわたってオフィスにいて、ほかのどんな話題よりもヘイゲンが締切に追われている話を聞かされていた。「僕はいつだって締切に追われてる」と彼はいう。「一週間に七〇時間働いているからね」それなのに私たちがおしゃべりしている間、彼の電話が鳴ったのはたった一回で、しかもそれは車を預けているガレージからだった。一回、若い女性が、彼女が書いたリード部分をヘイゲンがひどく書き直した、と文句をいいに原稿をもってやってきた。彼は私に意見を求めて、両方読んでアドバイスをしてくれといった。アワビのための占いという記事で、ヘイゲンは軟体動物という言葉を皮肉っぽく使っている美文を削っていた。「なぜこの言葉を消したの？」と私は聞いた。「彼女の文章のほうがずっといいと思うけれど」ヘイゲンはうめいた。「僕らの雑誌の読者は軟体動物なんていう言葉は知らないんじゃないかと思うんだよ」私には彼がそのことに対してなげくのと同じくらいいらだっているように思えた。だが彼は負けて、若い女性は意気揚々と出ていき、軟体動物はそのまま残された。

おっぱいの専門家であるにもかかわらず、今回の取材を通してヘイゲンは一言も私の身体についてはふれなかった。何十年間にわたって私がインタビューしてきた医師、学者、政治家、ビジネスマンなどとちがって、彼が言及したのは私の顔のことだけだ。私にはそれが新鮮で解放感があった。大学の先生にインタビューすると、本質はおっぱい大好きなおっぱい男であることはまちがいないのに、遺伝的形質やひも理論などをもちだしてカムフラージュすることがよくあるが、ヘイゲンとの話にはそんな雰囲気はなかった。ボスのフリントとちがって、ヘイゲンはおっぱいにどっぷりつかっているにもかかわらず、本当に控え目で紳士的な態度を身につけている。

換気の悪いこのオフィスで、何千もの乳首に見下ろされながら、私は一つ思いついたことがあった。条件づけで何かを嫌いにさせる嫌悪療法の効き目を試すために、『バスティービューティーズ』で若い男性を数週間強制的に働かせてみたらどうだろう？　男性たちはけっして「もうおなかいっぱいです」とはいわないだろうけれど、たぶんどっぷり首の上までおっぱいにつかることで、精神分析医のいう嫌悪療法の効果は出るかもしれない。男たちが「お願いだ～！　顔を見せてくれ～！」と懇願するまで、巨乳しか見せないで生かしつづけるという療法。そんなことを考えた理由は、ヘイゲン自身がおっぱいで悟りを開いたと思ったからではない。彼は単に疲れているだけだ。午前中いっぱいヘイゲンの部屋にいて、私のほうがおっぱい以外のものを見つめる必要を感じたからだ。花ざかりの木とか、そういうもの。「それじゃ、お忙しいようなので……」と私はいってみたが、ヘイゲンは私に帰ってもらいたくないようだ。だからもう少しおしゃべりをしていたら、彼が「締切がなかったら、食事をおごるんだけれど」といった。ランチをご一緒に、という昔ながらの甘いお誘いだ。だがそろそろ彼をおっぱいの妄想のなかに、編集業務に、そして昔愛して失ったおっぱいのギャラリーのなかへと戻す時間だ。『バスティー』の女の子たちの多くは去っていったが、ヘイゲンは以前表紙を飾ったモデルが送ってきたクリスマスカードを私に見せたとき、とりわけ誇らしげだった。写真のなかで、歯医者の夫と二人の子供たちと一緒に、彼女は澄ましてポーズをとっていた。芯のところでは、N・モーガン・ヘイゲンは豊胸に使われる生理食塩水のバッグよりもウェットな人間なのだ。

彼はロビーを出て駐車場の車のところまで私を見送った。「いつでも電話をかけて、訪ねてきてくださいよ」と彼はいった。そのやさしい言葉が私の母性本能を刺激する。ついいいたくなった。このまま車に乗って、どこかにおいしいもの食べにいって、一番俗っぽい身体の部分よりも形而上学的な話をしましょうよ。でもヘイゲンには仕事がある。

ところで名前のNなんだけれど。「あれはノーマンのNなんだ」と最後に彼は打ち明けた。

## ギネス記録の巨乳を探して

「私のアレに対する見方なんだけれど、あなたが彼女に対してどう思っていようと、女の子のおっぱいがあんなに大きくなると、ケガさせられてしまう人が出てくると思うんですよ」この評価を下したのは、ビッグ・タイム・プロテクションという民間警備会社で働く、身長二メートル四センチ、体重一三六キロの人だ。この会社は世界でもっとも豊満なバストを売り物にしているエキゾチック・ダンサーたちのセキュリティを担当している。話を急ぎすぎた。

私は大興奮だった。マキシ・マウンズと同じくラスベガスにいるから。メールを一年近くやりとりして、やっと生身のマキシに会うことができる！　マキシ・マウンズは「豊胸手術によって世界でもっとも大きくなったバスト」でギネス記録をもつ巨乳の持ち主だ。一時行なわれていたが、いまでは廃れたポリプロピレン法といわれる施術のおかげで、彼女はその乳房を獲得した。マキシのサイトをはじめて訪れたとき、私は画像が合成されたもので、どこまでも大きくしようという貪欲さとフォトショップが一緒になってつくりあげたエイリアンだと思った。彼女が私の質問に女性同士の気安い調子で返事をくれて、メールの最後に「ラブ・ユー」と書いてあるのを見たとき、もしかしたら返事を書いているのはタバコをくわえたインターネット起業家で、おっぱいワールド・ドットコムを運営している男なんじゃないかと想像した。でもメールのやりとりはお互いに楽しかった。

ところが何回もメールを交換するうちに、返事を書いているのはマキシ・マウンズ本人だという確信を強めていった。少なくとも八〇％は本物だ。私がつぎつぎ質問を書き送ると、彼女はおもしろがってすべてに返事をくれた。

Q．バストが痛んだことはある？

A．ううん、全然痛くない。死ぬほど重いだけ。私は伸縮性のあるスポーツ・ブラをつけて寝ているんだけれど、そうすると問題ないわね。

Q．何歳くらいのときに、巨乳になりたいと思ったの？

A．思い出せるかぎり昔からずっと思ってたわよ。

Q．注目されることに疲れたことはない？

A．もちろん疲れる。ときどきこの胸を隠すとか、少しの間外してしまえたらと思うことがある。疲れてもう年だという気分になったときには、家にいることにしてる（苦笑）。

本物かどうかの疑いは、マキシの書いたペーパーバック『マキシ・マウンズのエキゾチック・ダンスの世界への誘い』を読んで消えた（この本はカーマ・セックスプレスという人物にマキシが語った内容をまとめたもの）。昔もっていたバービー人形の箱のようなベタなピンクのカバーがかけられたこの本には、マキシの賢さがつまっている。薄い本で、アマゾンでは『日常ウズベク語入門』と売上げ順位を競っているが、マキシが実在していることに関しては反論の余地のない証拠である。それでも疑う人は、ヒューストンのジェラルド・ジョンソンという外科医に聞いてみるといいだろう。

本の献辞で、マキシはジョンソン医師に「今日の私をつくったのは先生」と書いている。今日のマキシとは、身長一八二センチ、薄い金褐色の目とブロンドの髪、ウエストは六六センチ、バストサイズはアメリカのサイズ表示で156MMM。アンダーバスト九〇センチのところに、Oカップ相当の乳房がついていることになる。控え目な90Cからそこまで大きくした。マキシの乳房はどれくらい大きいか？　乳房一つが九〇〇〇グラムある。片方の乳房だけで感謝祭の七面鳥一二人前だ。あまりにも大きすぎて、ブラはすべてオーダーメイド。うつぶせにはどうやってもなれない。大きさをわかってもらうために、私のサイズと比較してもらおう。私のブラカップはHかIで、ヨーロッパのサイズだとマキシのよりも一八サイズ下になる。それでも私のバストは男性をむちうち症にする。

マキシの本にはダンスの興行のためのツアー日記や、ダンスの歴史（「エロティック・ダンス前史」という章がある）、さまざまな経験談などが寄せ集められている。「お客にとってよいクラブは、座り心地のいい椅子があること。プレッツェルやスナックといったつまみがあること。飲み物があまり待たずに出てきて、気持ちのいいサービスも重要」

マキシはロングアイランドで育ち、フロリダに引っ越して、いまもフロリダ州ウエスト・イングルウッドに女性のパートナーであるミニ・マウンズと一緒に暮らしている。その名前から、まるでミッキーマウスとミニーマウスを連想するかもしれない。マキシはスペイン、ドイツ、ギリシャでダンスを披露してきたし、東京では彼女に熱狂する人たちが大勢いた。日本人はおもしろいことにバストに関して強迫観念を抱いている。テレビクルーがマキシのあとをどこまでもついてきたし、日本のメディアに露出したシーンは、ただポーズをとって微笑している彼女に、女性たちがくすくす笑いながらおずおず手を差し伸べているものが多かった。マキシは私に、空き時間には映画や日光浴を楽しんだり、霊能者のシルビア・ブラウンの書いた霊感を与える本を読んだりしてすごしていると話した。「私はスピリチュアルな人間なのよ」とマキシは私へのメールに書いた。「私は輪廻転生を信じている。祈りを忘れない。私の人生をいつも支えているのは、なんといってもシルビア・ブラウンよ。彼女の本は全部読んでいるし、彼女がいったことはすべて信じている。彼女の言葉を、迷いがあって、進むべき道を示してほしい人や魂の安らぎを求めている私のファン全員に広めている。私たちはみんなこの世に生まれてきた理由があるし、私は人生を愛していて、人生を精いっぱい、できるかぎり最高に生きていくつもり」

マキシは自分の衣装をすべて手作りしている。日常着として店で買うものは、すべて男性ものだ。ビーチボール大のおっぱいとともに生活するためには、日常の活動にはとりわけ神経を使わなくてはならない。何よりも物理的な問題で、正面から抱き合うことはむずかしい。

マキシは、ダンサーになるのを夢見ていたと書いてきて、ポルノビデオに出演することについても不平をもらしたことはない。ベストセラーになったビデオで、彼女はビーチボール大のバストとともに跳ねまわり、巨乳仲間の仲良しであるカイラ・カップケークスやクリスタル・ガンズといった女性たちと、エスカレートしていく一方のいちゃいちゃシーンを展開している。マキシにはいい友人と、協力的な家族と、愛すべき同志と、心地よい家庭がある。だがダンスは彼女がもっとも愛するものだ。

「もう踊れなくなるか、「まだやる気か？　いい加減にしてほしいよ」といわれるまでダンスは続けたい」といった。

世界一バストが大きいことでギネス記録を保持していたマキシの先輩たちは、いずれもあまり幸せではなかった。彼女の前にギネス記録をもっていたロロ・フェラーリは、たぶん故意に睡眠薬を飲みすぎたために二七歳で亡くなり、彼女のサイトには辛辣な書き込みをされた。「おっぱいが大きかったから、重みで倒れかたも激しいんだな」パリ西部のクレモンフェラン県の町、イブ・バロワで生まれたロロ・フェラーリは、「おっぱいミス・ヨーロッパ」に選ばれたこともあり、バストだけでなく唇、頬、鼻、おなかと眉毛も整形手術していた。何回か整形手術を繰り返したバストはIカップの大きさで、フランス語のスラングでバストを意味するロロから自分の芸名をつけた。

「母は私のことを、みっともなくて頭が悪い娘といってたわ」とロロはインタビューで語ったことがある。エリック・ビーニュと出会って結婚したことがきっかけで、彼女は形成外科医のもとを訪れるようになった。当時彼女は一七歳、ビーニュは三七歳で、彼は精神状態が不安定なティーンエイジャーにひそんでいた、男性たちの究極のオナペットになりたいという願望に、金鉱を見つけたと思った。彼女とビーニュは、バストを単に巨大にするだけでなく、人類最大にしたいと願っている外科医をまず見つけなくてはならなかった。二〇〇〇年、英国の新聞『ガーディアン』紙に、ロロの夫はギネスに登録されたバストにするために、どんな手術を施したかを語っている。「俺は乳房の容積と周径を計測した。どんな乳房にするかの計画図を描き、航空機産業で飛行機の機体をデザインしている男のところにもっていったんだよ。そいつが型をつくってくれて、俺はそれを今度は人工器官をつくる人のところにもっていき、中が空洞になっているシリコンの人工乳房をつくってもらった。手術をしてくれる外科医を見つけるのに時間がかかったね。医者は前の手術で入れた人工乳房を取り除いて、新しいのを入れてくれた。人工乳房のなかにはそれぞれ二リットルずつの漿液を注入したよ。すぐあとに、三リットルまで増やした」

私の意見だが、潜水のときつける重りの重さを換えるのと同じ感覚で、自分の睾丸を取り換えかねない、いかにも男性的な発想だ。しかし少なくとも公には、ロロは夫と野心を共有していた。彼女はのちにフランスのインタビュアーに、まだ満足していないと話している。「本当はもっと大きなバストになりたいの。でも医学的な問題で無理みたい。これ以上皮膚を引き伸ばせないのよ」

私の自宅のオフィスにある掲示板には、個人的に気に入っているおっぱいの写真を貼りつけてある。そこにあるのはマキシ、カイラ、チェルシーといった巨乳女性たち。カイラ・カップケークスとクリスタル・ガンズの写真の間に、自信満々で胸の間のくぼみを見つめている私のスナップ写真も貼った。別の写真では、アルゼンチンのコメディアン、サブリーナ・サブロックが、イングランドの伝説の領主夫人であるレディ・ゴダイバみたいなくしゃくしゃの髪で、両方の乳房をひとつにまとめるために胸の谷間に肉を移植した気味悪い豊胸手術を見せびらかすように、胸の前で両手を組んでいる写真もある。105Kカップのサブロックのバストは、105Zをめざしている。しかしその姿を見て思うのは、ちゃんとした形成外科医の「いい加減にしなさい」という忠告のコピーがつくポスターになってしまっている、ということだ。サブロックの隣には、ロロ・フェラーリが胸をはだけた姿でラウンジチェアに座っている写真がある。彼女の異様なバストにはところどころにシミがあって、その写真の場面から想像すると、どうも日焼け止めクリームが塗ってあるらしい。彼女のバストの谷間は、少なくとも五センチは離れているように見えて、乳房は互いにそっぽを向く方向に突き出している。ロロは官能的な微笑みを浮かべようとしているのだが、なんだかとてもつらそうに見える。彼女のコラーゲンを注入した唇は、マンガで描かれる魚のようだ。その乳房はふくれあがっていて、下の血管が透けて見えるほど皮膚が薄く、まるで化膿しかかっている二つの大きな腫れものに見える。

写真のなかのマキシは、あきらかにロロとはちがう。彼女の身体は運動で引き締まっている。どんな姿でポーズをとっているのか想像できないけれど、マキシはヨガをやっているそうだ。彼女の隣にマットを敷きたくないわね。肌は健康そうだし、身体はいい感じに日焼けしている。浮かべている微笑は心からのもので、彼女が書いているものから察するに、よく笑う人らしい。私はマキシが好きだ。メールに「ラブ・ユー」と書いてくると、心から「大好きなあなたへ」といっていると信じることができる。

私は彼女に会いたくてたまらなかった。そこでメールして、風俗店のオーナー向けコンベンションである『ジェントルメンズ・クラブ・エキスポ』の年次総会と、ストリッパーやエロチックダンサーたちのフェアである『エキゾチック・ダンサー・ファンフェア』が開催されるときに私もラスベガスに行くから会えないか、と伝えた。会いたいのはマキシだけではなかった。カイラ・カップケークス、クリスタル・ガンズ、リザ・リップスやもしかしたらもう一人、ポリプロピレン法で豊胸手術をしたチェルシー・チャームズにも会えるかもしれない。ジョンソン医師がチェルシーのバストはマキシよりも大きいと主張していた。チェルシーの手術をしたのだから、ジョンソン医師はわかっていたはずだ。

『エキゾチック・ダンサー』誌がスポンサーになって、ラスベガスのマンダレイ・ベイ・リゾート＆カジノでは、二〇〇五年にさまざまなイベントが開かれた。この高級ホテルは満室で宿泊は無理だったが、残念に思うと同時に、落ちついた環境で過ごすことになって心のどこかでほっとした。ラスベガス滞在中ずっと豊満な肉体とシリコンばかりでなく、首にはチェーン、足元はカウボーイブーツというナンパ男たちを観察しつづけることにはならないだろう。いや別に、それがいやだってわけじゃないけれど。

私はインターネットでザ・ストリップと呼ばれるラスベガスの中心になる大通り周辺の地図を調べ、マンダレイ・ベイから通りを隔てて斜め前に位置するザ・トロピカーナというホテルに安い部屋を見つけて予約した。しかし何もかもが巨大サイズのラスベガスにおいて、地図上での判断は意味がなかった。到着した初日の朝、マンダレイ・ベイをめざして出発した私が、目的地にたどりついたのは一時間後。道中人工的につくられた中世の城砦都市の脇を通り、規格外れの大きさのピラミッドの彫像を通り抜け、そびえたスフィンクスからの謎かけに答え、インドネシアの熱帯雨林を模してつくられた、永遠に出口に行き着けないじゃないかと思うほど深いジャングルを抜け、そこでようやくマンダレイ・ベイの入口が遠くに見つけられた。途中、生きた人間には一人も会わなかったが、人工ジャングルで男根崇拝の原始神とあやうく衝突しそうになった。

このトレッキングにくじけそうになったのは二回。トラムに乗りたくなったのと、中世の城の小塔から出ているモノレールに乗れば目的地までいとも簡単に行けることを発見したときだ。ラスベガスで人は、ゴルフコースを這っている蟻になった気分になる。やはりなんでも広大なテキサスについてのジョークを思い出した。旅行者がトイレに行こうと思ったら方角を見失い、気づくとプールのなかで「俺は流すな！」と叫んでいた、という冗談。

世界中を探しても、ここほど雄大にニセモノにつくりあげ、ことごとく偽造してそれを称賛している場所はない。そういう場所で、世界最大のニセモノのバストを私は探しに出かけているのだ。ザ・ストリップのいたるところに、マキシ・マウンズみたいな巨大サイズで、高価で、まるで生きているみたいだけれど現実ではないおっぱいの彫像や看板があふれている。

リゾートホテルの多くの宴会場や会議場ではいくつもの会議が同時進行で開かれていて、そのどれも００７シリーズの悪役の名前みたいなタイトルがつけられている。たとえば『シナジー・ハイパーリンク・インターナショナル』とか。エジプトだのインドネシアだのいくつもの国境を越えてへろへろになってマンダレイ・ベイにたどりついた私は、『ジェントルメンズ・クラブ・エキスポ』の会場を示す小さな看板を見つけて、いくつも会議室が並んでいる三階へと向かった。

サウスシーズ・ボールルームで開かれている会員限定の催しもの会場までやってきたら照明が消えていて、私は落胆と疲労で死にそうになった。ドアの前には会場整備係の女性が二人いて、鍵がかかっていますよ、という。でも会場にもぐりこみたいのだったら、窓のそばのソファに座っていれば、午前九時ごろから「彼女たち」が時間をつぶしているわよ、と教えてくれた。ソファは、ありえないほど広大なカーペット敷きのスペースにぽつんぽつんと置かれている。私はマキシのことを説明した。彼女を見かけました？　「ああ、いたいた。あの信じられないくらい大きなおっぱいの子ね」と一人の女性がくすくす笑いながらいった。「彼女はここにいたわよ」

このときマキシを本気で探すべきだったろうか？　彼女がものすごく近くに、少なくとも半径一〇〇メートルの範囲内にいることは確信した。そのおっぱいは私の頭のなかで弾んで盛り上がっている。でも、どこにいるのか？　もしかしたらラスベガス内につくられた偽パリのカフェ「リュー・ド・ラ・ペ」で、パトロンたちと「オーララ」なんてふざけているのかもしれない。さもなければニューヨークを都合よく小型化してグリニッチ・ビレッジからほんの数百メートルのところにつくったニセモノの豪華レストラン「タバーン・オン・ザ・グリーン」で、たむろしているのかも。もし私がツイていたら、ギネス記録のおっぱいをマンダレイ・ベイ内の白い砂を敷きつめたビーチそばにあるバーのカウンターに乗っけて、マイタイをすすっている彼女に会えるかもしれない。

トライアスロンをやっているつもりで、気温摂氏三六度からまだ上昇を続けるなか、私は宿泊しているホテルのザ・トロピカーナに戻った。たっぷり一・六キロ奥行があるカジノと土産物屋をジグザグに横切ったところにあるエレベーターに乗って自分の部屋に戻り、私はマキシにメールして、もう一度私の部屋番号と携帯番号を書き送った。それからザ・トロピカーナ内の大人限定の潟を模したプールでくつろいだ。プールの向こうには、クライスラー・ビルディングが見晴らせる。こんなところにいたら、すぐにボケてしまいそう。私はメールをチェックした。マキシからの返事はない。もう一度マンダレイ・ベイまで歩いて戻ろうかと思ったけれど、私はホテルの入口から出ているトラムによろめくように転がりこんでしまった。最初に目的地に奇跡的にたどりつけたとしか思えないトレッキングをやってしまったので、どうもこのトラムにはこれからお世話になりそうな予感がした。

サウスシーズ・ボールルームに戻ると、先ほどとは打って変わってにぎやかになっていた。イベントの最終日となったその日にやってきた人たちが、登録デスクのほうに集まってきていて、ありえないほど高いヒールのミュールをはいただけのほとんど裸のダンサーたちが、太鼓腹にカジュアルな服を着た男性たちと入り混じってたむろしていた。ダンサーたちの身辺警護を担当するビッグ・タイム・プロテクションに雇われているガタイの大きな男たちが、登録ブースのところに立っている。彼らの背後には、アイマックスの映画スクリーンが見える。

たぶん私は低俗な要素を過剰に予測しすぎていたみたいだ。ここに集まっている人たちはビジネスをしているだけ。全員で一〇〇人もいるダンサーたちは、自分たちがやるべきことをやっている。少なくとも特別ゲストとして招待されるフィーチャー・ダンサーたちは、ダンスをしたいから来ているといっていたし、興行エージェントを通してやってきた彼女たちは、一晩に一〇〇〇ドル以上を稼ぎだす。イベント会場に雇われて踊るハウス・ダンサーたちの稼ぎはそれよりもぐっと少なくなるが、いずれはフィーチャー・ダンサーになることを夢見て踊る。ダンサーが「私はフィーチャーよ」というとき、私はアマチュアではないし、安くはないわよ、ということを意味している。

ダンサーたちのにぎやかな集団がブースで『ファン・フェア』のチケットを売っていた。『ジェントルメンズ・エキスポ』の年次総会に続いて行なわれる『ファン・フェア』では、彼女たち自身が商品となって売り出される。私は「もうトシなのよ」というフィーチャー・ダンサーの一人とおしゃべりをした。トシといっても、二九歳だ。彼女は胸は整形手術をしたそうだけれど――「この商売をやっていて、手術していない子なんている?」――顔にはメスを入れていないわよ、と自慢した。

この会場のどこかにマキシがいるはずだし、『ファン・フェア』の登録ブース周辺にたむろしているエキゾチック・ダンサーたちのなかには、彼女の巨乳仲間だってもちろんいるにちがいない。ダンサーたちはみんなおっぱいをあらわにして見せびらかし、超ミニスカートに二階建てくらいの高さのヒールをはいている。冷たい視線を浴びながら、私は自己紹介してマキシについて聞いた。女の子たちはいっせいに唸り声をあげた。「そんなこと私たちに聞くなんて、あんたバカじゃない？」と一人がいった。彼女たちのマキシに対する評価。「異常よね」「みっともない」「ダンスには邪魔よ」「豊胸はGカップくらいにとどめておくべきよ」と一人がいったので、「私はHカップなんだけれど」と女の子同士の絆を結びたい一心で私はいってみた。「まさか」と一人がいった。「ウソよ。ありえない」たぶん私がつけていた下着が適切ではなかったのだろう。

マキシの話題に戻した。「あの人、バカみたい」と別のダンサーが口をはさんだ。「彼女を見かけた？」期待をこめて私は聞いた。「ちょっと、私はあの人のベビーシッターじゃないわよ」そのダンサーはいった。この業界では超巨乳のダンス興行は、ほかの人から低俗という侮蔑まじりの視線で見られていることに私はこのときはじめて気づいた。ダンサーたちによれば、巨乳の女の子たちを扱っているエージェントはたった二つしかないそうだ。ほかのエージェントもかかわっているのかもしれない。でも表だってエージェントになろうとしない。ダンサーたちのこの集団は、『ファン・フェア』の登録料として一二九ドルを支払うために誰かが財布を開けたときだけ瞬間的に笑みを浮かべるが、彼女たちの誰ひとりとして積極的に私に何か話してくれようとしなかった。歓迎ブースのところにいる女性たちはどこかに——どこでもいいからそこではないどこかに——行きたがっているような落ち着かない感じだった。彼女たちを見たい一心で、ロサンゼルスから飢えた男たちを満載したチャーター・バスが駆けつけたということを、彼女たち自身はあまりうれしがってはいないみたいだ、と話しながら思った。

女性たちがストリッパーとポルノ女優であったにしては——いや、たぶんだからこそ——おっぱいに関する話題で会話が弾むことはむずかしかった。女性たちは女友だち同士で十分に盛り上がっていた。「業界」外の女性がやってきて、上から目線で話をしようとしたり、うるさく的外れなことを聞いたり、もしくはその両方をやったら、彼女たちから無視されるのは当然だろう。私が着ていた黒のコットンの短い丈のタンクトップと、踝までのサリースカートというさえない格好も、彼女たちの目にはチャドルを着ているように見えたにちがいない。

私がこれまで参加したことがあるなかで、セキュリティが厳しかったのはせいぜい「ジェット推進研究所」主催の会議くらいである。それがここはどういうこと？　ビッグ・タイム・プロテクションは要所要所に警備の人間を配置している。筋骨隆々の警備員の厳しい視線が注がれるなか、登録料を支払った参加者たちには忠告つきでバッジが渡される。「このバッジはいかなる状況でも外せません。もしバッジをなくしたら、あらたに登録料を支払って新しいのをお買い求めください。ほかの人に貸与することはできません」誰もがバッジについて話している。きみのはどこにある？　ああ、これは彼のかな？　登録料を払わずにバッジを持ち逃げした人は指名手配され、取り押さえられることになる。バッジ担当の責任者たちの態度は、どう見ても偏執的だ。私、なんかマズったかしら、と不安になった。

バッジをもっている人限定の催しものをのぞかせてほしい、というきわめて甘い願望がどうも顔に出ていたらしい。少なくとも三人のアメフト選手のような警備員が私から目を離さなかった。クラブのオーナーに上品な色目を使って、ちらりとでもいいからのぞかせてもらえないかなと思っていたのだが、どうもそういうことができる催しものではなさそうだ。ノース・コンベンション・センターではスリや万引きを見張る警備員に色じかけで迫ってバッジから目をそむけさせることもできたかもしれなかったが、ここの警備員たちはみんな厳しい。みんな疲れて、うんざりしている。サウスシー・ボールルーム周辺では、私のおっぱいなんかにきびくらいの大きさしかない。「さっさと消えろ」と警備員から追い払われている気がした。「おまえのおっぱいなんか見たかねーよ」

それにしてもマキシはいったいどこにいっちゃったのだろう？　私に会えたら、きっと大喜びしてくれるにちがいないのに。横向きにハグして、おっぱいに隠して会議場に私を連れこんでくれないかしら。マキシの影に隠れたら、誰にも見つかりっこない。

その日はもっと大勢の女の子たちとおっぱい——大半が信じられないくらい大きかった——とGストリングにまみれているうちに時間が過ぎていったが、マキシの姿はどこにもない。どうして会えないのだろう？　気づかないうちに私のすぐ後ろを通っていたとか、私がたまたまトイレやコーヒーを飲みにいっている間に、ネス湖のネッシーみたいにあらわれたとかいうことはないか。数時間が過ぎた。私は頭がくらくらしてきた。おっぱいとお尻だらけだ。ストリッパーではない女性はここではたぶん三人しかいなくて、そのうちの一人である私は魅力のない第三の性であるセックスレスのモノカキだ。テンションをあげるために、私はホテルのロビーにあるスターバックスまで一キロ以上を大急ぎで歩いていき、カプチーノを買い求めた。そこで携帯電話をいじっていたビジネスマンが、私のほうをびっくりした目で見つめてくれたことで、私のおっぱいはリアルワールドではちゃんと注目を集めるのだわ、と安心した。

会場に戻ると、イタリア製の高そうな靴をはいているキザな男が座っている正面のアームチェアに倒れこむように座った。彼はベガスに「何軒か」もっているクラブについて話し——クラブの名称など詳細はぼかしたが——その間にも携帯でしゃべり、ニューヨーク市内にビルを買う話をしていた。彼はマキシを自分のクラブに出演させたことはないし、あのおっぱいは気持ち悪いと思っているそうだ。巨乳の女の子たちを扱うエージェントは一社だけだよ、と彼はいった。出し物としてキワモノだし、もう流行おくれだね。「ところで彼女はここに来ていたんだよ」と彼はいった。「写真撮影のためにね。もう会った?」

ということは、私はまたもや彼女と会えなかったわけだ。まだ午後も早い時間だし、明日もあるし、まだ『ファン・フェア』は始まったばかりだ。私は登録デスクのほうに行き、セキュリティのヘッドをつとめている男性と『ファン・フェア』のディレクターと友だちになった。

「マキシに会いたいんだけれど、助けてくれない?」

「大丈夫、会えるよ。もちろん。見つけられないはずがないさ。なにせ、目立つから」登録料として一二九ドルを支払って私が受け取ったのは、バッジではなく、ゴールドのきらきら光る、病院でつけられるようなブレスレットで……そこにも注意が書かれていた。「もしこのブレスレットを外せば、あらたに登録料全額を支払って買いなおさなくてはなりません。プールもシャワーもつけたままで結構です。切らないかぎり、外すことはできません」ほんとに異常な集まりだ。私はマキシ探索レーダーを張り巡らせながらうろうろし、あちこちで自己紹介してまわった。クラブのオーナーたちは退屈しているみたいだった。一人がぶっきらぼうな口調ながら話をしてもいいよ、といってくれた。話している間、彼は人差し指を耳の穴に突っこみ、何かを指にくっつけて引き抜いた。手についたものを観察してはじき飛ばし、また耳の穴に突っこんだ。「マキシのようなバストは男から見るとそそられないね」とミスター・耳ほじりはいった。「そもそもあれをバストとは思わないから。あれはね、フォルクスワーゲンだよ」

アトラクションのメインであるダンサーたちもいらだっているようだ。どうもこのイベントは段取りが悪いらしい。私はまたトラムに乗って、中世の城から要塞を通り、橋を渡ってザ・トロピカーナに戻った。

私は疲労困憊して頭の芯がしびれたようだった。しばらく休んで回復すると、一日中何も食べていなかったことに気づいた。『ジェントルメンズ・クラブ・エキスポ』で見た光景が、食欲を失わせたのだ。それとも食欲殺しの犯人は、食べものにありつくために直近でも一五キロ歩かなくてはならない、というラスベガスの広大さか。私はレストランの『ニューヨーク - ニューヨーク』に食事に出かけて、やっと自分の縄張りに帰ってきたような感傷的な気分になった。偽ブリーカー通りの自称「カフェの屋外席」に座って、私は母に電話をかけた。「いまね、セントラルパークを見ながらブリーカー通りのカフェにいるの」と母にいった。「まあ、ブリーカー通りってダウンタウンからすごく離れているんじゃなかったかねぇ」と母はいった。私がトルティーヤで巻いた豚の網焼きを食べているちょうどそのとき、マキシが会場に姿を現わしたことを私はあとで知った。翌朝マンダレイ・ベイに行くと、マキシを見たという報告があちこちから寄せられた。「彼女、いたよ。今日はきっと会えるね。女の子たちは全員ここにやってくることになっているんだ。ぜったいに会えるよ」

このときまでに私はマキシに三回メールを送っていた。私が帰るのは翌朝で、その日は一日中『ファン・フェア』のイベントに参加しながら、会場に陣取って彼女を待ち伏せする気でいた。その日は早めに到着し、カプチーノを手にして待った。ダンサーの「女の子たち」がどっとなだれこんできた。ほとんどがエキゾチック・ダンスのコンペティションのためと、ファンと一緒に写真におさまるために衣装をつけていた。ブロンドの本当に巨大なおっぱいの女性が姿を現わした。「あれ、マキシかしら?」と私は思わず声をあげた。「ちがう、ちがう。マキシは見間違えようがないよ。彼女は背が高いからね」もう一人の巨乳の女性が通りかかったが、彼女も背が低くて茶色の髪だった。それからブロンドで背が高くて、アブナイくらいに巨乳の女性も現われたけれど、残念ながらマキシではなかった。彼女はカイラ・カップケークスで、本当にいい人だった。マキシのサイトで見かけた、女の子同士のからみのポルノビデオの宣伝で彼女を見たことがある。カイラはマキシの居場所を突きとめてあげるから、と私に約束してくれた。「心配しないで」とカイラはいった。「いまにここに来るにちがいないから」

マキシはもしかしたら来ないかもしれないけれど、彼女そっくりのおっぱいはやってきた。クリスタル、カイラ、チェルシーとマキシは、世界中でもたった六〇人しかいない「バカげた手術法」と呼ばれるやり方で豊胸できた人たちだ。ジェラルド・ジョンソン医師はこの方法を編み出し、世界で唯一実施している人だったが、人工臓器の大手メーカーからの支援を受けることができなくなって、この手術法をいまではやめている。それだけでなく、とジョンソン医師はいった。「私はもう巨乳の手術はもうやりませんよ。あまりに長くやりすぎたからね。もう十分だな。ふつうの豊胸だけやりたい」

おっぱいのおかげでジョンソン医師はいい目を見てきた。かつて医師は、低価格で豊胸手術をやり続けるマラソンの新記録を打ち立てたことがある。アメリカの国立公園の名称と、フランス語の巨乳をひっかけた「グランド・ティートン（フランス語でおっぱい）・デイズ」と呼ばれる記録だ。一日にこなした手術の数は、驚きの一七件。このおかげで彼はバストの形をしたプールと、乳首の形をしたジャクジーをつくることができた。気取らないしゃべり方と、紐タイとカウボーイブーツ姿のジョンソン医師は、キワモノの出し物に出演する有名ダンサーたちの英雄である。女の子たちが本気で望めば生理食塩水やシリコンのバッグを入れて相当の巨乳をつくることもできるが――フランスのあるメーカーは豊胸手術用に四〇〇〇立方センチも容積がある人工乳房をつくった――それだと合併症を引き起こす可能性も高くなる。ジョンソン医師はポリプロピレンでできた糸を使う方法を編み出した。一般的には外科手術の縫合糸として使われるポリマーである。「それだと刺激をしないし、やわらかいし、ほかの素材と反応することもない」と彼は私に説明した。

顔のチックや痙攣の治療用として開発されたボトックスがいまではシワとりの美容用として広く使われているのと同じように、この豊胸手術法では外科手術の縫合に使われるポリプロピレン糸を本来の目的以外で使用している。ジョンソン医師はその安全性にはぜったいの自信をもっていて、自身の身体にも鼠径ヘルニアを治すためにポリマーを二本入れているという事実がその裏づけになっている。「私はポリプロピレン——一般的にはプロレーンと呼ばれていますが——を胸骨の上につくったポケットのなかに、身体のほかの組織にふれないようにして入れました。従来の生理食塩水やシリコンのバッグを入れるかわりに糸を入れたのです」ジョンソン医師は二〇〇〇年にプロレーンを使う手術をやめ、以来この手術法を望む女性たちの依頼を断っているが、それでも自分がやった手術では合併症はなかったという。「この糸を使った人工乳房は、脂肪を使うものを除くと、ほかのタイプのものよりも感触が本物の乳房により近いんですよ。一九七二年から約一万人の患者に豊胸手術をしてきましたが、そのなかでは感触的にこの方法の乳房が一番ですね」

ジョンソン医師はこの手術法で特許を取り、しばらく大手人工臓器メーカーであるメンター社と法廷で争っていたことがあるが、特許によって得られた利益はさほど大きくなかった。ジョンソン医師がつくったバカげた糸のおっぱいの持ち主たちは、全員がダンサーか、ダンサー兼ポルノのスター女優かで、いまひとつ華やかさに欠けるHカップの整形おっぱいの商品価値をより高めることを望んでこの手術に踏み切った。大半はすでに生理食塩水かシリコンを入れる豊胸手術を経験済みで、合併症に悩んでいた。合併症の症状でよくあるのが、被膜の拘縮《こうしゅく》として知られる筋肉や結合組織の硬化で、免疫反応が起きて人工乳房を入れた瘢痕《はんこん》組織周辺が収縮し、ときには岩のように固くなってしまう症状を現わす。また人工乳房がとんでもないところに移動してしまった人もいる。ポルノのサイトでは、ありえない位置にある乳房を挑発的に見せびらかす女性たちの画像が数えきれないくらいアップされている。ジョンソン医師の患者たちは、インターネットや口コミを通じて彼にコンタクトをとってきた。「エキゾチック・ダンスのコンテストで優勝した女性たちのかなりの割合が私の患者でしたよ。八〇年代に私がこの手術法を始めてから、しだいに私は彼女たちの間で知られた存在になりました」とジョンソン医師はいう。「でも数カ月前にクリスタル・ストームがやってきたときには、とてもできないと断ったんですよ。超がつくほどの巨乳にしたら、その後の治療がたいへんなんです」そこでジョンソン医師は計算した忍び笑いをもらした。私がダンサーたちから聞いた信じられない話では、プロレーン法でつくった人工乳房は、糸が湿気を吸収してどんどん大きくなる、ということだった。マキシの乳房も大きくなった。チェルシーのもだ。彼女たちのそんな身体はいまやお笑いのネタとなっている。「ほら、アブナイから後ろに下がって。私にもどれくらいこのおっぱいが大きくなるかわからないのよ」

三六歳のラスベガスを拠点にしているストリッパーのリザ・リップスは、ジョンソン医師に巨乳をつくってもらった一人だ。一九歳のときにおっぱいを売り物にした仕事を始め、二年後にフロリダのクラブで踊りはじめた。「おっぱいを売りにしていたのに、じぶんのおっぱいが当時は気に入らなかったの」とリザは私にいった。「形のいい張りのあるおっぱいが、お日様のほうにツンと向いているという幸運には恵まれなかったのね。私の元のおっぱいは母のと同じだった」というリザは一二歳で処女を捨て、以来過去を振り返らないでここまでやってきた。最初のおっぱいを売り物にした仕事では、一八〇〇ドルを稼いだ。その後、彼女のストリッパーとしての仕事のギャラはあがっていった。客の膝の上に座ってチップを稼ぐラップダンスをしなくても、一日ステージで踊るだけで二〇〇ドルが稼げた。「フーターズ（ウェイトレスが胸元を大きく開いた制服を着ている人気レストラン）では、私は一日にせいぜい五〇ドル稼げればよかったくらいだから、ありがたかったわ」

「手術をして本当にハッピーだった。生理食塩水のバッグを入れたバストだったけれど、合併症で硬くなってしまったの。マッサージをしてもらうようにといわれたけれど、片方がどんどん硬くなって動かなくなってしまった。そしたら医者は「硬くなったら、瘢痕組織を壊すことにしています。あなたの場合も、注射を何本か射って組織を壊してしまわなくてはなりません」とかあっさりいうのよ。もう痛いの痛くないのって、たいへんだった。硬くなったところから壊れていく音が聞こえるくらい。だからいったの。「ちょっと待って、別の人工乳房をつくることにするから、もう一度開いてその組織を取ってしまって」そしたら医者は「あらたに人工乳房を入れると八〇〇ドルかかります」というのよ。「できる範囲で最大のおっぱいにするとしたら、どれくらいの大きさになる？」と聞いたら、医者は、筋肉組織も入れて八五〇CCだといった。だから私は、いいわ、やりましょうと承諾したの。医者は明後日やりましょうとあっさりしたもんだった」

だがもっと大きくしたその乳房もまたトラブルつづきだった。両方が硬化し、手術した医者は患者たちとセックスしていたことで訴えられてしまった。背が高く、官能的なブロンド美人のリップスは、フィーチャー・ダンサーとしてもっと売れっ子になり、やがてプロデューサーのジョン・グラハムと出会った。グラハムはリップスにいわせると「巨乳のビジネスを始めた人」だ。グラハムからリップスは、もっとおっぱいを大きくして、トレイシー・トップスやティファニー・タワーズのランクまで超巨乳にすることができると教えられた。「私はせいぜいGカップの大きさだった。もっと大きくできるし、皮膚の伸縮性もすごくよかったの。ほかのダンサーたちのバカデカくて美しい巨乳を見ていたときは、商売のためにあいうおっぱいは欲しくないなと思っていた。でも自分のために欲しくなっちゃったの。ずっとがんばってきて、決意は揺るがなかったし、いつかきっと生きて歩いているマンガのキャラクターになろうと思っていたのよ。ずっと考えていたの。超巨乳になったら、きっとかっこいいだろうな〜とね。私はハードコアをやる気満々だったのよ。わくわく期待していたら、グラハムがいったの。きみのおっぱいは自前っぽいよね、とね。あらたにつくりなおしたら、私はなりたい自分になれるんじゃないかと思う、と私はいったわ。グラハムは、これまでにも手術代を何人かの女の子たちのために払ってきたけれど、その子たちにはこんなはずじゃなかったと恨まれたんだよね、といったわ。だから、私は形のことでも見栄えでもぜったいに文句をいったりしないと約束した。本気で誓う。そしたら彼が私をじっと見つめたんだけれど、きっと私がどれくらい真剣なのか目を見ていたんだと思う。彼が、もし俺が手術させてやったら、きみは俺のためにポルノビデオに出演するんだぞ、一八カ月の契約を結べ、といったわ。雑誌撮影も、ロケもしなくちゃいけない。ハードコアも出演してもらうが、ほかの制作会社の仕事はぜったいに受けるな、とね。私は、いいわよ、全然問題ない、と承諾した。二週間後にジョンソン医師のところで手術を受けた」

そうやってリザ・リップスはプロレーン法の巨乳の仲間入りをしたわけだ。彼女はジョンソン医師に硬いおっぱいは願い下げ、いい感じのやわらかいおっぱいを作って、と頼んだ。大きくふくらませすぎないでほしい。「三〇〇〇CCもの巨乳にして激しいセックスをしたら、誰もおっぱいにさわったりつかんだりすることができないじゃない？ ジョンソン先生はいい仕事をしてくれたわ。完璧なおっぱいよ。できるかぎり長くこのおっぱいと一緒に生きていきたい」とリップスはいった。彼女はいまポメラニアンやチャウチャウやロットワイラーズといった犬たち六匹と一緒に暮らしている。

「何の問題もなかったら、私は八〇歳になってもこの巨乳でいるわよ。この手術で巨乳になったなかにはとっても頭のいい女性もいれば、なかには頭の悪い人もいる。誰もが、自分こそは最大のおっぱいをもちたいというけれど、私は最高にセクシーになりたいのよ。そこが重要なの。完璧な自分になるために、私は手術をしたんだから」

数十年後にリザ・リップスやマキシ・マウンズの巨乳がどうなっているかはわからないが、ジョンソン医師は先のことを考えるのは好きではないという。「マキシはたぶん詰めたものを取り出すべきだと思う」というのが彼の見方だ。プロレーン糸入りの人工乳房は、おっぱいの仕事をしている女の子が働ける年数よりはるかに長持ちするようにはつくられていない。「私だったら人工乳房を取り出して、しばらくは垂れ下がるままにさせておくよ」と彼はいう。「取り出してからあらたに乳房をつくりなおす手術をするとなると、もっと切り刻まなくちゃならないからね。でも取り出して傷痕がふさがるまでいじらないでおくと、乳房はそのうちだんだん小さく縮んでいく。それから形を直してもっとかっこよくしてあげても遅くない。もしマキシがまだ皮膚の弾力がある十分に若い時期にキャリアを終えて——三〇代後半かな——人工乳房を取り出すとしたら、その後非常にいいブラをつけて、ちゃんとした位置に戻るように気をつけさえしたら、バストは見事に縮んで最終的にとてもいい状態になると思うよ」

私はそのことをマキシにメールした。リザ・リップスと同様、マキシも人工乳房をそのままにしておきたがっていたからだ。巨乳は彼女の人生なのだ。

サウスシーズ・ボールルームを出たところにあるカーペット敷きの広大な場所で、エキゾチック・ダンスのコンテストが開かれて人だかりがしていた。多くのダンサーに会えば会うほど、私は自分の乳房が小さいと感じる。これまで巨乳だなんて思っていた自分が信じられなかった。私はクリスタル・ガンズに紹介されたのだが、プロレーン糸を詰めた弾頭のようなそのおっぱいは別にして、彼女自身は解剖学的に私と瓜二つで、小柄で肉づきのいい体型だった。私が胸に洗濯袋をいっぱいにしたものを二つくっつければクリスタルになる、といっていい。マキシはあきらかにこのショーのためだけにラスベガスに来ているわけではなさそうだ。カイラ・カップケークスは私の目的をちゃんと察してくれた。「こっちに来て、あなた」と私の手をとってクリスタルのほうに連れていった。「ねえ、マキシの携帯電話の番号をこの人に教えてあげてくれない？」カイラは頼んだ。その声は甘ったるいアニメ声だ。何をしゃべっても、テレフォンセックスをしているみたいに聞こえる。「この人は追っかけのファンとかそういうのじゃないのよ」喉を鳴らすようなしゃべり方でカイラがいった。クリスタルが顔をしかめた。悪いニュースをもたらしたのは、そのクリスタルだった。「携帯番号を教えたりするのはなんかいやだわ。それにここにいてもマキシには会えないわよ。あの人、こういうところに顔を出さないから」

だが、なんとかなりそうな気がする。ダンサーたちと多種多様なファンたちはエキゾチック・ダンスのコンテストのために広いボールルームいっぱいに詰めかけていた。入場できるしるしであるブレスレット——ゴールドが女の子用、黒が男の子用——は入口のところで念入りにチェックされた。この時点ではふつうの服を着ている女性は私一人ではなくなった。そこでスキャンティをはいているダンサーたちが肥満した女性にエスコートされて現われた。ダサいレジャーウェアを着た男性たちはほぼ全員がお金を払った観客たちで、ほとんどが五〇代後半だ。前のほうの席に案内されて座っている中年の女性たちは、きっと娘がコンテストに出場しているにちがいない。

ダンサーたちが、ステージに並んだ仮ごしらえの試着室みたいなボックスのカーテンを開けて飛び出したり引っ込んだりしている間、ヘビメタが大音量でかけられ、ステージのほうへと目を向けさせた。このうら寂しいショーは――ステージ、座席について見物している観客とキャスターつきのバー――共和党の党大会も開けるほどのボールルームの一二分の一のスペースで開かれていた。

群衆の間のあちこちに巨乳が見える。だが私が目を凝らしても、そこにはマキシの巨乳はなかった。大急ぎでホテルのビジネスセンターまで走っていって、いま一度マキシからのメールが来ていないか確かめた。やっぱりない。マキシは私から逃げているんだ。自分がバカに思えてみじめだった。マキシは私のことなんかなんとも思っていなかった。友だちではなかったんだ。意地悪なマキシ。

ボールルームに戻ると、ショータイムが始まっていた。耳をつんざかんばかりに音楽が鳴り響き、雑誌『エキゾチック・ダンサー』主催のコンテストでNO．1ゴールデン・ダンサー賞に輝き、賞金一〇〇〇ドルを獲得したエキゾチカという名前のポルノのスターが司会者だった。趣旨と目的をちゃんと汲みとったエキゾチカの衣装は、当然、裸だ。乳首にはスパンコールが飾られていて、彼女の人工乳房はまるで御影石でできているみたいだ。下半身はこれ以上細くできないくらいのGストリングだけだった。そのかわいそうな女性の仕事は鞭をふるって観客を熱狂させることだ。でもダンサーが一人ひとり番号だけ紹介されて出てきて、ステージに立てられたポールとたわむれながら踊るショーが繰り広げられるうちに、エキゾチカの鞭を使う仕事はしだいにありがたがられなくなった。「うわーお、あたしはあのポールになりたい」と彼女は猫なで声でいった。観客は異常なほど白けている。「一番大きな声で叫んだ人に、ただでTシャツを差し上げるわ！」みんなが殺到するはずだったが、エキゾチカは思ったような反応を得ることができなかった。ポールでのストリップダンスは、一人のダンサーが汗をぬぐうために引っこむとすぐつぎが出てきて際限なく続いている。私は周囲を見回し、あくびが出そうなほど退屈しているのは自分ひとりではないと気づいた。うまいダンサーがポールのてっぺんまで昇ってポールの先端のぎざぎざの金属部分で身体を切ってしまったとき、状況は最悪になった。血まみれになったダンサーはその場に呆然と立ちつくし、裏方が手当に駆けつけた。観客のほうに目を向けると、ほかのダンサーたちがコンテストの手際の悪さと公平さを欠いていることに不満をもらしていた。

もうたくさんだ。神経がプチンと切れそうな恐怖に襲われた。いまここで地震や火事が起こって、人生の最期の数時間をこの部屋にいる人たちと一緒に過ごさなくてはならないなんていやだ！　私はロビーに出て、ダンサーやポルノ女優とその兄のポルノ男優、それにカリフォルニアをベースに活躍しているP．H．I．S．T．というヘビメタバンドのメンバー半分とともにソファに倒れこんだ。ダンスの衣装の上から大きなサイズのTシャツを着たポルノ女優は、コンテストが出来レースでクソみたいだとののしった。彼女にマキシを見かけたかと聞く衝動を抑えられなかったが、ほかにはなんの芸もないのにおっぱいだけでキャリアを築こうとする人への手厳しい非難が返ってきただけだった。「私ももっと大きくするために手術すべきだったわ」と彼女は十分に豊かな自分のバストを指差しながら、私にいった。だが彼女はマキシやチェルシーの乳房は「キワモノ」だと吐き捨てるように断じた。何回もオルガスムスに達するためのガイドブックを出版したいんだけれど、どうしたらいい？と聞かれた。疲れすぎていて、何もアドバイスが浮かばない。私はごめんなさいといって、トラムに乗ってホテルに帰り、もしかしてと期待をこめて最後にメールをチェックした。

翌朝、私が帰りの飛行機の搭乗を待っているとき、携帯が鳴って午前四時に届いたマキシからの留守録があることを知らせた。そこには「会えなくて本当に残念だったわ。もうバカみたいな日だったの。日本のテレビクルーが一日中私につきまとって、いまやっとあなたのメッセージが聞けたのよ」

私はマキシに怒りは感じなかった。なぜ彼女が日本のテレビクルーに機嫌よくつきあわなくてはならなかったのかはよくわかる。日本人はおっぱいに飽きることはないだろうけれど、アメリカ人は巨乳のキワモノ芸に飽きてしまっているから。

家に帰ってからニュージャージーを本拠地にしているマキシのエージェントのエレノア・ブッチに電話をかけた。ブッチは二二年間ダンサーとストリッパーとして活躍し、いまを去ること十年前に引退しているが、かつてのように女の子たちがダンスという芸で勝負する時代が戻ってくることを切望している。「私はバレエとかをちゃんと習ったわよ。昔は人を楽しませる芸が必要だったから。ナイトクラブはそういう芸を楽しむお客さんが大勢やってくるいい場所だった。小芝居もしたし、衣装も重要だった。私たちダンサーはずっとステージの上でショーをやっていればよくて、チップを集めるために客席をまわることもなければ、お客の膝の上に座って接待することもなかった」

バストを売り物にする女の子は当時はほとんどいなかった、とブッチはいう。「私がエージェント契約を結んだ最初の女の子はクリッシー・ダーリングで、見事な巨乳の持ち主で、毎週休むことなく働いていた。小柄な子で、よく働いたし、人柄もすばらしかった。信じられないかもしれないけれど、彼女はお医者さんと結婚したのよ。あのころはいまとは事情がちがったのね。いまでは毎週のようにショーをやれる女の子なんて、片手で数えられるほどよ。コンテストもやるし、小芝居もやるけれど、ナイトクラブに行くとただダンスをして、きれいなきわどい衣装をつけてチップを集めてまわるだけ。そういう風潮がこのビジネスを殺してしまっているわね」

私は同じような意見をワイド・ワールド・エンターテインメントというエージェントをやっているブルースからも聞いた。彼はチェルシー・チャームズからウェンディ・ホッパー、ロッキー・マウンテンズからリーサル・ウェポンズまで、さまざまな巨乳タレントと契約している。全盛期にはバスト自慢の女の子たちは売り込みをかける必要がほとんどなかった。たとえばポルノスターインフォ・ドットコムというサイトで見たような「出身：データなし、身長：データなし、体重：データなし、人種：白色人種、髪の色：茶、目：ブルー、身体のサイズ：巨乳」というプロフィールだけで十分だったのだ。

「誰もが（巨乳ブームのおかげで）前よりもっとカネを稼いでいるよ。数十億ドル規模の市場だね」とブルースはいった。だが巨乳を売り物にすると、キワモノ扱いされる。「ダンスの技術や美しさは問題じゃないね。男が考えているのはあの子たちのおっぱいが世界で一番デカイことで、それを確かめにくるんだよ——たとえ一回こっきりとしてもね」

ブルースもエレノア・ブッチも、キワモノ芸は一世を風靡しても、やがてすたれていく運命にあることを嘆いていた。ブルースは、アヌスやヴァギナでタバコを吸う女の子たちや、ヘビを使った芸を見せる女の子たち、また「アソコでダーツを飛ばしたり風船を割ったりする女の子たち」とも契約をしていたことがある。なかにはステージからバーを越えて六メートルも水を飛ばせる芸をもった女の子もいた。「プッシー・コントロールと呼ばれる芸だよ」と彼は説明した。芸を二つ以上もっていると大きな売りになるが、女の子たちはほかの人の領分を侵犯したがらない。ブッチはフランクス・チキン・ハウスというナイトクラブをニュージャージーで経営していた夫とともにエージェントをしていたが、彼女が契約していた女の子のなかにも、ゴルフボールやピンポンのボールをステージから部屋の隅まで飛ばせる芸をもった子がいたそうだ。そういったキワモノ芸を売りこむための仕事をブッチはこれまでやってきた。だがナイトクラブにやってくる客は、巨大な人工乳房にしだいに飽きてきつつある。「まだ巨乳の子たちには声がかかるんだけれど、その人気は以前ほどじゃない。いまではただ突っ立っておっぱいを見せるだけじゃすまなくなっている」とブッチはいった。「いま求められているのは、Gカップですばらしいスタイルの女の子たちよ」自分の好みの女の子が獣姦するところを、ネットで簡単に見られてしまうことに飽き飽きしている人たちが、お金を払っても見たいという新しいキワモノ芸を編み出すことが急務だ、とブッチはいった。

それならチェルシーやカイラやマキシのあとに続くのは誰なのだろう？　ブッチには確実に勝ち組になるアイデアがある、という。「背中におっぱいをつけたいという女の子と契約してたんだけれど、彼女はついにそれをやってくれる形成外科医を見つけられなかったの。メキシコまで行ったんだけれどね。一つだけ大きな乳房を背中につけようとしたのよ。すばらしいアイデアだったわ——もしその試みが成功していたら、まちがいなくヒットしていたわね」私は言葉を失った。ブッチは一〇年前のことよ、と事も無げにいった。「背中におっぱい女」はいまにきっと現われる、それも近い将来、と彼女は確信していた。

私はブッチが女の子たちと一緒に勝ち組でいてほしいと願っているが、呪われた方向に進んでいくことを前向きに受け止める気にはとうていなれない。せいぜい私が望むのは、キワモノのトレンドがおっぱいの数を三つに増やす方向に向かっていって、私のみすぼらしい二つのおっぱいが与える衝撃が小さくなってほしい、ということだ。

## 自分のなりたい身体になる……ってホント？

隣の芝生は青い。私の髪はクセのまったくない直毛なので、ティーンエイジャーのころ私は当然の成り行きとして、アイロンと爆弾を爆発させたあとのにおいのするいわゆるホームパーマを使ってなんとかして巻き毛をつくろうと涙ぐましい努力を続けた。身長一五七・五センチのメリハリ・ボディに恵まれたために、脚が長く、ヒップが細く、水泳選手のような逆三角形体型の女の子がうらやましくて私は悶えていた。ブラジャーのカップが爆走しはじめると、胸が平らで骨ばった少年体型の友人、マージーに視線が釘づけになった。彼女が丈の短いピチピチのTシャツとローライズジーンズを着て、ウエストのくぼみと腰骨を露出させているのを見ると、自分が肉団子になった気分がしたものだ。成長する過程で私は、ハンス・クリスチャン・アンデルセンの『みにくいアヒルの子』のなかでアヒルの子（最後に白鳥だったとわかるのだが）がいわれる「似つかわしくない姿かたちは、面倒のもとだ」というセリフを耳にタコができるくらいいわれ続けた。この教え（？）は、我が家の家訓の一つだった。

自分の身体がいやだという気持ちが自己憎悪にまでなったとき、私は自分が一種の化け物に思えておぞましかった。だからはじめてほかの女性が、私の身体について言及したときのショックは測り知れなかった。彼女がいったのは、誰もがひそかにいってもらいたくてたまらないと思っている一言のはずだ。「あなたの身体がうらやましくて憎らしいほど」彼女の目には、私の身体は欲望をかきたてる豊かなお尻と大きなおっぱいと映ったのだ。だがツィッギー旋風が巻き起こって、そんな羨望にも終止符がうたれた。その一方で、六〇年代後半からときおり起こる流行で思春期前の少女のような平たい胸がもてはやされることはあっても、巨乳があらゆるところに出現する現象は一貫して続いていた。ジムに、オフィスに、テレビに、有名なところではヴィクトリアズ・シークレットのカタログのあらゆるページに。そういうところに出現する巨乳は人工乳房だ。いまでは、遺伝子が組み合わさった幸運のおかげで私に授けられたおっぱいと同じくらい、いやそれをはるかに超えた次元の、もっと大きい、もっともっと大きい巨乳が人々の注目を集めている。より高く、よりふくらんだ乳房を追求した女性たちの胸は、あたかも「ボイン」と書かれたサインをぶら下げてバスや地下鉄に乗っているみたいで、目のやり場に困るほどだ。ビーチやプールサイドでは、グループフレーツやサッカーボールを半分に割ってくっつけたような完璧な半球が、申し訳程度に紐状のビキニに覆われただけで「そこのけ、そこのけ」といわんばかりにのし歩く。ロサンゼルスのウィルシャー大通りのあちこちに設置された監視カメラのように、そそり立つ人工乳房はあなたを監視しようと照準を合わせてくる。ファッション雑誌の表紙を飾る、拒食症にちがいないやせすぎのモデルたちの胸で爆発しているのも人工乳房だ。

ついにアメリカだけで年間三〇万人の女性たちがバストの美容整形手術を受けるまでになった。いわゆるグレープフルーツを割ってつけたような人工乳房があまりにも増殖したために、胸が豊かな有名人たちは、自分は生まれながらにこの胸だと証明するまで、豊胸手術を受けたにちがいないと思いこまれてしまう。モデルのタイラ・バンクスは自分のバストが本物であると証明するために、全国放映のテレビで超音波検査まで受けた。それでもまだ疑惑は晴れていない。

アメリカだけの現象ではない。世界中の女性が美容整形に夢中だ。アメリカ合衆国が美容整形において世界のトップを走っているのはまちがいないが、美容整形手術の四分の一は世界三〇カ国で行なわれていて、とくに豊胸に励む女性たちが多いのがブラジル（アメリカについで二位）、メキシコ、オーストラリア、フランス、ドイツ、ギリシャ、スペイン、そしてスイスが続く。ブリスベンとゴールドコーストでの件数がオーストラリアでも群を抜いていて、一日に一〇〇件の美容整形手術が行なわれていて、その大半が人工乳房を入れるものだ。チェコ共和国での最近の調査によれば、六人に一人の女性が美容整形、なんといっても豊胸を考えているとか。イギリスのブラジャーのメーカーによる調査では、二〇〇五年に美容整形の施術件数が五年前に比べて三三％増のイギリスでは、女性たちのカップサイズが平均して一カップ大きくなったことがあきらかになったが、それはホルモン入りクリームのおかげではない。バストの整形をしたい女性たちは、『サン』紙が靴のかかと修理にひっかけて「あっという間にバストのつけ替え」と名づけた、短時間で、しかも三〇〇〇ポンドというお手頃価格の手術をチェシャー、アドリントンにあるメディスパ・クリニックが始めたと聞いて目の色を変えた。「数年のうちに、昼休みに豊胸手術が受けられることを宣伝するところが出てくるでしょう」とメディスパ・クリニックの院長はいう。美容整形業界の人たちを驚愕させたのは、このクリニックではバストを切り開いて縫合した患者を、わずか数時間の昼寝程度休ませるだけで、家に帰しているこ とだ。

医学的治療の必要性に関係なく、豊胸／減胸やバストの位置を引き上げたり形をつくりかえるなど、自分の好みに合わせて外科手術を行なう女性たちが増えていっているのは、もちろん女性たちの意思による。しかしこういった手術が簡単に、短時間でできるようになればなるほど、かえって多くの成人女性たちは欲しいものをすべて手に入れることはできないことを受け入れてストイックにならなくてはならない。かっこよく水着を着たいだけのために、麻酔を打って手術したいという欲望に負けるべきではないという女性もたしかにいる。親からもらった身体をそのまま喜んで受け入れるという女性も、まだ残ってはいる。

しかし美容整形はＱＯＬ、つまり生活の質を上げるための一つの手段であるという見方のほうがどんどん優勢になってきているのが現状だ。「自分のなりたい身体になるために手術する」と女性たちは主張する。私は美容整形してきれいになるに価する人間だ。私にはその価値がある。豊胸手術をした人たちが集まるサークルでは、「力を得た」という言葉を耳にしないではすまされない。美容整形をする形成外科医は、彼女たちこそフェミニストなのだという。

豊胸手術の起源は浅ましく、どう考えても反フェミニズム的動機から発している。皮膚の下に何かを入れて胸を大きくしようとした最初の女性は、第二次世界大戦後の日本の娼婦たちだ。アメリカのＧＩたちの好みに合わせようと、彼女たちは塩水や山羊の乳を注射した。どちらもすぐに身体に吸収されてしまい、まもなく女性たちの多くは恐ろしい感染症に苦しんだ。つぎに彼女たちが試みたのは、パラフィン、もしくはワックスを入れることだ。これは液体よりも長持ちしたが、乳房は痛み、凹凸ができ、魅力的とはとてもいいがたいものになった。あきらめない娼婦たちは、ついに当時闇市でしか手に入らなかった産業用のシリコンをバストに皮下注射するようになった。

この悲しい歴史を聞けば、貞操帯や拷問具などと同じように豊胸手術はうさんくさいものと片づけられたと考えるかもしれない。だがちがうのだ。アメリカの医師たちは最初の不器用な試みにヒントを得て、もっと合理的な方法で、もっとかっこよい胸をつくれる豊胸の方法を見つけようと発奮し、シリコンが入っている人工乳房を開発した。一九六〇年代はじめ、ストリッパーたちはすでにシリコンの注射をしていた。一九六二年にヒューストンの形成外科医であるトーマス・クルーニンとフランク・ゲローがシリコンジェルの小袋を女性のバストに入れる手術を始めた。一九九二年米国食品医薬品局は、小袋が破ける、シリコンがもれる、また免疫システムに深刻な障害を与えるといった衝撃の報告書をもとに、安全性の面からシリコンを使ったバストの整形手術を法律で禁止し、これは論議を引き起こした。私が取材した、豊胸手術を日常的に行なっている大半の形成外科医は、食品医薬品局が取り上げた苦情は誤解を呼ぶ情報と集団ヒステリーによるものだとしたが、一方で女性たちは自分たちが「シリコン・ホロコースト」にあった医療過誤の犠牲者だと信じている。シリコンジェルによる人工乳房をつくることが許されているのは乳房切除後に乳房再建する人だけで、アメリカで現在行なわれているそれ以外の大半の豊胸手術は、生理食塩水を満たしたシリコンフォームを使っている。

豊胸はかつてはストリッパーと金持ちだけがやるものだったが、金銭的なことだけではもはや抑止力は働かない。クリームや薬や器具ではラチがあかないとなったら、また友人や親戚から美容整形についてのプラスの意見を十分に吹きこまれたら、心のどこかで美乳へのあこがれがあった女性は、盲腸の手術と同じくらい豊胸手術は緊急だと自分で自分に言い聞かせてしまう。三〇〇〇ドルから六〇〇〇ドルという費用をなんとしてでも捻出してしまうのだ。私なら、愛する人にはあえて「思慮深さ」を見せて手術を思いとどまらせるよう忠告してほしいけれど、美容整形の手術代を配偶者へのクリスマスプレゼントとして贈ることはしだいに広まりつつある。財布の紐を自分が握っている独身女性は、若い女性が車を買うためにお金を貯めるのと同じように、豊胸のために貯金する。

もちろん人工乳房をつくった女性たちのなかには、たとえば両方の乳房の大きさがあきらかにちがうとか、形がおかしいといった問題を解決するため、という人もいる。しかし大半は単にもっと大きく、張りがあって、裸になっても垂れていない乳房が欲しいだけだ。グレープフルーツ半分をくっつけたバストこそが理想という見方があまりにも浸透したために、マルガリータという会社では最近、「自然に美しく整形したように見せる」ブラを発売した。TV番組『究極の変身』に登場する形成外科医のダニエル・マン氏お墨つきの、この矛盾した売り文句のブラには、エボリューション（進化）というブランド名がつけられている。

豊胸したバストを社会が理想と認めているのは憂うべきだ、というのは「女性と家族のための国立調査センター」の理事長であるダイアン・ズッカーマンである。彼女は私に、デパートの下着の広告にあるイラストでさえも、人工乳房の女性を描いている、と指摘した。たしかにメイシーズが『ニューヨークタイムズ』紙や『ワシントン・ポスト』紙に出稿しているブラの広告を見ると、その乳房は拘縮が認められて人工乳房だとわかる不自然な丸い突起である。「イラストに描かれている女性たちは、胸に完璧な二つの半球をくっつけていて、そこには胸の谷間は現われていないことに私は気づきました」とズッカーマンはいう。「クリーベジはもう過去のものなんです。私が子どものころは、女性には胸の谷間がありましたし、もし人工乳房もちゃんとつくられていれば、女性の両乳房は谷間をちゃんとつくるはずなんです。でも大半はそうじゃない」

心理学で博士号を、博士課程終了後には疫病学を研究したズッカーマンは、ハーバード大学とバッサー大学で教鞭をとっていて、米国連邦議会のアドバイザーもつとめてきた。彼女はセクシーとはいえない統計を列挙する。年間六万人の女性が人工乳房を取り出している。「美容整形関連の仕事をしている人たちは私のことを目の敵にしている」と彼女はいう。「多くは私との議論を拒否したわ。一人の形成外科医は最大限感じよくしているつもりで、おや、思っていたよりきれいな方なんですね、と私にいったのよ。美容整形したことで自尊心やＱＯＬが向上したというデータを操作している人たちを見るたびに、笑止千万だと思うわ。そういう数値は私もよく知っているわよ。年間何百人何千人の女性が豊胸手術をするのは、細い身体に巨乳というイメージで猛攻撃を受けているからなのよ。この二つの組み合わせは、自然界ではありえない」

私が見た人工乳房のセールスの説得力は抜群だった。「高いとしりごみなさっている方！　お手頃価格で提供いたします」と豊胸手術を一〇〜二五％の頭金で受け付ける支払計画を紹介しているその名も豊胸ドットコムのサイト。医療費用の資金援助を行なう組合の一つ、フィジシャンズ・マーケティング・グループは美容整形市場の掘り起こしを狙って、潜在的な患者から投資向けの資金や年金、生命保険への支払いを手術費用に振り向けさせようと働きかけ、また給料の前借りや税金の払い戻し分で充当すればいいと勧める。それでも資金が足りない女性は、「日常使用している化粧品の代金分を返済にあてる」という資金計画を立てることもできる。「美容整形費用の資金情報」と題する記事にはこう書かれている。「形成外科医は、あなたのカウンセラーであり、整形の天才であるとともに、いまはローン相談窓口でもあるのです」ローンの交渉について資金情報を提供するサイトでは「形成外科医とよい関係を築くことが助けとなるでしょう」といっている。ローン相談を副業にしている外科医、もしくは外科医を兼ねているローン相談担当者なんて、いったい誰が信頼するだろうか？　患者の信用度に応じて、貸出金利は一〇％から二四％まで幅がある。信用詐欺やローン審査を簡略化して貸すなどはよくある話。あるサイトでは実在する人物の審査なしで、女性に貸付している。また年間の貸付利率をあきらかにしていなかったり、別途費用を請求することを伏せているところもある。

　借金してまで手術をすることにためらうなら、ＴＶ番組『ＭＪモーニングショー』でやっている「バスト・クリスマス・エバー」のような企画に応募するのもいい。応募者だったジェニファー・レーンズが賞金を獲得したときのエッセイだ。「私はこれまで自分が美人だと思ったことがありませんでした。生きているという手ごたえを感じたこともありませんでした。そのことには目をつぶって毎日をやり過ごし、家族のためにはできるだけのことをやってきましたが、いまこそ私自身が輝くときがきたと思うのです。子どものころ私のことをバカにしていた男の子たち全員に、また大人になってから私を振った男性全員に、いまこそ後悔させてやりたい」

　誰かの善意にすがる、という手もある。二〇〇五年五月、ある若い女性がイーベイで寄付を募った。

「夢見てきたEカップのバストを手に入れることを助けてもらえませんか？　いま私は小さいBカップです。手術費用が工面できないので、あなたの援助をお願いします。（中略）お礼には感謝の気持ちしか差し上げられませんが、バストに触れるたびにあなたのことを考えます」。男性のなかには、それだけで十分と考える人もいるかもしれない。

何がなんでも巨乳が欲しいために、盗みや詐欺という手段に訴えた人もいる。テキサス州のサウスレイクで、四〇歳のアリシア・フルインはありもしない卵巣癌の手術をしなくてはならないといって、友人から数千ドルをもらった。彼女はそのお金を二カップ大きくするための豊胸手術代にあてた。

安い手術費を目当てに、アメリカ以外の国で豊胸手術を受ける女性が増えつづけている。その売り文句は美容整形に新しい概念を与えている。おっぱい一個分の値段で、二個分の手術ができますよ！というセールストークだ。シリコンジェルの人工乳房をつくる施術で人気のあるのは、アルゼンチン、コスタリカ、タイ、ポーランド、アルバニアと南アフリカだ。南アフリカ共和国の病院は「手術とサファリのパックツアー」を売り出している。手術の前にサファリをすませておきたいところだ。私なら縫合したところが開かないかと気にしながら、バストに包帯を巻いて草原を走るランドローバーに揺られたくない。タイやアルバニアの病院まではるばる旅行する費用を考えると、豊胸に加えて脂肪吸引かおなかのたるみをとるタミータックの手術もやってもらいたくなるだろう。

タミータックにはそそられる。子どもを産んだ女性なら、やってみたいんじゃないかしら？　でもタミータックというかわいい呼び名だからいいのであって、もしこれが「肥満体の腹壁の脂肪層を除去する手術」と説明されたら、受けたい人は減るんじゃないか。タミータックは腹部を大きく切開する、過激でリスクの高い本格的な手術である。私は一度テレビでこの手術風景を見たことがあるけれど、目を覆わんばかりの光景に恐怖で凍りついた。チャンネルを変えるべきだった。だが、医師がステンレスのトレイに一〇人前の牛の胸肉みたいな脂肪をどんと載せて、思わず身震いするまでチャンネルが変えられなかった。この手術は完全に回復するまで一年はかかり、さまざまな合併症が起こる。三段腹には、かっこよく見えるチュニックを買うとか、おなかをへこませるくらいの対処法に留めておいたほうがいい。

自分たちがやっていることを正当化するために、巨乳つくりの賞金レースに夢中になっている形成外科医は「なりたい自分になる力」という意味の言葉を好んで使いたがる。「女性がなりたいと思っている姿になることをお手伝いしたい」「私の患者たちは自己イメージを大幅に向上させた」など。たしかに私が話した多くの女性たちは、自分のためだけに人工乳房を入れる手術をした、と主張した。しかしもっと突っこんだところまで話を聞き出すと、ちがう答えが返ってくる。いまはもう引退した形成外科医で、ハーバード大学の名誉教授でもあるロバート・ゴールドウィン医師は、私の「なぜ女性はバストの整形手術をするのでしょうか?」という問いに対し「男を喜ばすためですよ」と答えた。

ゴールドウィン医師は、これほどまでに多くの女性たちが進んで豊胸手術を受けたがり、形成外科医が彼女たちの願いを喜んで叶えたがる時代が来るとは予想もしていなかった、という。「いったい誰が、ボストンのベス・イスラエル病院のような権威ある大病院まで、乳房をもっと大きくしたいというだけの目的の患者を受け入れることを想像できたでしょうか?」

米国形成外科学会の有名な学会誌である『形成外科・再生外科』の編集長を二五年つとめているゴールドウィン医師は、第一線で活躍する外科医としてだけでなく、人間の虚栄の心理についての研究でも第一人者である。ブルックリンにある贅を凝らした自宅の居間で、世界中から持ち帰ったモダンアート作品や工芸品に囲まれて、ゴールドウィン医師は自分のキャリアを振り返った。若い医師だったとき、彼はアフリカでアルベルト・シュバイツァー博士のもとで働いたことがある。アメリカに戻った彼は、火傷や事故の後遺症や癌で損傷を受けた顔や身体の形成手術と治療に携わってきた。それからおっぱいの仕事をやるようになり、何千件も施術した。「以前は、女性の社会的な地位が上がれば、需要は減るだろうと思っていましたが、そうじゃなかったんですね」と彼はいう。「施術をしていた最後の時期には、私は女性たちが気の毒になりました。はっきりいうと、ほかの人を喜ばすために彼女たちはやっているんですよ。事実から目をそらさないで考えてみましょうよ。砂漠の真ん中で、はたしてこんな手術をする人がいるでしょうか？」

クリステン・ハリソン博士はイリノイ大学でメディア研究をしていて、女性と身体イメージについて注目すべき研究をしているが、彼女もまた「自分のなりたい身体になるため」に豊胸するという意見には納得ができないという。何が彼女をいらいらさせるかというと――「頭に血が昇っちゃうのよ」というのが彼女の表現――自分を喜ばせるだけのために豊胸手術をするという女性は、自分の胸を見る人の視線を内在化してしまっているか、もしくは見ている人の視線だと思われるものを内在化してしまっている点である。ハリソン博士は、豊胸が化粧をするとかピアスを開けるといった虚栄の表現と同じだとする意見にはうんざりしている。ちょっと待ってよ、潜在的にリスクがある外科手術の話をしているのよ、といいたいそうだ。彼女もまたゴールドウィン医師と同じく「砂漠の真ん中で……」というたとえを使ったが、もっと過激ないい方だった。「私は自分の学生たちに、よく考えてみなさい、というの。もしあなたたちが砂漠の真ん中にたった一人でいたら、胸を切り開いて、ココナッツを半分に割ったものを入れたりする？」それはまたなんともすごい比喩！

キャリアの後半に、ゴールドウィン医師は多くの患者を断った。拒食症の人が脂肪吸引をしてほしいと懇願する。バストが垂れて、三段腹で、腕のたるみが一〇センチ以上あり、乗馬ズボンをはいているみたいな太腿の女性が、我が身を顧みずハリウッド・スターの写真をもってきて、こんな風になりたいと頼んだときも断った。ボーイフレンドや夫と一緒にやってきて、彼らだけにしゃべらせて自分は何もいわないという患者の手術もしなかった。ゴールドウィン医師がたとえ断ったとしても、彼女たちは遅かれ早かれ喜んで手術する医者を見つけるだろう。医者のなかには喫煙習慣がある患者にはかかわりたがらない人もいる。喫煙は回復を遅らせ、合併症のリスクを高めるからだ。著名な外科医の大半は、肥満体の患者には手術の前に数キロ体重を落とすようにとアドバイスする。医者に対してケンカ腰だったり、精神的に不安定だったり、訴訟を起こす可能性がある患者に対しては、通常の四倍の価格をいうことにしている、という医者も私は知っている。きっぱりと断られても、患者たちは嬉々としてメキシコに渡るか、医療基準が低いどこかの国に行く。ググってみれば、すぐにバストの整形手術のおぞましい失敗による身の毛もよだつような写真が見つかるだろう（ぞっとする整形・ドットコムとか）。最近ではバスト関連俗語として「フランケンシュタインおっぱいする」という新語も出ているほどだ。

ラルフ・ネーダー氏が創設者である消費者運動組織のNGO、パブリック・シチズンは、シリコン入りの人工乳房を永久的に禁止してほしいという趣旨の要望書を米国食品医薬品局に送ったなかで、バストの整形手術の大半は乳房再建のためではなく、女性たちが単にもっとバストを大きくしたいだけであり、公衆衛生とは関係ない、としている。その要望書が訴えているのは、現代社会における整形の「公的需要」は、従来の公衆衛生の必要性とは別物であって、もっと完璧な形のもっと大きなバストをもちたいという心理的な利益しかない、という。パブリック・シチズンは、食品、薬品や化粧品を法律で規制することは公衆衛生につながるが、「豊胸を求めている女性の心理的な欲求」を公衆衛生の問題とすることは受け入れられないと結論を出した。

米国食品医薬品局が二〇〇三年から二〇〇五年に開いた公聴会での証言のほとんどが、シリコンの恐怖についての報告——前にも書いたが、多くの形成外科医によればそんな報告には証拠はないという——に集中したにもかかわらず、大論争が起こった。豊胸は浅はかな欲望を満たすものか、それとも自己改善によって力を得ることか？　話し合おうじゃないか。おっぱいをもっと大きくする権利は、バースコントロールする権利と同じようなものなのか？　私にはわからない。近年は医療行為のおかげで病気は減ってきていて、人々はより健康になっているが、それなら健康にするための行為のどこまでを医療行為とするべきなのか？　「自分のなりたい身体になる」ために乳房を大きくするのが許されるのなら、ペニスを整形する権利はどうなのか？　性器を整形したほうがいいと男性に勧められるだろうか？　もし勧められるなら、女性の整形になぜ反対するのか？

人を惹きつける魅力があり、ユーモアがあって、びっくりさせられるほど率直な論説を展開することで知られるゴールドウィン医師は、自分の商売について話すときにはサルトルやナボコフや一時期メンターでもあったシュバイツアー博士の言葉を好んで引用する。しかし彼はまた身も蓋もないことを平気で口にすることもある。たとえばなぜ下半身の性的器官の整形手術をしなかったかを説明するとき「いやぁ、ペニスを切り取ることはできなかったね」といった。ゴールドウィン医師は外科医として整形手術の善し悪しの判断はしないようにしていたというが、ときには手術を断ることもあった。「手術を希望する女性たちが必ずしも神経症だとは思わんよ。でも患者になぜ手術をしたいのかと聞いて、それが夫や恋人がやれというからだというのなら、私は断ることにしている。「結婚前に奥さんの裸をきっと見たことがあると思います。それなのにやるというのなら、精神分析医にかかることをお勧めします」というんだ」ゴールドウィン医師は、我々の文化が「行き着くところまで行ってしまった」ことに衝撃を受ける、という。身体はいくらでも変えられるし、しかも短時間でさっと変えられるものになっている。「四五歳から五〇歳にかけてバストは垂れ下がり始めます。もう一度若いころのバストにするなんて、かつては可能性さえもなかった状態でした。でもいまではさまざまな乳首を集めた本もあるくらいですからね」

二〇〇二年の「聞いてください。あなたが受けられる／受けられない整形手術」という記事のなかで、ゴールドウィン医師は「人間として正常な身体を変えることで、患者の外見をよくし、自尊心を高めて、私生活や職業生活を活気あるものにすることは、形成外科医がごくふつうに行なっていることだ。我々は正常に機能しているけれど気に入らない鼻、バスト、顔、まぶた、耳、太腿、腹部、臀部を変える……」と書いている。しかし続けて、美容整形を望む患者が精神的、肉体的に健康であったならば、状況によって、どんな施術もしないと拒否するべきではないかと自問している。「もちろん拒否すべきなのだろう。だが私が心地よいと思える範囲ではなく、患者自身の尺度で決断が下されることを認めている」

身長一六四センチ、体重五九キロの三五歳の女性が、75Aを75Cに変えたいといってきたら、ゴールドウィン先生、どうしますか？　もちろんやるよ。それならFカップにしたいといったら？　やらないね。「私自身が奇形と考える形への手術は居心地が悪いからね」とゴールドウィン医師はいう。それなら八五歳の未亡人が、男性の伴侶を惹きつけたいから手術したいといったら？「断りたいと思うのだろうね」と彼はいう。「きっとほかの医師たちはやってしまうんだろうけれど」

現在の風潮から見ると、ゴールドウィン医師の見解は変わっているとみなされるだろう。いまはとにかくなんでもアリになっている。ゴールドウィン医師は彼いわく「ジョー・ディマジオのように」全盛期で引退した。しかし二〇〇一年にメスを置いたとき、しだいに品位が落ちていると彼が感じている職業で第一線を張ることは控えたい、と思ったのではないだろうか。同じ形成外科医の仲間で、なかには最高とされている医師たちがあの手この手で患者を集めようとしていることに対して、彼は怒りをあらわにした。モデルを雇って待合室をうろうろさせるという医者を何人か知っているそうだ。彼女たちの完璧なボディと欠点のない顔を見たほかの患者たちが、その形成外科医の腕がモデル並みの容姿に変えられるくらい優れているという印象をもつように、サクラとして座らせておくのだ。ほかにも有名人のポートレートを壁に飾って、もしかしたら魔法のようにそんな容姿に変わるかもしれないと患者に思いこませようという医者もいる。ゴールドウィン医師は冗談で、自分のオフィスにもケネディ元大統領の写真を何の説明もなくかけておこうかと思ったことがある、といった。そういう写真やモデルを見てどう考えるかの判断は「患者たちに任せる」そうだ。「ハーバードのような病院が美容整形の広告をするなんて、時代は変わったもんだと思うだろうね」と彼はいった。「医師たちは金儲けのためにどんな手でも使ってくる。誇大広告なんて概念はないからね。再建手術に暗い影を落としているのが、美容整形だ。美容整形にはここでやめておく、という節操がない。一週間毎日休むことなく手術しつづけることだってありだと思う」

一九七六年の豊胸と乳房再建についてのテキストのなかで、S・ジフォード博士は豊胸をした患者の精神医学に基づいた調査結果を受けて、患者の多くが「不遇の子ども時代、喪失体験、もしくは両親への帰属意識を育む過程において母親の愛情が十分でなかった」と書いている。「彼女たちは早婚で、結婚生活においても服従的な役割、はっきりいうとマゾヒスティックになりがちである」また続けて「こういう女性たちにとって、乳房は性的な魅力を象徴する以上のものとなっているが、それは彼女たちの乳房が、現実であれ想像上のであれ、理想の自己を表現しているからだ。これは彼女たち自身の過去の、もしくはそうなりたいと思っていたイメージであり、自分たちから奪われてしまった、または生活苦や育児や過酷な人生を送るうちに失ってしまった理想の自分自身なのである。豊胸手術は喪失したものを取り戻し、理想の、また過去の自分を回復することである」

こういった見解がたとえ的を射ていたとしても、形成外科医に手術を思いとどまらせる歯止めにはならない。手術を受けることを選択した女性の精神分析を行なったり、非難したりすることはもはやファッショナブルではないのだ。だがいくつかの調査では、豊胸と自殺の関連があきらかにされている。よく知られているスウェーデンの調査によれば、一九六五年から一九九三年の間に豊胸手術を行なった女性たちのうち、一五人が自殺している。もし同規模の集団を任意抽出すると、同期間に自殺したのは五人だろうと推定される。これはかぎられた内容の調査で、ただ人数だけを調べていて、その背後にある複雑な人間性は調査の対象になっていない。もし整形手術を受けた女性たちが自殺するリスクが高くなることが証明されたとしたら、それは驚くべきことだろうか？　整形という重大な手術を受けたいと願う人たちは、自分自身に、パートナーに、もしくはその両方にもっと好かれたいと思っている。そういう女性たちのなかには、幸せではなくて、刹那的で浅はかだとわかっていても、手術に問題解決の方法を求めている人が多いのではないか。少なくとも私にはそう思える。スカンジナビアで行なわれたもう一つの調査では、豊胸手術を受けた人とほかのたとえば減胸手術なども含めた美容整形手術を受けた人を比べたものがあり、豊胸手術を受けた人のほうが精神的な病で入院していることがあきらかになった。

ゴールドウィン医師は一九九一年に書いたテキストのなかで、豊胸手術を切望する患者たちが自分たちは社会的に不適格者だと感じていると結論づけている。しかし彼の患者たちの大半は手術の結果にハッピーだったようだ。二七年間外科医として活躍してきて、ゴールドウィン医師に人工乳房を取り出してほしいと依頼したのはたった一人だった。彼女の場合は拘縮ではなく、宗教が理由である。「自分の身体を勝手にいじって、神が罰として乳癌になさるのではないかという恐怖からだった」と彼はいった。

女性たちの多くは、人工乳房にしてハッピーなのだろうか？　米国形成外科学会は自分たちの新しいおっぱいに八〇～九〇％の女性が満足だと答えているという報告を出しつづけている。小規模の内容の浅い調査も、これを裏づけする。一九九四年に行なわれたある調査では、セントルイスにあるワシントン医科大学の外科医が、一一二名の患者のうち九八名、八八％が美容整形手術後に自信が高まったと答え、九五％が自分自身がもっと好きになったと答えたという。たとえ合併症がかなりの件数でよく起こることだとしても、女性たちは人工乳房が気に入っているように思える。米国食品医薬品局は人工乳房の手術を受けて三年以内に二一％の女性が皮膚にシワがよることを、一〇％が乳首に性感がなくなったことを、七％の乳房が左右非対称になり、三％が人工乳房の中身が漏れてきたりしぼんだりしたことを、一〇％が手術しなおさなくてはならなかったことを報告しているという。しかしこういう調査結果は、だから美容整形をした女性たちがハッピーではないとはいっていない。

男性は人工乳房について、それがわかったときにはどう思うのだろうか？　それについての調査結果はまだ出ていない。自分たちが愛撫している乳房がニセモノだとわかったときには、どんな感じがするのだろう？　生理食塩水のバッグを入れた人工乳房に触らせてもらったことがあるが、それは自然の乳房とはまったく別モノである。腺組織と脂肪でできているふつうの乳房がもっとやわらかくて、場所によって密度が変わるのに比べると、人工乳房はどこをさわっても同じ硬さだった。

豊胸手術をする女性たちはあまりにも多いから、一つの型にあてはめて判断するのは不可能だし、そもそもそれは公平な見方ではない。ゴールドウィン医師は企業のＣＥＯや弁護士や同僚の医師たちの手術もやってきた。アメリカでは軍に従事する何千人もの女性兵士が、豊胸したときの手術代を全額返還してもらっている。ロサンゼルスのある外科医は私に、日常的に女性の警察官のバストの整形を行なっているといっていた。「彼女たちは独身で、旦那さんを見つけるために手術するのだという見方をされがちです」というのは、ペンシルベニア大学にある「外見のための健康管理センター」のデヴィッド・B・ソーラー氏である。手術をする大半の患者は三〇代の既婚者で、働いていて子どももいて、若いころの形に戻して、サイズを大きくしたいと願っているそうだ。「二〇年前には整形する女性たちはなんらかの精神的な病を抱えているにちがいないと思われていましたが、いまでは見方はまったく変わりました」とソーラー氏はいう。論議の的になっているシリコン・インプラントをつくっているインネームド社の顧問をつとめていると知ると、ソーラー氏の信頼は揺らぐかもしれない。しかし女性たちが豊胸したいという理由をくわしく調べていっても、すっきり科学的に説明できるものがない。だがたとえば、女性たちが精神的に健康ではなくて、起こりうる合併症についての十分に心構えができていないか、もしくは合併症など頭から否定しているのだということがわかった上でも手術をするとしたら、そこには誰か金銭的に得をする人がいるとしか考えられないのではないか。

ソーラー氏が医学部生としてトレーニングを終えようとするころ、身体イメージについて研究している心理学者はごく少数だった。ソーラー氏が選んだ研究テーマは、性的機能と性的魅力である。そこからやや飛躍して、形成外科医とともに「心理学的見地から、どんな人が豊胸手術を受けるのにふさわしいか?」という質問に対する答えを探る研究を行なっている。「同僚である外科医の一人は、美容整形手術を必要とする人は一人もいない、と指摘したがります」とソーラー氏はいう。

ソーラー氏は、豊胸手術を望む正常で健康的な理由があると信じているが、その一方で人生を変えてしまいたいという理由だけで手術に踏み切る女性がいることも認める。それに気になるのは、完璧を求めて手術したのに、乳房が奇妙な位置にずれたり、ヴィクトリアズ・シークレットのカタログに登場するのとは似ても似つかない岩のように硬いおっぱいになってしまった女性たちの自殺率が高いことを、彼がどう見ているかだ。

女性が豊胸手術を望む理由をめぐる議論はおもしろいかもしれないが、外科医は巻きこまれたがらないだろう。古くからの友人の医師の一人は「外科医は結局手術が好きなんだよ」という。ソーラー氏のように、女性の心理をくわしく研究しようとする客観的立場にある人だけが、人工乳房にする女性たちのほうが手術をしない女性たちに比べて、飲酒量も喫煙率も高く、つきあう男性たちの数も多いという調査結果を認める。豊胸手術を受けるのにふさわしいのは、それではどんな人なのでしょう？　私のこの質問にソーラー氏は「まずその女性が、整形したい理由が明確で、はっきり意思表示できるだろうか？　と私は自問します。バストが非常に小さいのか？　左右の大きさがちがうのか？　授乳によって劇的に変わってしまったのか？　第二の問題は、その動機はなんだろうか？　ということです。外見というよりもっと内面的な動機で、自尊心の問題なのか？　もしくは――これはふさわしくはないほうになりますが――結婚生活がうまくいくようにしたいのか、パートナーを喜ばせたいのか？　最後に、手術後に期待しているのはなんだろうか？　と考えます。誰もが新しいバストに気づくわけではないとわかっているか？　気づいたとしても、彼女のようにプラスには考えないかもしれないことをわかっているか。我々の社会は整形を受容するようにはなってきていますが、陰で笑ったり噂したりする人たちもいますからね」これが人工乳房のメーカーのコンサルタントをしている男性の意見である。

私は最近、インプランツアウト・ドットコムというサイトを見つけた。名称から予測したとおり、豊胸手術後の身体に起きた恐ろしい話や感情面の不満がくどくど書きこまれているサイトである。一件の書き込みに、私はとくに注目した。タイトルは「私が自分の生理食塩水の人工乳房が好きになれない二六の理由」いかにもありそうな不満のカタログであるが、なかには不満とはいえないものもあげられている。読みながら思うのは「この女性はいったい豊胸に何を期待したのだろうか?」である。「人工乳房であることをつねに意識してしまう」「乳首が感じすぎるか、十分に感じなかった」「横向きに寝ると、人工乳房同士が不自然に重なりあってしまう」「手術後、たぶん十年後には取り換えなくてはならないだろうなと思った」「手術後の大きさよりもどんどん大きくなっている気がする」「つねにバストが服にちゃんとおさまっているかチェックしなくてはならない」

そして二六番目に彼女が挙げた理由が、もっとも印象に残った。書いている本人もほかのさまざまな不満のなかでトップにくるものとして挙げている痛烈な皮肉に気づいていないようだ。「人は私のおっぱいが好きみたいだ。男性たちは私の胸が大きいからデートしたがる……でも私は〈私自身〉を見て、まじめに私のことを考えてほしい、と思う。この一つのことだけをとっても、もし手術前にわかっていたら、私はぜったいに人工乳房の手術なんかはしなかっただろう」

# 丘から山へ

新愛なるレイ先生
クリスマスおめでとうございます。赤ちゃんのイエス・キリストが神の慈悲深い愛の証となり、あなたの心のなかで永遠に大きな存在となりつづけますように。
愛をこめて

追伸：すばらしいおっぱいをありがとう！

——豊胸手術を受けた患者から形成外科医のロバート・レイ医師にあてたクリスマスカード

ロサンゼルスはアメリカにおける人工乳房の中心地であり、僅差でヒューストンがつけている。LAでの乳房の整形にかかわる仕事は、クリーブランドにおけるペディキュアと同じくらい普及率が高い、といっても大げさではないだろう。

私がLAにやってきた目的の一つは、「E! ネットワーク」で毎週放映される息を呑むようなリアリティーTV番組で、Aカップに悩む女性に救いの手を差し伸べている、ブラジル生まれでビバリーヒルズで開業している形成外科医、「ドクター90210（ビバリーヒルズ地域の郵便番号）」ことロバート・レイ氏の招待を受けたためである。約束の時間よりいつも病的なほど早く到着してしまう私は、一時間をつぶそうとエスプレッソを探して歩きだした。カフェ「ル・パン・コティディエン」の隅のテーブルに座って周囲を見回した私は、とたんに自分が憔悴して顔色が悪いデブだと思い知らされて落ちこんだ。ビバリーヒルズという地域は、見かけをよくするためにどれくらいお金と断固とした信念が重要かを地域外の人に見せつける、というただ一つの目的のために存在している。マニキュア、ペディキュア、角質とり、ボトックス、酸素フェイシャル、ホイルを使ってハイライトを入れるヘアカラー、ワックス脱毛、スプレー式日焼け、ピラティス、ヨガ、ヨギレーツ、ピローガ――考えただけでゲンナリするくらい美追求ビジネスが氾濫している。シワが深くなり、髪に艶がなくなり、老眼が忍びより、太腿がたるんできても、「私には知性があるし、おもしろい人だといわれるし、子どもたちや犬から愛されているも〜ん！」と開き直る余裕など吹っ飛ばしてしまう場所である。完璧な美しさをもっているここの女性たちのなかに、無能の人などいない。みんな子どもがいて、仕事をしていて、才能に恵まれ、情報通で、教会やシナゴグやお寺での活動にも熱心に参加している。すべてをこなしたうえで、しかも外見が完璧なのだ。

形成外科でタミータックや脂肪吸引や鼻やおっぱいの手術をしていたとしても、この地域の人たちには苦労した跡がうかがえない。ここに流れている空気は「おカネがあるのに、なぜやらないのか！」である。ＬＡの形成外科医の多くはスペシャル・コースを提供している。タミータックを希望するなら、新しいおっぱいをペアでつけて、ちょっと脂肪吸引もしておきましょう、という具合。その姿勢があまりに気軽だし、スペシャル・コースはごく一般的なので、一番に整形したいところがどこだったかを忘れてしまうほどだ。これから麻酔をかけられ、管を入れられ、切り刻まれ、えぐり出され、縫合され、傷ができるのだ。ところが形成外科医の話を聞けば聞くほど、やるだけの価値があるという気になってくる。

何年も前に女性誌に記事を書くため、私はパーク街にある有名な外科医がフェイスリフトと目の整形と脂肪吸引を、手術なんかしなくても十分にかっこいい五〇歳の女性に施術する場に立ち会ったことがある。手術が終わったとき、あちこちに傷がつき、麻酔でぼんやりし、傷口から血をにじませた姿で女性は横たわっていた。顎から髪の生え際にかけて縫合した跡があり、両目の上には薄気味悪いブルーのレンズの防護グラスがかけられていて、見ていると映画『ブラジルから来た少年』の恐ろしい手術シーンを思い出した。「あらら、元のほうがずっといいのに」と思った。

当時、この経験で目が覚めるような思いがした、と私はみんなに話した。整形手術のあとの姿を見たときの衝撃は一生忘れられないと思ったし、少なくとも恐怖は消えないと信じていた。すでに一〇年以上も前のことだ。

筋骨たくましく、メスを器用に操り、ぴったりとした黒い手術着を着たロバート・レイとはどういう人物なのだろう？　謙遜という言葉は、彼の辞書にはないらしい。辞書に並んでいるのは、自分の長所を自賛する言葉だけ。レイ医師のサイトに最初に書かれているのはこんな言葉だ。「レイ医師は世界でもっとも権威ある医学・形成外科学会誌の何誌もに寄稿している。同業の医師たちからは一目置かれる存在である。「ルネッサンス期の万能型教養人」という言葉は当節乱用されている感があるが、レイ医師にかぎってはこの言葉がそのままあてはまる。文筆家、講演者、医学系番組の出演者、俳優、アーティスト、武道家と、どの分野においても抜きん出た才能をもっている」それほどの人物には、ぜひ会ってみなくては。

レイ医師は「ハーバードに行った」ということをいいたがる。たしかに彼は一年間、医学部卒業後の初期研修でハーバードに行っている。だがハーバード大学医学部に在籍したことはない。私もチャールズ川をはさんでハーバード大学の正面にある大学院で学んだことがある。その大学はハーバードにとても近いところにあった――徒歩圏内よ！　夏にはハーバードのバンドでフルートを演奏したこともある。ついでにいえば、ハーバード大学公開講座で学んだこともある。つまり、私だって「ハーバードに行った」といえるはずだ。

私がレイ医師をうらやむのは、その並外れて巨大なエゴでも、一人の男性を褒めたたえたなかでは究極ともいえる、不必要なまでに長い履歴書を恥ずかしげもなく出すことでもない。マンガ的になるぎりぎりのところにある彼のポーズには、少年の熱意と、天井知らずの情熱とが反映されていて、会ってからあとで我ながら驚いたのは、それはいい感じだし新鮮だという結論に達したことだ。

テレビでのレイ医師は、メロドラマの恋人役にいそうなタイプで、アニメのフィギュアみたいでかわいい。柔道の黒帯で、スクリーン・アクターズ・ギルドという俳優組合に所属しているばかりか、よき家庭人でもあり、幼い子どもたちとかわいらしい妻はテレビのケーブル番組に登場している。だが彼はすべての女性（彼は患者と従業員を「女の子」と呼ぶ）を尊敬していて、たとえ過激な整形手術を施してもっときれいにしてあげるとしても、女性たちはみんな美しいと断言している。彼はみっともないブタだってつくれるにちがいない、と思う。さて、そんなドクター90210に会いにいく心構えはできているか？

レイ医師は自分が執刀する豊胸手術の見学に私を招待してくれた。彼が診察室を置くビバリーヒルズのノース・ベッドフォード・ドライブの斜め前にある外科手術用スイートルームで、その日最初に行なう手術を見せてくれる、という。多くの形成外科医と同様、彼も手術室としてスイートルームを借りていた。貸し手は起業家である麻酔専門医で、この地域で開業している何人かのドクターと一緒に仕事をしている。手術室は、ぶらぶら歩いていれば、急ぎ足の形成外科医に出くわす確率が信じられないくらい高い通りにある。だが私が到着したとき、レイ医師の居場所は誰も知らなかった。手術は午前九時に予定されていたのだが、ほかの形成外科医が行なっている減胸手術が思いがけず長引いているために、私が見学する予定になっている手術がずれこみ、午後遅くにならないと始まらないとわかった。その手術が手間取っていた理由は、患者がたまたま、医療過誤の訴訟でLAでもっとも有名な弁護士と結婚する女性だからだとあとで知った。

レイ医師の待合室に入ると、ちょっとばかりショックを受ける。リポーターとして私はこれまで多くの形成外科医のオフィスを訪ねてきた。例外なく待合室のインテリアのテーマは、控え目なビクトリア朝様式だ──豪華な家具、藤色のカーペット、ローズピンク系の壁には気持ちがなごむ風景画がかかっている。もし色あせた長いすがあれば、ウォルドーフ百貨店の女性トイレとまちがえるだろう。そこには患者を歓待し、特別な客だと思わせ、安心感を抱かせる雰囲気がある。

ところがレイ医師の待合室は美容室のような雰囲気だった。壁は一分の隙もないほど一面に新聞と雑誌の切り抜きと、ヌードモデル、ストリッパー、ポルノスターたちの「手術後」の写真が貼りつけられている。『テイルゲート』誌の表紙を飾ったモデルの写真の脇に、「レイ医師が豊胸手術をした患者」という説明が書き込まれている。『ナショナル・エンクワイヤラー』誌に掲載された、「後ろから見てジェニファー・ロペスと見間違われるくらいのボディになりたくないか？」とレイ医師が聞いている記事もある。大文字で「豊胸手術の患者」という見出しの下に、一〇代のようなバストの、かわいい黒人女性の「手術前」の写真の隣に、おっぱいが大写しになっているポルノ雑誌の表紙の写真があって、「LA最高の形成外科医のレイ先生へ。四三〇CCのバストをありがとう。エリカ」と書き込まれていた。『センセーショナル・ストリッパーズ』誌の表紙で幸せそうに笑っている彼の患者の写真もある。一九九五年二月号の『プレイボーイ』誌には「レイ先生、三八〇CCのキスしたくなる胸にしてくれてありがとう！　あなたが最高！　ずっと愛してる。ビクトリア」とサインしてあった。『USAトゥデイ』紙が「ドクター90210」を特集したときの「セレブは整形手術でつくられる」という見出しも見える。番組の宣伝用ポスターに、レイ医師は日焼けした肉づき豊かなブロンドがプール脇に横たわっている写真を選んでいる。ドクター90210の文字が、彼女の胸の谷間に書かれている。

レイ医師のオフィスで、アシスタントのダニエレが彼を探している間、待合室で宣伝用のビデオを流してくれた。アシスタントの大半と同様、ダニエレも医師の特別待遇で豊胸手術をしている。ＬＡのギャルたちの間で流行している裏返しに着たＴシャツを、突き破らんばかりに誇らしげに盛り上がっているバストは、豊かで硬く引き締まっていて、私はそこから目を離すことができなかった。録画された『ザ・ロブ・ネルソン・ショー』のなかで、レイ医師は副操縦士だった女性が手術で巨乳になってモデルに転向した話を自慢げに語っていた。「内面の美しさはこの国では消えつつあります」と思慮深げにレイ医師はホスト役のロブ・ネルソンに語っていた。

彼は運がいい。あまりにも繁盛しすぎて、いまや彼の施術を求めてくる女性の三〇％を断らなくてはならないほどだ。ビデオはつぎのテレビ番組に変わり、レイ医師は胸筋と腹筋と乳首までもがくっきり透けて見える、身体にぴったりしたシルクの袖なしＴシャツを着て登場した。「私も美容整形をしています」とテレビのなかの彼は語っている。「鼻をいじってるんですが、これまで私がやったなかで一番いいことをしたと断言できますね」『ドクター９０２１０』のビデオクリップのなかでは、へその上までくるほどの巨乳をつくるための器具をそっと抱えている。ＴＵＢＡと呼ばれる、へそから生理食塩水を入れるその手術法は論議を呼んでいるのだが（米国形成外科学会はＴＵＢＡを承認していない）、レイ医師はしだいに増えているこの手術をする外科医の一人である。残念なことに、レイ医師がＴＵＢＡのすぐれた点を褒めたたえながら紹介した器具は、キッチンの流し台の下から引っ張り出してきた下水管にしか見えなかった。あとでレイ医師は私に、あれだけ細心の注意を払って一生懸命説明したのに、ほとんどの女性たちはＴＵＢＡではなくこれまでどおりの手術法を選ぶんだ、とこぼした。「たぶんあの器具は見せないほうがよかったんじゃないですか?」と私はアドバイスした。

妻が憤慨しつづけているにもかかわらず、レイ医師はテコンドーの試合をやめようとせず、何回も指の骨を折っているという。それを聞いて仰天した。私が知っている外科医は、あなたはミケランジェロか、といいたいくらい自分の手を過剰なほどに大事に守っていた。何回も骨折という不運に襲われたにもかかわらず、レイ医師が施術にあたっての自分の手の力に絶対の自信をもっているのはあきらかだ。テレビ出演と雑誌のグラビアページに登場するときの彼の大物ぶりは、その専門家としての優れた技量を信じさせるに足る威力がある。もし裏づけとなる才能がなかったとしたら、あそこまで過激な演出をあえてしようとするだろうか？　女性の身体を改造する能力のおかげで、彼は一種神格化されている。これはすべての形成外科医にいえることだ——実際には、すべての外科医にいえるだろう。

謙遜という美徳を持ち合わせていない外科医という種族にあっても、限度というものがあるはずだ。しかしレイ医師ははしゃぎながらそれをあっさり越えてしまった。わーい、王様になっちゃった、と屋根の上から大声で叫んでいる。「僕のところに来る女性は、自分が女らしくなくて、欠けたところがあると思ってるんだよね」とレイ医師はいう。「でも僕が手術をすれば、彼女たちは輝いちゃうんだ」レイ医師が、たとえ陰で嘲笑されようが、とにかく愛されキャラになっている理由の一つがこの点にあると思う。彼は自分の仕事に惚れこんでいる。まったく後ろめたさを感じないおっぱい大好き男なのだ。どれほど安っぽく扱われても、有名になることが好きでたまらない。彼はいわゆる「うんこまみれのブタでも有名になればハッピー」というタイプである。

レイ医師の居場所を突きとめることに失敗したダニエレは、ボスの個人用オフィスを私に見せてくれた。広さはそれほどないが、部屋は形成外科医にふさわしく豪華なレザーとマホガニーの家具が満載だった。もし生理食塩水入り人工乳房が浜に打ち上げられたくらげのように並べられていなかったら、そこは成功した内科医のオフィスといってもいい。シリコンの人工乳房は生きものみたいに見えるが、その使用が法律によって禁止されるというとどめの一撃をくらってからというもの、乳房切除のあとの再建手術をする人たち以外――ビキニのモデル、『プレイボーイ』誌の中とじのモデル、ポルノスター、女性交通監視員など――は生理食塩水だけしか使えない（人工乳房メーカーは外科医の後押しを受けて、米国食品医薬品局に法律の廃案を訴えている）。ダニエレは私に一五〇ＣＣから八〇〇ＣＣまでの人工乳房を見せた。七〇〇ＣＣの生理食塩水が入る人工乳房は大きな丸パンくらいの大きさで、片方だけで重さは少なくとも四五〇グラムはある。もっと大きな乳房は特別注文することができて、注文はよく入るそうだ（大半の形成外科医はＣカップくらいが適当な人工乳房の大きさだと認めているが、もっと大きくしてほしいと再び訪れる患者はめずらしくないそうだ）。レイ医師はポルノスターに一五〇〇ＣＣのおっぱいをつくったことがある、とダニエレはいった。一番多い選択が三五〇ＣＣで、それでもかなり立派なＥカップである。「私のみたいにね」とダニエレは甲高い声でいった。「見たい？」というなり彼女はＴシャツをめくりあげると、二つの完璧な半円球と、円周のどこからも等距離のところに乳首がついている乳房をあらわにした。そのおっぱいはまるでコンパスで描いたみたいな円である。「触りたかったら、どうぞ」

ふと気づくと、私の片手はダニエレのおっぱいにふれていて、もう一方の手で自分のおっぱいをつかんでいた。彼女のバストの感触は気持ちは悪くなかったが、なんというか、私のとちがった。私のよりもカポカポしている感じで、どこをさわっても同じ感触で、やや弾力性に欠ける。一番近い感触は、いってみれば水の入った風船。ほとんどの男性は気にしていないみたいだが、本物とだまされる人がいるとは思えなかった。私は彼女にお礼をいい、彼女はTシャツをおろした。ダニエレのおっぱいの感触は奇妙だったが、うらやましいほど高い位置にあった。もし私がノーブラでTシャツを着て公衆の面前に出たとしたら、人は称賛よりも嫌悪感のほうを表わすにちがいない。それにノーブラでは私のバストは痛んでしまう。

ダニエレは、芸術の域に達した人工乳房について、私にニセモノのおっぱいの最新情報を教えてくれた。人工乳房の最新の技術開発はテキスチャード・インプラントというもので、形成外科医の言葉を借りると「乳房の位置のずれをより起こりにくくする」そうだ。翻訳すると、第三肋骨の際と脇の下までの間に乳房をおさめるようにする、ということである。医師たちは、胸の幅が狭い女性は巨大な人工乳房をつくる選択はすべきでないと説明しようとしている――つまり、私のこの狭い胸幅と巨乳の不釣り合いは天の創造主のミスということだ。七〇〇CCのおっぱいを支えるためには、広い胸が必要なのだ。

きっと私は「?・?・?」という表情を浮かべていたにちがいない。ダニエレは私を座らせて、ビジュアルで理解させようと、ルーズリーフのフォルダーを一山渡した。そこにあったのは、巨乳有名人たちの写真である。ボルプチュアス・ビクセンズ（好色な雌ギツネたち）という巨乳グループの一人であるパンドラ・ピークスの四四〇CCの人工乳房。ミッシー・ミンク（五〇〇CC）は赤いスパイクヒール以外素っ裸だ。ミラクル・ブラのモデルであるソフィア・アーデン（六〇〇CC）。人工乳房のサイズを決める前に、患者たちはこのフォルダーを見るよう勧められる。度胸が据わった患者なら、ほかの形成外科医が失敗した例と、レイ医師がそれを治したあとの写真とが並んでいるフォルダーもめくることができるだろう。

美容整形の分野で、外科医の失敗をほかの外科医が治す手術数がどれくらいの割合あるかははっきりしない。最高の美しさとセックスアピールを台無しにされてしまった場合の修復作業は、とりわけ自信がないとできないからだ。でも私は、「手術前」のあきらかな失敗例は、実はよくあることなのではないかと疑い始めた。

医学分野のほとんどで、同業者の能力に疑問符をつけるような言動はエチケット違反だと考えられている。ところが美容整形の分野では、むしろいそいそやっているみたいだ。見せられた手術の失敗例の写真は、患者を「美容整形手術って怖い！」と恐怖に陥れるためではない。ピカソが表現したみたいな左右非対称のおっぱい。左右が反対方向に移動してしまったおっぱい。脇の下に行ってしまったおっぱい。最悪なのは、胸の谷間のところに外科医が穴を開けてしまったために、クッキングシートの上で焼いていたクッキーが隣同士でくっついてしまったみたいに、人工乳房が一つにつながってしまったおっぱいユニットである。レイ医師は自分が診ている患者の半分近くが、別の形成外科医がやった手術での失敗の修復を求めてきているのだという。どうしてそんな大失敗が繰り返されるのか？　運が悪かったり、手術による筋肉組織や器官の疲労だったり、手術後のケアの指示を患者がちゃんと守らなかったりした結果だ。しかしまた女性たちが、有無をいわさない権威的な親や司祭に従うように外科医を全面的に信頼し、しばしば盲従してしまうことからも起こる。

待合室に戻ると、プロモーション・テープがまだ流れていた。やたらとハイテンションでまくしたてる男が、レイ医師の映像にかぶせて「車が四台、ゴージャスな奥さん、ベルエアの自宅、身につけるのはデザイナーブランド……」とそれぞれの短いモンタージュが入る。デザイナーブランドっていったい⁈　ちょうどそのとき、トレードマークになっている黒い手術着を着た医師自身が、『ドクター90210』の新シーズンの宣伝ポスターを一山ひきずりながら、部屋に飛びこんできた。いかにも彼らしい派手なポスターが、背後に山積みされた。ディズニー映画が美容整形についての映画を撮影するためにレイ医師のオフィスをロケハンし、それこそ典型的だと勘違いしてつくってしまったような感じのポスターだ。役者のようなわざとらしい溜息をつきながら長椅子に腰をおろし、レイ医師は私に手を差し伸べて、やたらと謝った。朝一番で行なうはずだった手術が延期されて、レイ医師はE！ネットワークの番組の新シーズン向けプロモーション・ビデオを午前中いっぱいかけて撮影していたのだと知った。手術風景の短いカットですよ、と彼はいった。しかし最近撮影したプロモでは、彼が空を飛んでいるショットを撮りたいとE！のカメラマンたちがいったために、夜中までかかって非常にきつかった、という。

若いころのウォーレン・ビーティー似で、腹筋が割れているナイスバディで、澄んだ茶色の目で、赤ちゃんみたいなつるつるの肌のレイ医師とやっと対面できた。彼に魅了されてはいけないという私の決意は、そう、認めちゃうけれど、目の前の人物が信じられないくらいかわいいという事実によって、あっさりと崩れ去ってしまった。彼のあふれんばかりの情熱はあてられてめまいがしそうで、発散している至福感は周囲の人を巻きこむ。こんなに楽しそうにはしゃいでいる医者に、それも外科医に会ったことがあったかしら？

レイ医師について通りを渡ったところにある手術用のスイートに行き、彼が手術の準備をする間しばらく待った。スイートの待合室はレイ医師がほかの医師たちと共有していて、おなじみの『ピープル』誌や『エンターテインメント・ウィークリー』誌が置いてあったが、片隅には昔のおどろおどろしい手術道具が飾ってある樹脂ケースがあった。誰がこんなすてきなアイデアを発案したのだろう？

待合室で患者や付き添いの人たちを観察していたら、レイ医師が「関係者以外立ち入り禁止」と書かれたドアを開けて、手術着に着替えるようにと私を呼んだ。手術室はまだふさがっていたが、レイ医師と彼のチームはその日一日待たされた患者が飢えと渇きで倒れてしまう前に、手術の準備をさせると決めた。患者のロクサーナは二九歳、三人の子持ちのシャイな女性で、ニセおっぱいを欲しがるステレオタイプとはかけ離れている。ピンクのベロアのスウェットを着たロクサーナは、ほっそりしているけれど均整がとれていて、かわいいといわれるにちがいないタイプだ。裸になって手術の準備を始めるまで、彼女の乳房が存在がわからないほど小さいとは気づかなかった。もし胸部だけを見たなら、少年だと思ったかもしれない。

レイ医師は手術前の診察の間、彼の本領を発揮した。診察というより、激励演説といったほうがいい。麻酔でぼうっとしている彼女に向かって、きっとどの患者に対してもそうなのだろうが、自分に恋させてしまうような話し方をする。「あなたにはとってもやさしくしますよ。あなたは本当にきれいだ。誰からものすごく好かれる人だ」とロクサーナのほうにかがみこんで、世界でただ一人の女性に向かって話しかけるようにひたと視線を合わせて、やさしく話した。カーテンが半分開いた見学場所から見ていると、ビング・クロスビーとグレース・ケリーの映画『喝采』のなかで二人がデュエットする「真実の愛」の完璧なパクリである。「あなたにはきっと敵なんていないね」と彼はいった。彼女は、四五〇CCの人工乳房が自分には大きすぎるんじゃないか、と聞いた。「僕はブラジル人で、ビバリーヒルズで働いている」と彼は答えた。「大きすぎるサイズなんてないんだよ。あなたには高品質のものを選んだから、垂れてくる心配はありません。あなたは背が高いから大丈夫。お尻みたいに見えるおっぱいをつけてもらいたくないんですよ」

「手術後は血栓ができないようによく歩かなくちゃいけませんし、立ち上がるたびに三回咳をしてくださいね。五〇〇〇件に一件ですけれど、血栓ができてしまう女の子がいるんです。でも歩きさえしたら、そんなことにはなりません」レイ医師はロクサーナに指示を与える。「夜には豆を凍らせたものを袋に入れて、バストの上で転がしてください。高タンパクの食事を心がけてね。一週間は腕を使わないように」レイ医師はあとで私に、手術の翌日に家じゅうに掃除機をかけた患者がいたんだよ、と教えた。「腕を使わない」というのが掃除機をかけることと結びつかなかったそうだ。

レイ医師はロクサーナの足元に立って、甘く囁くような声で話しかけた。「これからプレゼントをあげるからね。きっとすごく好きになるはずだよ。エクスタシーみたいなものだよ」ああ、それって何かまちがってないか。ロクサーナはストレッチャーの上で精一杯の力をふり絞って身体を起こして宣言した。「私、それ飲みたくないです」「大丈夫」とレイ医師はいった。「これで中毒になることないから」そして私に向かって「僕はドラッグに対してリベラルな考え方をもっていてね。僕の女の子たちに痛い思いをしてほしくないからだよ」

ドラッグを使うと聞いてロクサーナがすっかり怯えてしまったようだったので、レイ医師が席を外したとき、一緒にいましょうか、と申し出た。私がかたわらに座ると、彼女は自分の履歴を語りはじめた。「私は胸が本当に小さくて、ほとんどないに等しいの。いつもパッドの入ったブラをつけていなくちゃいけないのよ。不安だし、自分に自信がないの」とロクサーナはいった。「ティーンエイジャーの女の子を見て、私も変わらないと思っちゃうのね」パサデナ近くで育ったロクサーナは、これまで裸を夫から隠しつづけてきたという。待合室で見た夫は大柄な男性で、ロクサーナの手をやさしく握っていた。「あの人は、ブラウスを着ているか、ブラをつけている私しか見たことがないんです。私が「見ないで」っていうから。赤ちゃんにおっぱいをあげるときも、すごく苦労したわ。親戚の一人がバストの手術をしたので、私もすごく興味をもったの。彼女が見せてくれて、この胸を治すにはどうしたらいいのかがわかった。その親戚もレイ医師のところで手術をしたのよ。おカネを工面するのはそんなにむずかしいことじゃなかった。もしたいへんだったら、私はここにはいないわよ。私は別にグラマーになりたいわけじゃないの。祖母も叔母もこんな風に胸がなかったのね。私は補助教員として働いていて、夫は建設業の仕事をしています。LA市の公共工事の仕事をしているのよ。この手術のために一週間休みをとってくれた。合併症のことはほんと心配なんだけれど、痛みにはかなり強いほうだから。元の仕事に戻りたくない理由の一つは、みんなが人工乳房に気づいてしまうんじゃないかと思うから。これまではウォーターパッド入りブラや、シリコン入りブラをつけてきたわ。いっぺんウォーターパッドが破れてなかの水がもれてしまったことがあったの。義理の姉と、祖母にも手術のことは話したわ。義姉は自分も手術したいんじゃないかと思うのよ。私はすごく保守的な人なの。自分のなかに閉じこもってしまうタイプだし、仲の良い友だちもいないし」

スイートルームのなかに仮設された回復室で前に手術した患者がいびきをかいて眠っているなかで、レイ医師は手術室に入って自分とチームに加わるように身ぶりで指示した。三人の看護師たちが手術器具が並べられたトレイをもって忙しく働くかたわらで、レイ医師と麻酔医はふざけてテコンドーの技をかけあっていた。私はレイに、ロクサーナってほんとかわいい人ね、と声をかけた。「ああ、そうだろう?」というのが彼の返答だ。「テレビに出たことで、女性たちが押しかけるようになったので患者を選んでいるんだよ。患者はみんなとってもいい人たちばかりさ。やってくる女性のなかには辛辣なことをいう、性格が悪い人もいるよ。そういう人には僕のところの女の子たちに、手術費用は三万五〇〇〇ドルだといわせてるんだけれど、この手は効くね。もう来ないもの。手術前に不幸だった女性は、手術後も不幸なままさ。僕が選ぶ患者は——そうだな、人工乳房の手術はいってみれば若返りだからさ、みんな娘みたいに若返っちゃうんだよ。おかげで僕には五〇〇〇人の娘がいるような気がしている」。その誰もが豊満なおっぱいの持ち主というわけだ。

ロクサーナが麻酔医に夢の世界へと導かれたところで、レイ医師がまず最初にやった仕事は、黒いマーカーで乳房のアウトラインを描くことだった。遠慮勝ちに邪魔にならないところに移動しようとした私にレイ医師は、どんなことがあっても、ぜったいに何にもふれるなと警告した。どんな細菌がロクサーナの体内に入りこんで、「数秒以内に」増殖し始めるかわかったもんじゃないからだ。「ハーバードで教わったよ」と彼はその日何回も聞いたセリフを繰り返した。ロクサーナの痩せた胸に、血管を緊縮させて血流を遅くするための麻痺させる薬とアドレナリンを注射しながら、レイ医師はほかの人たちに、東海岸からわざわざやってきたんだよ、と私を紹介した。一人の看護師がロクサーナの身体をさすり、別の看護師が四五〇ＣＣの高品質生理食塩水入り人工乳房のセットを取り出して準備している間に、ケープコッドについての陽気なおしゃべりが続いた。「その人工乳房はほかのよりもバッグの袋部分が厚いんだよ」とレイ医師がいった。「本当はシリコンが理想なんだけれどね。生理食塩水のだと盛り上がっちゃう部分が出てくるんだよね。でもダウ・コーニング社に対して起こされた訴訟のために、年間二五万人の女性が波打つ人工乳房を入れなくちゃいけないはめになった。ＬＡに滞在中に、この問題についてきみに宿題を出すよ」とレイ医師は私にいった。「ストリップをやっている店にいって、波打っているおっぱいをすべてチェックしてくること。これが宿題」

看護師がレイ医師に高品質の人工乳房を渡した。「これはいい感じだね」と彼はいった。「これを入れたらもっとポルノチックなバストに見えるよね、きっと」

一人の看護師がブルーの滅菌シートでロクサーナの頭まで覆って、バスト部分だけを出した。しかし執刀の前にもう一つ重要な仕事がある。祈りだ。レイ医師は手術のときに必ず祈りを捧げる。「すまないね、スーザン。キリスト教の祈りしか知らないんだ」と彼はいった。看護師たちもレイ医師がロクサーナの裸の胸の上で頭をたれている間、仕事の手を止めた。「この女の子がもっと元気になりますように。主なる神、イエス・キリストに。アーメン」

それはショーだった。レイ医師はロクサーナの乳腺と乳房の感覚機能にできるだけ損傷を与えないように、筋肉の下に人工乳房を入れる方法をとった。ロクサーナはもしかしたらもう一人子どもを産もうと決意するかもしれないし、ほかの子どもたちと同じように母乳で育てたいと願うかもしれない。片方の乳首の下半分をメスでなぞるように切ると、レイ医師は小さな——幅二・五センチもないほどの——皮膚弁を持ち上げて、スパナに似ている器具で乳房の組織を掘り出した。出血を止めるために、彼がスパナを細い棒状の焼きゴテに変えて周辺組織を焼きだしたので、傷口から立ち上る煙で手術室内には肉が焼けるすっぱいにおいが立ちこめた。乳房は活火山のようだ。内部の筋肉をほぐして分けるこの作業がむずかしいんだ、とレイ医師は説明した。「これはやっておかなくちゃいけない。じゃないと、腕を上げるたびにおっぱいが飛び上がっちゃうからね」

「あなたが整形を色眼鏡で見ないところが好きだなあ」とレイ医師は焼きゴテを沈めては肉を焼き、沈めては焼きながら私にいった。「リベラルなリポーターはいつも美容整形をバカにするんだよね。それなのに裏口からこっそりやってきて、額のシワとりをしてくれっていうんだからさ。スーザン、人生はクソだよ。よく人にいうんだけれど、人生には苦しいことが山のようにある。だからさ、女の子がもうちょっとセクシーになりたいと思ってどこが悪いんだよ」たしかに。レイは自分の奥さんの豊胸手術も行なっている。「この国はピューリタンがつくったからおカタイのさ。たかが塩水が入った袋だろ。なんでそんなにガタガタいうのさ。僕は別に人間の肉体改造をおっぱじめるわけじゃないよ。それにおっぱいを治した女性たちについてもいっておきたいことがある」レイが焼きゴテでロクサーナのおっぱいを突っつき、煙が立ち昇った。「彼女たちはもっといい結婚をして、もっといい仕事につけるんだよ」私は返事をしなかった。就職面接でバストが大きい女性はまじめに扱われることが少なく、雇用される率が低いという現実が調査によってあきらかになっている。私自身も就職面接では、だぶだぶのブラウスとゆったりしたブレザーを着て自分のデカパイは隠した。それにインターネットの調査で、一例にしか過ぎないかもしれないが、Aカップの女性よりもDカップの女性のほうが頭が悪いだろうと思われている、という悲しい結果を見たことがある。もし胸の大きさと頭のよさが反比例する考えられているとしたら、私はどうしようもないアホとみなされているにちがいない。

レイは、開いた乳房に痛み止めと消毒薬を注射するために手を止めた。「黒人は治りがあまりよくないんだ」と作業を続けながら彼はいった。「白人女性のほうが治りはきれいだし早いね。でも白人女性はかなり若い年代からシワがよる」

レイは火山口のような乳房の空洞にまだふくらませていない人工乳房を押しこみ、肉の下に平らになるようにならした。しばらくすると、マルクス・ブラザースがお決まりで出してくるみたいな巨大な注射器に彼のアシスタントが四五〇CCの生理食塩水を計って入れた。手術室にいる全員が大きな声でいっせいにCCを数えるなか、レイはゆっくりと液体を人工乳房のなかに注射していった。するとまあ不思議、ロクサーナのバストは私の目の前でみるみるふくらんでいったのだ。風船のように凹凸なく丸くふくらんで、見事なおっぱいが生まれた。何もなかったところに、いきなりDカップの豊かな乳房が出現した。レイは開いたところをふさぐ前に、切り口にストローくらいの太さの排水チューブを差し込んだ。「チューブは数日後に取り除くよ」と彼は説明した。「このチューブだけで三〇〇ドルかかるし、経費を抑えて儲けを出したいからといって排水チューブを入れたがらない医者もいるよ。でもチューブを入れることで、傷口を本当に小さくすることができる。それにちゃんと乳房の中身を出してやらないと、傷で膿んだところに組織ができてしまって、乳房が硬くなっちゃうんだ」

縫合の手技を見てはじめて、レイ医師の天与の才能を実感した。品のないセレブ気取りの外見はさておき、この人は芸術家だ。排水チューブの小さな穴を残しながらレイ医師が傷口を縫合し終わったとたん、ロクサーナの新しいバストはまったく正常に見えた。切開部分が見事に小さいからだ。「いかに傷口の穴を小さくするかで苦労するんだよ」とレイ医師はいった。「大きく切り取るんだったら、誰でも、どんなアホでも、それこそサルでもできる手術だよ」

レイは同じこと――切開し、掘って、焼いて、巨大な注射器で生理食塩水を入れる――をもう片方の乳房でもやった。終わったところで、水準器を使わないで作業した大工のように、彼はロクサーナの足下にいくと踵越しに新しい一対のおっぱいを目を凝らして検分した。「左側のほうがかなり広がってしまってるな」と彼はいった。彫刻家が粘土を練る手つきで作品の仕上げを始めた。指を使って、押して、まわして、持ち上げ、「もう少し高い位置に持ってこないとね。残りの人生では彼女は――バストは――下がっていくから」その作業はアートなんだ、と彼はいった。「とにかくきれいなおっぱいに見えるようにする」

「これはビジネスじゃないんだよ」と彼はいった。「一種の宗教なんだ」

麻酔医がロクサーナをほぼ座位の姿勢まで起こすと、レイは新しいバストを圧縮包帯でくるんだ。たかが包帯を巻く手つきさえも芸術的で、包帯で覆われた姿はまるでジル・サンダーのファッションショーに出てくる最新モードをまとったように見える。私が手術着を着替え終わるまでに、ロクサーナは麻酔から覚めて、まだげっそりしていながらも彼女の頭のなかでは生まれてはじめて「完全な」オンナになった気分でいた。

それから数週間、ロクサーナと私は電話とメールでいろいろ話し合った。「なんかまだ自分の胸じゃないみたいなの」と手術後二週間たったときに彼女は私にいった。「なんか硬いのよ。座っていて立ち上がったときに、筋肉が収縮したみたいな感じがするの。締めつけられるっていうか。手術後三日目以降は痛み止めはいっさい飲んでいないわ」順調に回復したところで、ロクサーナはブラウスを買いに出かけた。「どんなブラウスだって着こなせそうな気がして、二枚も買っちゃった」と彼女はいった。「一枚のは私の感じでは胸の谷間が見えすぎてしまうくらいで、もう一枚は肩のところがストラップになっているの」夫は「とても喜んでいる」と彼女はいった。「でも息子たちがそばにいるとなんか恥ずかしくて、すっぽり隠れてしまうセーターを着ているのよ。一歳七カ月の娘はさわりたがるわ。これまで75AAカップだったんだけれど、今度は75Cのスポーツ・ブラを買ったの。まだ慣れないわね。わからないように、黒いトップスばかり着ている」ロクサーナは、最大の恐怖は睡眠中に寝返りを打って、うっかり「傷つけたり押しつぶしてしまう」ことだ、と私に話した。

数カ月後にまたロクサーナからメールが来た。「スージー、すごくいい感じなの！」と彼女は書いてきた。「こないだ半年後の検診のために、レイ先生のところに行ってきたんだけれど、治りがとってもよくて見栄えもいいって。先生からそういってもらって、めちゃめちゃうれしかった。ただひとつ不満だったのが、縫合したから乳輪がほんの少しだけれど小さくなってしまったことと、片方の縫合跡がまっすぐじゃなかったことなの。ささいなことにうるさすぎ？　そうね、先生の腕前をちゃんと評価して、夫がお金を払ってくれたことに感謝すべきってことなんでしょうけど」

「もうひとつ」と彼女は続けた。「人工のバストはとてもいい感じなんだけれど、まだ人前で胸の谷間を見せる勇気はわいてこない。そういうことをするのは、私らしくないような感じがする。ほかのことについては後悔はまったくないし、ずっと永遠にこの人工の胸が長持ちしますようにと願っているのよ。中身が漏れたり、移動したり、消えてなくなったり（ハハハ、どうかそんなことはありませんように！）しないかと恐怖だったんだけれど。ご家族のみなさんによろしく！　友だちのロクサーナより」

ロクサーナの手術が終わった後、レイ医師が待合室で彼女の夫にやさしく話をしているところに通りかかった。二人にさようならをいって、レイ医師にポルトガル語でありがとう、「オブリガード」といった。「すごいね！」と彼は感心してくれた。「ブラジル人にポルトガル語で話してくれるなんて芸がこまかいね！」テンションが高いまま、レイは「何事も、こまかいところまで気を遣わなくちゃね」といった。「ハーバードで教わったよ」

ときどき、テレビのチャンネルをつぎつぎ変えているとき、E！の番組で、レイ医師が手術室を動き回り、隅には人工乳房のセットが新しい心地よい居場所に入れてもらうのをちんまりと待っている光景が映るのをしばらくぼんやり眺めることがある。奥さんはちょっとばかり服の趣味が悪くなっているが、レイ医師はまだ人生を謳歌している。その番組だけで判断して、私の周りには彼をバカにする人がいる。彼らのいいたいことはわかる。レイ医師という人の虚栄心には歯止めがなく、その自己顕示欲は病的といっていい。彼の「女の子」に対する美辞麗句は、素直に呑めない。それでも彼を弁護したいと思っている私がいる。メス一本でのしあがってきたその根性、飽くなき情熱、そして正直に認めるけれど、ハーバード大学卒業生ではないという事実のために、私は彼が好きだ。

## それでも美乳になるために

九歳のとき参加したサマーキャンプで私は、女の子たちがもっと大きなバストになるためにドードー鳥みたいに腕を曲げてバタバタさせる奇妙な体操をしているのをはじめて見た。もし彼女たちが声をそろえてお経のようなセリフを唱えていなかったら、てっきりドードー鳥のマネをしているのだと思っただろう。「きっと、きっと、きっと大きくする！　バストを、バストを、バストを、きれいにする。もっと、もっと、もっと大きくして、セーターを着る！」「セーターを着るために、バストを大きくする?」私にはさっぱりわからなかった。私のセーター姿はいうに及ばず、彼女たちにとって何がいいことなのかがわからない。すでに私自身、自意識を感じるものについてのリストが長くなってきてはいたが、それでもそのなかにバストは入っていなかった。しかし直観的にではあったが、私はその女の子たちがはしゃぎながらやっている体操が、たいして効果をもたらさないであろうことははっきりわかっていた。彼女たちの大半の胸は数年のうちに必ず大きくなり、バタバタ腕を振り回すことは切羽詰ってのことではない。

私はといえば、毎晩子猫のように私のかたわらに二つ重なりあって横たわる肉の塊を手に入れるために、なんの努力もしなかった。よくも悪くも、私のバストはただ大きくなった。たぶんこういうバストになりたいと思ってたいへんな手術をする女性たちが何百万人もいて、手術までは踏み切れなくても薬やクリームやマッサージや、ときには催眠療法にまで頼ってバストを大きくしようとする女性たちも何百万人もいるだろうと考えると、ラッキーだと思わなくちゃいけないのだろう。

手術にかかる費用と伴うリスクを考えると、大きなおっぱいを望む女性がもっと安価で、身体にメスを入れるよりはるかに安全な方法に惹かれるのはもっともだ。それでは丸薬や煎じ薬や得体の知れない器具といった手術以外の豊胸の方法は、はたして効果があるのだろうか?

うまい宣伝文句にひっかかって、必ず美乳になると信じこんであやしげな商品に手を出す女性たちがかなりいることに私は驚く。自分のバストが小さすぎるとしょっちゅう不満をいっていた女性がいた。ある日彼女の夫が、おっぱいの間をトイレットペーパーで一日一五分こすると大きくなるよ、といった。「それって、なんの効き目があるの?」という彼女に夫は答えた。「だってきみのお尻には効いてるじゃないか」

すみません、汚い冗談です。もういいません。もののたとえとして、おっぱいとお尻を比較するためにいっただけです。「おっぱいの間をトイレットペーパーでこすって大きくする」のと同じくらいばかばかしい論理を、私はときどき美乳追求の宣伝文句に見る。もちろん売りこむためには「美乳」のための特別なトイレットペーパーでなくてはならない(「すぐにお試しください。いまなら特別に一ロールをサービスでおつけします」)。そういう方法はたぶん、「古代から行なわれているテクニック」とかいわれる。

豊胸を謳う宣伝は、「古代」をつけた切り口で迫ってくることが多い。根拠がないところに信憑性をもたせるために、「スイス」とついたスキンケア製品を使えば一気に肌がつやつやしてきそうな宣伝効果があるのと同じように、「テクニック」には「古代の」という形容詞をつければ効き目が倍増しそうな気がする。「古代の」という言葉は、まったくなんて優れたセールスポイントなんだろう。「千年前から」の治療法ってつまりは、地球が平面で、身体が血液、粘液、黒胆汁、黄胆汁の四つの体液で成り立っていると信じられていて、細菌論が唱えられるのが何世紀もあとの話で、ブラジャーが金属でできていたころに考案されたものじゃないの？

手術なしに美乳にするとされている方法を調べているとき、ヘビの油にあまりにもショックを受けたために、少なくともこの分野でどれほど得体の知れない薬だの療法だのに出会っても、もうショックを受けることはないと思った。バストを大きくするＡＮＢＥＳと呼ばれる方法を説明した文献によると、「テクニック７＆８」でバストをある程度の期間マッサージすると、「バストを胸の真ん中にもってきて、胸の谷間をつくることができる」とある。美乳向上・ドットコムというサイトは、美乳にするためのランチとディナーのメニューとともに、スープとお風呂を組み合わせた「古代から伝わる美乳のためのレシピ」を紹介する本も書いているイボンヌ・リーが運営している。「このレシピでスープをつくってもいいし、スパにも使えるし、両方でもＯＫです」とイボンヌは書いている。「レシピの材料のほかにはない効き目のおかげで、必ずやあなたのバストは美しくなるはずです」

こういう製品は実際に効き目がないということより、すごく効き目があるかもしれないと思わせてしまうところが最大の問題なのだ。いたずら心を起こすとどんなことになってしまうか想像してみて。「バストが大きくなる」というクリームを浮気っぽい夫が寝ている間にすりこんだら、翌朝みごとに夫のおっぱいは大きくふくらみ、復讐が果たせる！　とあなたは本気で思ってる？

最近の日本での巨乳ブームを見るといい。日本人はアメリカやヨーロッパの女性よりはるかに美容整形への関心は薄いが、全体的に小柄な体型の女性たちはもっと大きなおっぱいを欲しがっている。どれくらい欲しがっているかというと、「バストアップ・ガム」なるものを売り出した業者に一財産つぎこむほどだ。サイトでは女性を悩殺する宣伝文句が並ぶ。「憧れのバストを手に入れるために、バストを盛り上げるガムです」「バストアップ・ガム」の宣伝文句は、翻訳するとやけに形而上的だ。「バストアップ・ガムは、いまの自分ではない自分を求めている女性のためのものです」「バストアップ・ガム」は、メーカーによれば砂糖、グルコース（つまり砂糖）、濃縮麦糖、増粘剤、香料、光沢剤、「酸味促進料」、「着色料」、「アラビア・ガム」、そして効力ある薬草の「チェスト・トリー（直訳すると胸の木）」が入っている。ガムが入っている瓶には警告が書かれている。「身体に合わないと思われたときには、量を減らすか使用を中止し、医師の相談を受けてください」

だがこと「巨乳が欲しい」という熱意にかけては、日本女性はアメリカやヨーロッパの女性に完全に負けている。その証拠に、アメリカやヨーロッパではどんなにあやしげな製品でも、ありえないほど注文が入るのだ。たとえば「ニューヨークで注目を集めるスパ」ブリスが展開する美容製品のカタログに、「バスト・ブースター」という「一五分以内にカップサイズを劇的に大きくする」と誓う「医師が開発したジェル」が掲載されている。もしこれが本当なら、ブラインド・デートをする前に形相を変えてブラのなかに詰め物をするかわりに、これを塗っておけば待ち合わせ場所から自分のアパートにくる間にバストは大きくなっているはずである。

ブリスの「ゴーバスト」(「バスト・ブースター」)は製造中止になった。ついでながら「ゴーバスト」もその後製造中止になっている)の四オンス入りのクリームは六七ドルで売られている。そこで「科学の実験をする」という名目で私はそれを購入し、ティーンエイジャー並みのバストであることを長年嘆いていた友人のバレリーに実験台になってもらうことにした。バレリーと私は彼女のアパートに集合し、ディナーに出かける前に無理やり彼女にそれを塗らせた。シャツを脱いだバレリーは両方の乳房の上にそれをたっぷり塗った。私は効果を確かめようと後ろに下がった。私たちはじっと待ちつづけた。もちろん一五分で大きくなるなんて宣伝文句は冗談とわかっていても、ディナーの間中変化を確かめないではいられなかった。「信じる者は救われる」とばかりにバレリーは数週間にわたって一日数回ずつクリームを塗りつづけ、最後のひとすくいまで使い切った。あらためていう必要もないだろうけれど、彼女がつぎの「ゴーバスト」のカレンダーに登場することはない。はたしてこの製品購入のために、クレジットカード番号をブリスに教えた女性は何人いただろう?

バスト・ブースター、ゴーバスト、そしてバストアップ・ガムは、星の数ほどある、薬事法などの規制の対象から外れたジェルやクリームや丸薬や煎じ薬のうちのたった三つにすぎない。インターネットには、およそ二四万ものサイトが女性たちを誘惑している。私はそういうものを「ポルノまがい薬」と呼んでいる。なぜならこういったものを売っている多くの会社が、「女性のあなたにはもっと大きな乳房を、男性のあなたにはもっと大きなペニスを」とパッケージで製品を売り出しているからだ。バストが大きくなる自己催眠の文句（「もっと、もっと、大きなバストになる〜！」）や、自分でやるマッサージや真空ポンプといった器具の販売サイトも山ほどある。チャールズ・E・ヘンダーソン博士が売り出している自己催眠療法の「ヒプノティカ」は、暗示——この場合は「もっと大きな乳房になること」——をかけるために必要なレベルにまでどうやって自分をリラックスさせるかの「手引き」となるオーディオテープかCDを販売している。そこに書かれているシナリオはこう。「このままもっと静かに、もっと深く、私がリラックスしていくにしたがって、私は自分の暗示を考えるようになります」（ここで暗示の言葉を自分にいい聞かせます）「私が自分に与えたすべての暗示は、きっとそのとおりになるでしょう。なぜならそれは、私にとって正しいことで、その状態になることはいいことだからです」もっとおっぱいを大きくしたい、もしくはアルコールやドラッグの中毒から解放されたいというあなたの願望は、この方法であっさりかなえられるはず。こんなに簡単だったとは、もうびっくりではないか！　こんな方法は好きじゃないというのなら、自分をトランス状態にして、その嫌悪感自体を吹っ飛ばしてしまったら？

そのあまりの厚顔無恥っぷりに私が思わず笑ってしまったのが、バンコクのケーミーカ・ナー・ソングーラなる人によって編み出された豊胸術である。マレーシアでオンライン配信される新聞によれば、ケーミーカさんはバストの上に直接手を置かずに、六センチまで大きくすることができると主張しているそうだ。三四歳のケーミーカさんが、両手の掌で依頼者の背中と腹をピシャピシャ叩く、というのがその方法。そうすることで、「その部分にある脂肪細胞を、バストに移動させる」という。

これを読んで私が考えたことが二つ。一つは、なぜこの方法をいままで誰も思いつかなかったのだろう？　ということ。ケーミーカさんが親切にも指摘してくれているとおり「美容整形手術よりも安価なばかりか、痛みもまったくない」簡単でクリーンな方法なら誰かが試してもいいはずだ。二つ目は、ハイムリック法（気管に詰まった食べ物を叩いて取り除く方法）をバストを大きくすることに応用したこの方法の効き目について、誰か調査した人がいるのだろうか？　ということ。ケーミーカさんは、六日間にわたって一〇分間ずつ施す「治療」にたったの一万六〇〇〇バーツ、三八〇ドルしか請求していないが、その効果ははっきりわかるという。最初から疑ってかかるお客に対して、ケーミーカさんはもっとも信頼させる証拠を示す。自分自身のバストを見せて……何を証明するのだろう？　自分の身体もピシャピシャ叩いたのだろうか？　「私のバストを見て触れたとたん、女性たちはみなこの治療を望みます」と、この伝統的な方法を年老いた祖母から教えてもらったというケーミーカさんはいっている。彼女の主張の信憑性については、この記事の見出しを見て判断した方がいい。「背中を叩けば、バストが大きくなる——女性の主張はホント?!」ホントにホント？

美乳関連の製品を売りつける手口として、いかにも見え透いているのが「ヨーロッパでの研究により著しく効果があったことが証明された」というコピーをつけることである。その宣伝コピーを考えた人の頭のなかが見えるようだ。「ヨーロッパ発っていっときゃいいんだよ。どうせヨーロッパなんかいったことがないオンナが買うんだからさ」テレビCMで「ヨーロッパ中が恋をしている音楽家」と繰り返してパンフルート奏者のゲオルグ・ザンフィルを売りこむのと同じ手口。確たる証拠をつきつけられないと、バルセロナやチューリッヒの市民たちがこのパンフルート奏者の演奏するクラシックを狂ったようにMP3にダウンロードしまくっているとは、にわかに信じがたいのだけれど。

豊胸のための催眠療法についてメールで問い合わせ、美乳マッサージのための無料ＣＤをオンラインで注文すると、私に突然ヒラリーという名前の新しい女性のメル友ができた。ヒラリーは二〜三日に一回、「なぜバストのマッサージをしなくてはならないか」「バストのケア：あなたがしなくてはならないこと」というタイトルのメールを送ってくるようになり、それはいまも続いている。「招待した人にだけにお教えする情報！」とか「驚異の秘密！　世界でもっとも古くからある……誰も知らない……誰もが求めている美乳になるための方法をご紹介します！」と資料つきのＣＤが送られてきたが、私のＰＣでは読みこめなかった。「……」の部分に判読不明文字があったが、「誰も知らない」のに「誰もが求めている」という矛盾で文字化けしたのではないか。しかしヒラリーの仲間であるおっぱいの専門家のイボンヌは、「どんな年齢の方でもバストを魅力的にできる三〇の方法」があると約束してくれた。

「親愛なるお友だちへ」とイボンヌは太字を混ぜながら書いてきた。「許可をいただいた上で（また個人情報を厳格に保護した上で）**豊胸**についてのもっとも重要で、興味深い本をお送りします。この本はいま、年齢層を問わず女性の間で大きな話題をさらう**ベストセラーになっています**。これを読めば、すべての女性が願う完璧な**豊胸術の秘密**があなたにも明かされるのです——何千年も前から行なわれてきた方法から、現代の豊胸手術にいたるまでが網羅されています。すべてが書かれている、と豊胸ドクターたちも感激するほどです！」

なぜ豊胸だのベストセラーだの秘密だのといった言葉が太字なのかと問い詰めてはいけない。「すべて」が頻発される文章にうんざりしながら読みとおした私は、イボンヌが私に売りつけたいものがわかった。「標高三〇〇〜八〇〇メートルに生えている女性のための奇跡のハーブ」である。「世界でもっとも豊胸に効き目があり、もっとも広く使われているエッセンシャル・オイルを、いまなら格安価格で入手できます」「チベットの僧侶が、何世代にもわたって編み出し訓練してきた」ヨガみたいなポーズも売りこまれた。

あのね、チベットの僧侶がそのヨガのポーズをしたとき、「ヒューヒュー！」とはやしたくなる衝動を抑えられた人はいる？　それにしてもイボンヌはどんな手を使って、マサチューセッツ州ロングメドウ、フロリダ州ボカラトン、カリフォルニア州オレンジの著名な形成外科医——まぶしいほどの顔写真つき——の輝かしいお墨つきをもらったのだろうか？　飲んでもいいし、お風呂に入れてもいいという豊胸の煎じ薬についても書かれた本を、なぜ医師たちは「価値ある財産」とまで絶賛しているのだろう？

「リーさんからメールが送られてきたんですよ」と医師の一人はいった。「私に送られてきた処方は適切と思えたけれど、本に掲載されているほかの処方はあきらかによくないね。豊胸に関心がある人を惹きつけるためのショーケースとしては、わかりやすくよくできているとは思いましたよ。たぶんこんなのに同意してしまった私のほうがまちがっていたんだろうなあ」ニューヨーク市のもう一人の医師は、本は「目を見張るほど新鮮」で、自分の患者にぜひとも買わせたいといっているのだが、それは本の「ほんの一部」だけを見せられての評価だといった。推薦したとされる形成外科医は全員が、最終章でリーさんが記している、豊胸手術という選択肢もあり、それには何が期待できるかについて書いた部分だけを見せられたにちがいない。医師たちがいかにも豊胸スープへの賛辞を寄せたかのように、臆面もなく切り張りしたリーさんの厚かましさに脱帽するしかないだろう。

目立って活躍しているサプリメントの製造業者たちは何十、何百万ドルも稼いでいるが、手術しないでサプリなどで豊胸を試みた女性たちはちゃんと効果を得られているのだろうか？　業者が約束したとおりの効果が出ているのだとしたら、なぜこれほどまでに人工乳房に走る女性が多いのだろう？　ヴィクトリアズ・シークレットのモデルやポルノ女優たち以外の女性たちが、実際にクリームを塗りたくって胸が大きくなっているのだとしたら、わざわざ手術しようとする人はもっと減っていてもいいはずではないか。

本当に豊胸を謳う薬やらクリームやらは効き目があるのか？

そこで私は女性向けのハーブ研究者であるジェームズ・デューク氏の意見を聞くことにした。『緑の薬局』の著者であるデュークは、奇人変人ではない。カーネル・サンダースに似たぶっきらぼうなデュークは、連邦政府の農務省からの依頼を受けて何十年にもわたって昔から伝わる薬草をくまなく調べ、最新設備を備えた研究室でテストしてきた。私はなかなか宣伝にのらない疑ぐり深い客だが、デュークの勧めにのって、更年期に起こりやすい症状を防ぐというザクロジュースを飲んだ。まずかった。ボルティモア郊外にある自宅には、現在は隠退した植物学者となったデュークが丹精こめたハーブ・ガーデンがあり、区画ごとに証明された効き目の説明がある。ノコギリパルメット、アロエやセントジョーンズ・ワートといったハーブが何十種類も美しく生い茂った庭をデュークが案内してくれ、私は「前立腺炎」「ぼうこう炎」「更年期障害」というある意味不気味な言葉が彫られた石の前で立ち止まって彼の説明を聞いた。デュークは、たとえばパナマのジャングルなどの未開の地に分け入って、熱病にうなされたり、敗血症に悩まされたりしながらも、土着の薬草のおかげで治ったというハッピーエンドで終わる冒険譚を語った。

デュークはグリーンブッシュ・ナチュラル・プロダクツ社から売り出している、彼が調合した「バスティア」というサプリについて語った。グリーンブッシュ社に届いた感謝の手紙を紹介しよう。「四月から豊胸に効き目があるハーブを使っています。ヴィクトリアズ・シークレットで計ってもらったところ、75Bカップになったんです!(前は75Aでした)」「先生の指示に忠実に従ったところ、八日間で私のバストは三センチも大きくなりました」

こういう称賛の嵐と自分は関係がないと思われたがっていたが、デュークは処方通りにバスティアを煎じたお茶には、「極小乳房」――要するにペチャパイってこと――として知られている症状を改善する成分が含まれていることが証明されていることを説明した。その煎じ薬には、コロハ、アニス、キャラウェイ、フェンネル、レモングラスというバストサイズを大きくし、乳汁の分泌をよくするといわれている薬草が入っている。そのほかの乳腺刺激の効き目があるハーブには、ホップ、ホワイト・マルベリー、ディル、ブラック・クミン、カンゾウの根、パセリとスターアニスがある。こういったハーブは多くの豊胸のサプリメントに使われている。その一つのフェミニークは、「入手が困難なもの」も含めて、こういった「主要な植物」をブレンドしたもので、競合製品よりも「はるかに強力な」結果をもたらすと謳っている。

「多くの豊胸向けのサプリメントは私が調合したバスティアにならってつくられていると思いますよ」とデュークはいった。「薬やハーブの効果は人によって本当にさまざまです。バスティアなどの豊胸のサプリメントも特定の遺伝物質には効いても、ほかのには効かないということがあるんです」

私はバスティアのティーバッグを注文して、味見した。カンゾウと防虫剤を混ぜ合わせたものに近い味がする。つまり、まずい！　だがここで体当たり実験を終えるわけにいかない。でもね、これが本当に効いちゃったらどうしよう。こないだ大枚五〇〇ドルも払ってぴったり合うブラを買ったばかりで、これ以上バストが大きくなってそのブラで締めつけられるのはごめんだ。

悩んでいたところに友人のロイスがやってきた。ロイスは胸が小さいことをいつも嘆いている。すごく仲良くなって何年も経ってから、私の巨乳に対する嫉妬を克服するのは自己鍛練だったと打ち明けた。ロイスは背が高くて骨格がしっかりしていて、ギリシャ彫刻のようなその体型に似合ったおっぱいが欲しいと大人になってからずっと願いつづけてきたそうだ。私は彼女にバスティアのお茶を出して勧めた。「飲んで！　これまで味わったことがない味よ！」最初の数口で、ロイスは本気で吐きそうだった。

こういった豊胸関連の製品はハーブを使ったサプリメントで薬剤ではないので、安全性のみ検査され、効果について食品医薬品局の監視対象にはなっていない。実際のところ、こういったピルや飲みものは、いってみればカモミール・ティーと変わらない規制しか受けていない。バスト関連のピルの効用を法的に管理できるような研究は、実質的にまったく行なわれていないのが現状だ。そういう研究には費用がかかるし、コロハやアニスが豊胸に効果があるとしても、特許を取ることはできない。もともとは公共の用地である自然のなかに生えていた、野生の植物なのだ。そんな研究にお金をかけるより、ぱっと目を引く魅惑的な広告にお金をかけ、中身のない保証をでっちあげ、クレームが来る前に消えてしまったほうがはるかに簡単だし利益も上がる。

もちろん豊胸のサプリメントの研究に投資したいというグループもあって、クレームに反証することで自分たちの主張を押し通そうとしている。二〇〇四年の終わり、アメリカ形成外科学会の公式学会誌である『形成外科・再生外科』誌は、こういったピルは効果がないか、危険が潜在していて、ときにはその両方であると指摘した研究を発表した。たとえば「バニティ」という製品は、「妊娠しているとだませるくらい」バストの大きさを一〜二カップ大きくすることができると断言している。もしこの主張がたわごとだとしたら、購入者は大枚をドブに捨てることになるし、本当にその通りの効果があるなら、このピルはエストロゲン・レセプターにいたずらに作用することで、エストロゲン代替薬か妊娠抑制のピルと似たような薬である危険性がある。女性たちは本当に月経前症候群を誘導するようなピルに飛びつきたいのだろうか？　毎月数日間にわたって乳房を膨張させて痛みを生じさせるホルモンに作用するピルを飲んででも、バストを大きくしたいと本気で思っているのだろうか？

父がよくいっていた言葉を私もいいたい。「そんなみっともないことするでないさぁ」

「医師の多くを震撼とさせるこういったピルについて、私たちは本当にわかっていない」というのはこの研究論文の執筆者の一人であり、政府の「形成外科教育財団　装置・技術評価委員会」で会長をつとめるトーマス・ローレンス医学博士である。この委員会の会員である医師たちが、女性の胸に生理食塩水入り風船を詰めこんでいることについては、この際気にしないことにしよう。しかしこの研究によれば、コロハには血栓と糖尿病の治療薬の薬効を阻害する成分が含まれているそうだ。

ロイスとバスティアに話を戻すと、一カ月間では効果は出なかった。しかし死ぬほどまずい飲み物を毎日毎日飲まされたロイスは、これまでになく強く豊胸に励む決意を固めた。これまで何回となく希望が挫かれた経験をよそに、同じ会社から豊胸のサプリメントを各種取り寄せたのだ。それらもまた結果をもたらさなかった。

ジャネット・エバンスは連邦取引委員会の顧問弁護士を一七年間にわたってつとめてきた。インターネットが普及し始めてから、彼女と同僚弁護士は加熱するおっぱいとペニス関連商品に目を光らせている。「ワケのわからない専門家の評価がどんどん増えているんです」というエバンスは、自分のバストは「取るに足りない」と評価している。「インターネットでは数々のバスト関連製品が流通していますが、私たちが期待しているのはちゃんとした実験が行なわれているかということです。そういう製品がホルモンのように人体に作用し、大半の業者が植物性エストロゲン（植物から抽出されたエストロゲン）を売っているのであれば、生来のホルモン的な働きをしたところでそれは危険なのです。たとえ植物からとられたものだとしても、それが安全だとはいえない」

豊胸製品を売る人たちと、ペニスを大きくする製品を売る人たちは、しばしば同じである。連邦取引委員会はそういう業者の取り締まりにはとても追いつけないだろう。アメリカ国内に拠点を置く会社を取り締まるのは簡単だが、インターネットの普及によって海外の販売業者が日に日に増えている。また取り締まるためには、誰かが連邦取引委員会に調査を要請しなければならない。「基本的に人はだまされたときに私たちに訴えてきます――クレジットカードで引き落とされているのに、品物が送られてこないとかね」とエバンスは私にいった。だがペニスが大きくならなかったから、詐欺にあったとは公表したがらない。エバンスとしては、経済的に著しい損害を与える製品に照準を絞っていた。

「こういう業者がいっている〝研究〟をどう見るかということを学びましたよ。あやしい広告を見つけてにおうものがあるとしたら、調査し、宣伝している内容を確かめるといって召喚状を送りたいんですけどね」何千種類もの豊胸クリームや飲み物がインターネットだけで販売されている。連邦取引委員会は五〇〇人の消費者保護のためのスタッフを抱えているが、法律家はたったの四〇人しかいない。詐欺行為を働くと会社の長期的な利益にならないという従来の考え方は、インターネットの時代には通用しない、とエバンスはいう。

業者のなかには、法律は遵守しているものの、一か八かで詐欺まがいの製品を売る業者があまりにも多いのが現状だ。インターネットの闇にまぎれて活動し、仮に連邦取引委員会に目をつけられても、サイトを閉鎖して別の名称で商売を始めればすむことである。カリフォルニア州を拠点とするバイタル・ダイナミクスという名前で一時期活動し、「イシス・システム」という豊胸製品を売っていた会社は、連邦取引委員会とトラブルを起こした。イシス・システムは六〇〇ドルで、六カ月間分のピルとクリームが入っている。紙媒体、ラジオ、テレビとインターネットで、バイタル・ダイナミクスは「数週間たたないうちに、バストはもっと大きく、もっと引き締まります。保証付き」という広告を打った。手術なしでAカップがBカップになったと女性たちがまくしたてる証言も宣伝に使われた。

ほかの手術なしの豊胸製品の宣伝コピーにある主張と同じく、この宣伝もでたらめのオンパレードだった。しかしバイタル・ダイナミクスが中でも抜きんでてたちが悪かったのは、ピルを服用した何百人もの消費者から、胃がむかついて気分が悪くなり、アレルギー反応が出て、頭痛がしたという苦情が寄せられたことにある。会社は返金保証を謳っていたが、顧客たちは払い戻しは困難か、不可能だと知らされた。二〇〇二年の終わり、バイタル・ダイナミクスは連邦取引委員会の調停の場で、科学的な根拠なく効果を主張することをやめ、三人の原告にそれぞれ一万六七〇〇ドルを支払うことに同意した。

以前私は、テレビでしょっちゅう流れていたブルーサントという豊胸製品のCMが気に入っていた。女性がブルーサントで豊胸したおっぱいが自分の人生をどれだけ変えたかについて語り、いまはその効果に困惑しているほどだ、というのだ。「男の人が私をじっと見つめると、「この人、何を考えているのかしら?」って思っちゃうんです」という彼女の甘ったるい声が、彼女をじろじろチェックしている男性の姿にかぶさる。「ヤダ〜、あの人、電話番号を教えてだって。ほんと何を考えてるのかしらぁ〜」リモコンを投げつけるか、テレビに蹴りを入れるまで、こんなCMが延々と流れつづけるのだ。派手にやりすぎて連邦取引委員会に目をつけられたブルーサントは罰せられた。三人兄弟で経営していたこの会社は「D・スノアー」という、夜の生活のための男性用精力増強剤も販売していたのだが、サイトで「このピルは二五万人以上の男性に効き目があった」が、「残念ながら誰にでも効くわけではありません。薬学的に驚異の薬であっても、全員に効くとはかぎらないのです」と書き添えている。

それでもブルーサントは、ハーブを使った豊胸製品をもっとも強力に売りこんでいる会社の一つである。『エル』や『アリュール』といった女性誌に広告を掲載し、主要ケーブルテレビ三〇局で広告番組を流している。競合相手に負けないように、ブルーサントは「乳房の細胞を刺激して、細胞の増殖を促進する」ことによって、カップサイズを二段階アップすると約束している。「細胞の増殖を促進する」とは、別の見方をすれば太るということじゃないの？　ブルーサントが連邦取引委員会がこの広告に対して与えた処罰を受け入れた二〇〇三年には、製品の売り上げは七〇〇〇万ドルを超えていた。

バストを手術なしで大きくできると信じている女性は、背中をどやされるくらいではすまず、頭をはたかれて目を覚ますべきだという確信をますます強くしていた。だがブラバ・ブレスト・エンハンスメント&シェイピング・システムという器械を発明したロジャー・クーリ博士に会って、それくらいではすまないと知った。

ブラバは形成外科医や内科医の推薦を受けているだけでなく、医師たちが売りこみさえしている。医師たちはブラバについて、組織再生分野での、まだ未熟だが今後発展していく可能性の高い科学理論に基づいた器械であると主張している。もっとも重要なのは、ブラバが尊敬を集めている形成外科医が、おっぱいに対して自分の知識を結集してつくりあげたものであることだ。「おっぱいなんてアホな肉の塊」なんていったクーリ医師だが、聡明で教養ある女性たちがDカップになりたいばかりに催眠療法や整形手術に走っていくことに危機感を募らせていた。彼が近年、手だけにかぎって手術を行なってきたのは、そんな風潮を嘆くあまりである。

クーリ医師はブラバ・ブレスト・エンハンスメント&シェイピング・システムを二つの理由で開発した。大きなおっぱいが欲しいという世間の欲望が少しも衰える気配がないことから、女性たちに手術以外でたしかな結果が得られるものを提供したかったことが一つ。お金をがっぽり儲けたかったことが二つ目。そこまで聞いても、私はブラバに対して懐疑的だった。研究を重ねて科学的に裏打ちされているというわりには、ブラバはあまりにも幼稚な器械である。要するにカップのところに吸引器をつけたブラじゃないの。それにブラバを買えるくらいの経済力がある女性ならば、同じ金額で美容整形手術をするんじゃないの？　ブラバは、これでダメならしかたないとあきらめて手術に踏み切る決断を促すためのものじゃないの？

クーリ医師をフロリダ州キー・ヴィスケインにある自宅に訪ねる前に、ほんのりピンクがかった色調のブラバのサイトに寄せられたたくさんの証言を読んだ。ブラバは、荒唐無稽なお笑い映画『電撃フリント／GOGO作戦』に出てきそうな外観で、半円球のカップが二対、何本かのチューブと電話の受話器みたいなスイッチがついたデータボックスから成り立っている。値段は一二〇〇ドル。効き目がなかったら、えらく高く感じられる値段だ。これを買う人は豊胸クリームやサプリの効果がさっぱりだったことには恥ずかしくてクレームはつけなかったかもしれないが、一〇〇〇ドル以上も支払えば、結果を厳しく要求するだろうし、少なくともなんらかの結果が出るものだと期待して支払うはずだ。サイトには満場一致で好意的な評価が寄せられているところをみると、どうやらブラバは本当に効き目があるか、賢い女性たちのことなので、一〇〇〇ドル以上も払ってなおも胸が平らだなんて恥ずかしすぎていえないのかもしれない。

もちろん女性たちが失望の声をあげないことについては、別の解釈もできるだろう。ブラバの提供者が、このシステムを必ず毎日一〇時間ずつ、数カ月にわたって使用しなくてはならないと強硬に主張しているためである。「これはエクササイズ・マシンのようなものです」とクーリ医師はいう。

「ベッドの下にしまいこんでも、効き目はありません」

ブラバ・システムの現物を見たとたん、あ、こりゃだめだわ、と私は思った。こんなものを一日一〇時間つけていろなんて、鼻栓と足ヒレをつけて一日一〇時間ウォーキングしろというに等しい。それでも私は、あとでこの器械を試してみたんだけれどね。

キー・ヴィスケインはヴィスケイン湾に浮かぶ細長い島で、マイアミの中心街とカラフルな建物が連なるマイアミビーチの中間に位置する。ここはうっかり通り過ぎてしまうありふれた集落ではない。わざわざ橋を渡り、引き返すにも同じ道を通らざるをえない。そこには富のにおいが充満している。クーリ医師の家は湾沿いにある箱型のモダンなデザインだった。インタビュー中に彼は「ちょっとすみません」と断って席を立ち、家のどこかにコピーを取りに行ったのだが、廊下を歩いていく彼の姿を目で追いかけた私は、エレベーターのボタンを押す姿をしっかり目撃した。プールとその向こうに広い海を見晴らせるキッチンで、コーヒーを飲みながら話を聞いた。マイアミにしては季節外れの寒い日で、とはいっても摂氏五度以上あったのだが、フロリダの人らしく彼は寒くて申し訳ありませんね、と謝った。

クーリ医師は、はげかかっている活力あふれる四〇代の中年男性で、妻は皮膚科の医者である。手の手術を専門にしている外科医として、彼は外見の改善を望む患者にエネルギーと技術を使おうとはしていない。彼が行なっているのは、重傷を負った患者を元通りの身体にするための、神経も時間も使うきつい手術である。いまはブラバの会社の取締役についているが、日常的にビジネスに携わっているわけではない。

「私はニューヨーク大学で、顕微手術の権威であり、乳房再建手術のパイオニアだったウィリアム・

ショーのもとで外科医としての訓練を受けました」とクーリ医師は語り始めた。「再建は身体の別の場所から組織を移植して、そこでの循環を再生します。八〇年代に始められ、当初はおもに傷害を負った部分の治療として行なわれていました。健康な筋肉の上に移植するものではないのです。移植するには、毛細血管も含めて肉の組織も一緒にもってくる必要があります。ニューヨーク大学からハーバードに移ったときには、やっている手術のほとんどは手でしたが、その後乳房の手術がしだいに増えていきました。なぜなら師であるショー医師について組織移植を学んで、そのテクニックをもっているのは私一人だったからです。最初は腹部の、それから臀部とか身体のどこの部分の組織でも、乳房に移植することができるようになりました」

ちょうどシリコンの人工乳房が問題になり始めたときだった。クーリ医師はシリコンをめぐる騒動を「集団ヒステリー」と考えていたが、情報を読んだ女性たちは人工乳房を取り出すことを望んだ。「そこで乳房を切除したがる（シリコンに替わる人工乳房を望んだ）女性たちに、私は再建手術をして美容整形もやるようになったのです」と彼は続けた。「大半の女性たちはついでにタミータックもしてもらえるなら儲けものだ、と喜びましたよ。腹部でなければ、お尻の組織を乳房に移植しました」

クーリ医師の乳房再建手術の評判は高まり、やがてその道にかけては最高峰と呼ばれるまでになったが、個人的には自分の技術が、とくに乳癌ではない女性たちの間でひっぱりだこになることにしだいに悩むようになった。女性たちは彼にまとわりつき、「私をもっときれいにして！」とせがんだ。そこでクーリ医師はひらめいた。Eカップのかっちりした人工乳房で殴られたみたいな衝撃だった。

「乳房再建手術をしているとき、一番ひしひしと感じたのは、女性たちのセルフイメージにとって乳房がどれほど重要かという点でした。女性が全員そうだと断言するつもりはありませんが、第一に、少なくとも私が診てきた女性たちの全員が、自分たちの胸に大きな盛り上がりをつくるために喜んで手術を受けたがった。これは私にとって驚きでした。第二に、手術をやりすぎだということです。ただ胸の上に盛り上がりをつくるだけのために、私は手術をしてきた、という事実に気づいたんです。それだけのために、伴う苦痛とリスクは大きい。それがどれほど重要な事実であるかを私は見逃していました」

それでもクーリ医師は、手術の代替案が必要だと考えた。「女性たちがどんなことに耐えてきたかに気づいてはっとしたんですよ。薬とか、痛みとか。辛すぎる」当時彼がこなしていた乳房の手術の件数は非常に多く、その上ワシントンにある組織工学の研究所の顧問もつとめていた。「私たちが研究していたのは発育因子についてで、乳房のような組織をどうやってつくっていくかということでした」手を再建するとき、彼は筋肉や皮膚や骨に血液を循環させる血管再生の手術を行なっていた。その手術を通して、組織を成長させるために伸張させることによって刺激し、組織を若返らせるテクニックを編み出した。「ゆっくりと控え目に伸張を加えることで、組織は若返るんです」とクーリ医師はいった。「私たちの細胞はつねに少しずつ引き伸ばされることによって、増殖します。ゴムバンドを引き伸ばして、あらたにバンドをつくっていくようなものです。実際、切除後に乳房を再建するときの方法もまさにこの理論にのっとって行ないます。皮膚を引き伸ばすために組織を拡張するものを入れて、皮膚細胞を増やすのです。ふくらませた風船をつくって、外科的にそれを取り出し、移植する組織と入れ替えるというわけです」

乳房組織をつくりだす、というアイデアがクーリ医師の頭から離れず、必ずできるはずだと確信していた。皮膚にメスを入れることなく乳房をつくりあげる方法、というのはそれまでの理論的な枠組みを転換することだった、と彼はいった。クーリ医師はアイデアの実現の可能性に興奮したが、同僚たちの反応を懸念した。これはあくまでも頭のなかでのアイデアにすぎない。いや、この場合は乳房の外のアイデアといったらいいか。「尊敬を集めている外科医が、「乳房を吸引して、大きくしてみよう」といったらどんな反応がくるか」とクーリ医師はいった。「冗談だととられるだけでなく、シアーズ・ローバックで通信販売されていたおっぱいポンプみたいなものかと思われる。ばかげているかも、と思いましたよ」

そういいながらクーリ医師は「組織工学の分野に私以上に精通している人はこれまでいませんでした。医学的な知識や経験と同様、組織工学の専門家として、これまでの枠組みから外れて、おかしいんじゃないかというくらい奇抜な発想で、両方を取り入れた新しいものを生み出さなくてはならない、と思ったんですよ」クーリ医師は問題の物理的な側面を研究した。引っ張る強さはどれくらい、どこに、そして時間的にはどれくらい長くかけ続ければいいのか。「つくるのが簡単な装置ではありませんでした」とブラバについて彼はいう。「最初のサンプルができあがるまでにおよそ四年かかりました。型をつくる技術はプラスチック技術者に頼みました。装置は身体にあったものでなくてはなりません。手術前に組織を伸張するときには、一日二四時間か何日もかけてずっと引き伸ばしつづけなくてはなりません。ということは、その器械も長時間にわたって穏やかに乳房の組織に圧力を加えつづけなくてはならないわけで、女性が一日の長い時間つけていても腫れたり痛みがあったりしないものでなくてはなりません。医学部の学生とエンジニアリングを学ぶ学生を研究に参加させました。最初の試作品は未熟なものでしたが、それでも事実は裏づけられたのです——長期間にわたって乳房の大きさを維持していけることがあきらかになりました。しかし発表できるほどのはっきりとした結果が出たとは思わなかった」しかしこの結果に励まされたクーリ医師の研究チームは、形成外科の権威である現在は八〇代のトーマス・ベーカー医師に研究に参加してもらい、ベンチャー資本の投資を仰いだ。研究は二〇〇〇年に『形成外科・再生外科』誌で発表された。ブラバ・システムはあきらかに、ケーミーカさんの背中やおなかを叩くふざけた方法はもちろんのこと、眉つばものの宣伝で売っているバカ高いバストアップやバスト・ブースターやクリベージ・エクステンダーやロッコ・ラマやティティ・グロウなどの豊胸製品とは一線を画している。一七人の少人数を対象に行なわれた実験では、五人が脱落した。残った人たちは一〇週間にわたって、一日一〇〜一二時間このシステムを使用し続けた。乳房の平均拡大量は一〇〇CCで、おおよそ一カップサイズ上がったことになる。九五人の女性を対象にしたもっと規模の大きな実験でも同様の期待がもてる結果がもたらされた。ブラバにはまた、クーリ医師が「シンデレラ効果」と呼ぶ、一時的に乳房をふくらませて、一晩街で遊ぶ間くらいは谷間をくっきりと出したバストをつくる効果もある。クーリの奥さんはブラバをそんな風に使っているそうだ。

私はロイスとバレリーのことを思った。もしブラバがもたらす豊胸効果を知ったら、ロボットみたいな格好になっても、毎晩喜んでこの装置をつけて眠るんじゃないか？　クーリ医師の手元にはブラバ・システムがそのときなかったので、帰宅した私は彼の仲間に連絡をとって一セット貸してくれるよう頼んだ。

大きめの段ボール箱くらいの黒いおしゃれな箱に入って、システムは届いた。中身を見た人は何だと思うだろう？　フードプロセッサーの取り換え器具？　犬の餌を入れる対のボール？　心臓モニター？　浣腸の道具？　まあ、そんなことはどうだっていい。私は箱ごとロイスの家に運んだ。一刻も早くこれを見せてあげたい。あのまずいバスティアとおさらばできるわよ！　更年期に差しかかったロイスが妊娠したみたいに見えることを確約する、山のようなピルももういらないはず。ロイスは黒い箱のなかの使用方法を説明するＤＶＤを取り出し、半円球の吸引器具の取りつけ方についてノートを取り、ブラバ・ブラの下にそれをしっかりとつけて、チューブとワイヤーを注意深くつなぎ、おっぱいが大きくなるのを眺めた。それじゃ一週間以内に報告するからね、と私に約束した。

一週間後に会ったロイスは、うれしそうではなかった。睡眠不足でいらいらした様子のロイスは、あのね、吸引のなんたらというあの半円球の装置は、たぶん黒い箱のなかが恋しくてたまらないのよ、あのなかに入ってそのまま二度と出てきたくないのね、きっと、とこぼしながら毎夜繰り返された光景を私に説明した。ブラバ・ブラをつけようと悪戦苦闘し、一回は部屋の向こう側まですっとばしてしまうそうだ。やっとのことで全部セッティングし終わって、組織を伸張するためにスイッチを入れたままにしておいたところ、なんと発疹ができてしまった。ネットで絶賛の嵐のコメントを寄せている女性たちとはちがって、ロイスはブラバに感動しなかった。感想は「もう結構！」だった。

こういうものでおっぱいが大きくなるのを待つには、人生は短すぎるといったら、あまりにベタな結論だろうか？　少なくともケーミーカさんの場合は、一回心をこめて叩いてくれて、それっきりだ。だがほかのおっぱいをもっと大きくするための方法は、どれだけやっても新しいものが現われて、いわば終わりのない追求となる。最先端のその先にぼんやり見えてきているのが、たとえば女性の幹細胞を利用してバストサイズを大きくできるかもしれないというような話。すでにネズミを使った実験で、その可能性に挑戦しているとある科学者から聞いた。

それで、いったいその科学者は何がやりたいのだろう？

## 減胸だって問題だ

ある夏、夫と私が借りていたウッドストックの家に、数日間友人のカップルが滞在していたことがある。業績ある立派な科学者の妻は当時六〇代で、少し前に減胸手術をしたところだった。いつもなら幅広い話題を饒舌に語る彼女だったが、そのときは自分の新しい、見栄えのよくなったおっぱいについての話題だけを、私と話したがった。

「いまじゃ私のバストはそのままで自立しているのよ！」とその妻、ロンダは口角泡を飛ばさんばかりの勢いでまくしたて、いまや控え目なCカップになったバストを私に向かって突き出した。彼女はたしかにすてきになっていて、私は彼女にそういった。減胸したバストは女性を若返らせるし、痩せたように見せる。だがもっと重要なのは、女性自身が痩せたように感じることで、痩せたと感じれば感じるほど、その女性のセルフイメージはよくなり、食べる量も減り、実際にどんどん痩せていく。もっと小さく、もっとピチピチした、つまりもっと「若い」おっぱいになることで、女性にはいきなり性的欲求が沸き起こり、いわゆる女ざかりのころの性衝動に戻る。私はある程度年齢がいった中年男女がいきなりセックスに励んでいるシーンをあまり想像したくないし、自分が同じ状況下にあると想像してほしくない。ロンダと話していると、私は崖っぷちに立たされ、いまにも情報が逆巻く谷間に頭から落ちていきそうな気分になった。

ロンダは私にも減胸手術をするようにと執拗に迫った。新作映画や休暇を過ごす新しいスポットを勧めるのと同じ熱心さだ。だが、いくら彼女がおいしいことばかりを並べても、そこには乗り越えなくてはならない手術後の感覚麻痺や縫合跡という問題があり、それに術後数週間にわたる痛みのあとには……いったい何が残るのだろう？　錨型の大きな目立つ傷痕と、ゆがんだ乳首？

「手術をしたら、びっくりするくらい楽になるって。ぜったいほんと！」とロンダはいった。「ぜったいほんと！」という言葉を聞くたびに、頭の後ろのほうの毛が逆立って「ウソだろ！」といいたくなる。Hカップを一人手術に誘いこむたびに、五％のキックバックがもらえるんじゃないの？

ある意味で私は減胸手術に打ってつけの候補者だ。私のおっぱいは周りの人たちを喜ばせるが、極大乳房として知られる乳房の異形の条件を満たしている――重量も容積も骨格が支えられる範囲をはるかに超えている。皮膚は膨張しすぎてつねにちくちくした痛みを感じ、生理の一週間前くらいになるとさわれないほど痛みは激しくなる。ブラなしで過ごせないし、暑い日には乳房とその周辺は汗でかゆくなり、かいているうちに吹き出物ができて腫れあがる。ときどきブラを全部粗大ごみに出したくなる。椎間板ヘルニアの手術をしたことがあって、そのとき神経外科医から、二〇代のときの車の事故で重傷を負ったことが原因で、頸椎の二個ある椎間円板の一つがつぶれていると指摘された。そのこともあって乳房が重く垂れ下がるほど、私の背中は痛みを増していく。巨乳のために私の身体は深刻な状況にあるのだ。

　減胸は豊胸とちがって元に戻すことはできないもっと厳しい手術で、回復期間も長期にわたり、しばしば傷痕も大きく目立つものになる。豊胸手術と同じ軽い気持ちで減胸の形成手術が語られるのを聞いたことがない。実際のところ、バストが大きすぎる女性が慢性的な背中や肩の痛みに悩まされているときには、減胸手術には健康保険が適用される。その件数は年間一五万件にのぼって増加傾向にあり、美容整形手術としてアメリカでもっとも人気の高い五指に入る（脂肪吸引、豊胸、二重まぶた、鼻のつぎだ）。

　友人のボブ・ゴールドウィンは形成外科医向けに書いたテキストのなかで、減胸手術を望む患者は乳房が邪魔で運動ができないことや水着が着られないことを動機にあげるとしている。自意識の問題と恥ずかしさに加えて、女性たちは背中や首の痛み、ストラップが食いこむ肩の痛みと肥満に悩んでいる。ゴールドウィンは意識的にしろ無意識にしろ、巨乳の女性たちは「バストを相対的に小さく見せたくて、体重を増やそうと努力する」という。若い患者のなかには、肥満は「バストをさらすような親密な関係を男性と築くこと自体を拒絶するあらわれである場合でもある」とゴールドウィンは書く。いずれ男性たちにモテるのだから、巨乳のままでいたらとほかの医師にあしらわれたと、彼に語るティーンエイジャーの患者もいるそうだ。

　何十年も医師たちにお世話になっている私だが、自分のバストサイズがつらいと訴えたことは一度もない。うれしくない注目を集めてしまうバストであるが、これも私の一部であると割り切り、必要とあれば巨乳が隠れる服を着ることにしている。自信がないときや、内面的にも外見的にも自分の身体をどうにかする必要を感じたときにも、巨乳が問題だと考えたことは一度もない。本当のことをいうと、私は四〇代で背中の手術をするまで、減胸が頭に浮かんだことが一度もない。そのときでさえも、ほかの人たちの減胸後を見てやっと検討したくらいだ。数回の外科手術に耐えてからというもの、もう一生手術はしない、という私の決意がぐらつくのは相当に切羽詰まった状況だと思っている。

それに五一歳として、たしかに欠陥だらけではあるが、私は自分の身体に基本的には満足している。年をとるにつれて、ぶかぶかのチュニックやだぼっとしたセーターでおっぱいを隠す必要を感じなくなってきた。年齢を重ねたおかげで、ある種の解放感さえ味わっている。私には私の身体がある。

もちろん中年になって自信がもてるようになる前に、また重い巨乳をぶらさげるのがいやになって減胸手術に踏み切る患者もいる。最近私は、タイで一三歳の少女が減胸手術をしたという記事を読んだ。執刀した外科医は、少女の胸はまだ発育中ではあるが手術は必要だったといっている。いますぐに成長を止めないと、少女自身が危険にさらされるといわんばかりである。それにしても弱冠一三歳で、Hカップを引きずっているとは!

年上の女性たちのなかにも、重く垂れ下がる乳房を取ることは、吹き出物を取るのと同じと考える人たちがいる。規格外れのおっぱいをぶら下げて歩きまわることは、ブラのストラップが肩に食いこむように、彼女たちの自尊心をじわじわと侵食していく。友人のエイミーは、子どもを産む前から乳房が巨大になり、授乳が終わったあとにはぶざまな重石になってしまった。「私のバストはどんどん膨張していって、しまいに身体全体を乗っ取ってしまったの」とエイミーはいう。彼女は現在六三歳で、形成外科手術を受けた人たちのネット上のコミュニティに書きこんでいる。昔のボーイフレンドの妹で、ＸＸＸＬの黒か薄汚れたみたいなグレーのＴシャツしか着ないという女性がいた。彼女のバストはＴシャツに覆われてはいたが、それでも上に商品が並べられるくらい突き出ていた。かわいらしい知的な顔をしていたが、ウエストとおぼしきところから首までは積み重ねられた材木の上に防水シートがかけられているみたいな感じだった。最後に彼女に会ったとき、私も巨乳かもしれないけれど、彼女ほど大きくはないと思った。私は背筋を伸ばして立てる。スーツが着られる。『プレイボーイ』誌のマンガのキャラクターであるリトル・アニー・ファニーになった気分になるけれど、一応水着も着る。でも世の中には巨乳であるがゆえに、居心地の悪さを感じている女性もいるのだ。彼女はきっと減胸手術によって外側だけでなく、内側も変わるだろうと私は直観した。

ネット上で展開される減胸についての書き込みを読むと、そのどれもが新しいおっぱいを歓迎する声ばかりだ。二三歳のサラの告白に惹かれるものがあった私は、彼女にコンタクトをとって直接会うことにした。生来的に活発で自分に自信があるタイプのサラはマサチューセッツ州ニュートンの出身で、仕事はウェブ・デザイナーをしていて、ボストン郊外のサマービルでボーイフレンドと一緒に暮らしている。ネットでも実際の生活でも変わりなく友だちが大勢いるサラは、オンラインとオフラインの区別をつけないほどネットと密着したライフスタイルである。「私は物心ついたときにはもうネットがあった世代なんです」と彼女は私にいった。「私はインターネットが大好きだし、ネットに書き込んだことで問題があったことはない。インターネットが好きで、人が好きだから、いろいろなチャットルームで自分のことを打ち明けています。手術前の女性にも、手術後の「虹を渡った」女性にもメールするし、そのほうがわかりやすいと思えば画像も送りますよ。女性たちのなかには手術で感染症にかかった人もいるし、やりなおさなくてはならなかった人もいます。でもこれまで「こんなことやらなきゃよかった」といった人はいないわ」

サラは私にも手術前と手術後の画像を送ってきた。手術前に80Iカップだった彼女は、乳房が重く垂れ下がっているために、合うブラも水着も服さえも見つけることができなかった。自分のバストを無駄に隠そうとするよりも笑いのタネにすることを覚え、それを芸の一つにしていた。頭がよいサラは、自分が先に笑いものにしてしまえば、自分の巨乳を嘲笑する人はぐっと少なくなることを若くして学んだ。

彼女の「手術前」の写真を見た瞬間、私は息を呑んだ。見るだけで痛々しい。乳房はくたびれきって垂れ下がり、いまにも床につきそうだ。私よりカップサイズが一つ上なだけなのに、私のバストとはずいぶんちがう。彼女の祖母や母もそうだったというから遺伝なのだろうが、皮膚に弾力性がないために年取った人のバストみたいだ。

探しまわった挙げ句、サラはボストンでやっとドナルド・モリスという医師を見つけ、彼女に合わせた完璧な減胸手術を最近行なってもらった。重く垂れ下がっているバストを、もっと小さく見栄えよく、でも大きいままにしておきたいという女性の願いをかなえてくれる手術だった。いまのサラはFカップだ。「私はそれでも大きなバストでいたかったの」という。「巨乳が私のアイデンティティだから」モリス医師はサラの乳輪の周りを薄く切りとり、左右それぞれの乳房の下側に一本、新しい乳房の底面としたい部分に一本と、合計四本の切りこみを入れた。二本の切りこみの間の組織を掻きだしたあと、新しいバストトップとするところに穴をつくり、それぞれの乳房から切りとった乳首を穴に入れて縫合し、高いところに位置するようにした。「手術後」の写真で、サラの乳首の縫合跡は、乳輪のまわりを赤いクレヨンで薄くなぞったくらいまで目立たなくなっていた。バージスラインという乳房底辺の傷痕はもうほとんどわからない。

「完璧よ」と術後六カ月たったときにサラはいった。「私は新しいバストを愛している。以前も裸になるのが好きだったけれど、いまでは裸になることがほんとにうれしくてたまらない。エクササイズもできるし、健康的だわ。走れるし」最近、二〇枚のシャツを衝動買いした。郊外の彼女の家に友だちが集まってパーティをしたとき、サラは話のタネに昔のブラをもってきた。パーティの間中、友人たちはブラを頭にかぶっていたそうだ。

私のハイキング仲間のキャロリンは、一七歳のときにDカップまで減胸した。それまでの数年間というもの、バストは困惑と痛みしかもたらさなかったという。二四歳になったいま、彼女には一つ後悔していることがある。なぜもっと小さくしなかったのだろう、ということ。一六歳にしてすでにほっそりした骨格には合わないIIカップだった彼女は、ボーイフレンドから性的ないたずらをされ、学校のほかの男子は誰が彼女の胸をさりげなくさわるかで賭けをする、という思春期の残酷さをいやというほど味わった。もしティーンエイジャーの狭い世界のなかでその巨乳のまま過ごしていたら、社会に出てからの彼女を何が待ち受けていただろう？　しかし過激な手術を彼女と両親に敢行させたのは、本当に品性下劣な男子たちだったのだろうか？

問題は服だった、と彼女はいま振り返っていう。「ディズニー・ワールドに友だちと行きたかったんだけれど、着られる水着が見つからなかったの。私の身体は規格外だったのよ。太りすぎという問題ではなかった。あのとき胸についていた肉塊に比べて、背中と肩が小さすぎたの。私はスポーツも勉強もできたけれど、バレーボールのチームには入れなかった。コーチがポジションにつくにはバストが大きすぎると考えたからよ。ブティックとかで服を見ると、ああいうのが着たいなあと思ったし、ほかの人たちみたいな格好がしたいと思っていたわ」

キャロリンの父は医師だ。彼女の胸が年齢不相応に大きくなり始めたとき、父は臨床医学的観点から心配した。かかっていた小児科医もその胸には問題があるといった。ティーンエイジャーの目の色や脚の長さを変えることはできなくても、キャロリンにとってよくないと周囲の大人たちが判断した胸の大きさを変えることは、現代医学では可能だった。

「そんなことをやるなんて、と私は困惑したし恥ずかしかった」と彼女はいう。「将来、彼ができたときにそのことを打ち明けたら、私のことを軽蔑しちゃうんじゃないか、とか心配だったわ。だってまだ一七歳よ。はじめてお医者さんのところにいったときは、ほんと屈辱だったわ。私の身体のサイズを測って、型を取って、保険会社に送るテープを作成するためにテープレコーダーに私の身体がふつうではなくて、みっともなくて、これはよくないとか録音するの。あーあーあー、同じ診察室にいるんだから、私にみんな聞こえてますよー、といいたかったわね。しかもまだ私はうら若い一七歳だったのよ。お医者さんは手術後に赤ちゃんに授乳できるか、おっぱいが感じるかどうかは保証できないといったわ。ピルはやめなくちゃいけないし、生涯傷痕が残るだろうともいうの。それでも私は手術することを全面的に勧めますよ、いま手術しなかったら三〇年後に背中の手術をすることになるでしょうからね、といわれたわ」

減胸手術は五〇年間にわたってアメリカで行なわれていて、手術法は長くほとんど変わらなかった。傷痕があまり残らず、身体に負担をかけない手術を医師たちがするようになったのはつい最近のことだ。減胸に加えて、バストアップも望む女性たちがどんどん増えている。女性たちは小さくするだけでなく、張りがある若々しいおっぱいが欲しいのだ。私の年齢かもっと年上の女性たちは、重力なんかクソクラエとばかり二〇歳のおっぱいを夢見てしまう。

減胸手術にはTの字をひっくり返した錨の形をした傷痕が残るのだが、それを見ると手術がどのように行なわれるかよくわかる。乳輪の縁に沿って切れ目を入れると、乳房のバージスラインまで縦に切りこみを入れる。乳房組織と皮膚をある程度掻きだした後、それまであったのよりも高い位置に乳首をつける。この過程で外科医は、はっきり左右非対称な乳房を同じ形にそろえることができる。この手術法は傷痕を小さくすることはできるけれど、方法自体はまだ取り入れられ始めたばかりで、積極的に取り入れている外科医でも、手術経験が少ない。

最新の手術法は「スティーブン・レーザー・ブラ」と呼ばれるもので、マルティナ形成外科協立病院のグラント・スティーブンス医師によって開発された。レーザー・インターナル・ファブリケーション・テクニック、もしくは頭文字をとってリフト（ＬＩＦＴ）とうまいこと名づけられたこの手術法は、レザーを使うものの以前の手術と同様麻酔をかけて行なわれる。この方法で行なわれたサラの手術では、メスはバージスラインに沿って入れられた。乳首とともにバスト全体が引き上げられ、減らす脂肪、組織と皮膚は脇のほうから取られる。二酸化炭素レーザーは皮膚をはいでむきだしになった乳房組織を減らす作業をするだけでなく、乳房を覆えるように皮膚をやわらかくするのにも役立つ。

レーザーを内部組織に突っ込んでつくことでできた傷が硬くなって乳房を支えるブラのような役割を果たすことから、「ブラ」と名づけられた。スティーブンスによれば、レーザー・ブラは減胸手術のあとに起こりがちな、減胸した下のほうから乳房が下垂していく「ハミダシ乳」といわれている厄介な後遺症を防ぐことができる。

どのような手術法をとろうが、減胸手術から完全に回復するまでには最低でも一年はかかり、女性のなかにはかなり苦しさをおぼえる人もいる。「帰宅した最初の一週間は、血だらけで、悪夢だった」とキャロリンはいう。ゴールドウィンはこの期間について形成外科医にこう警告している。「奇形の重みから解放したことで、患者が医師に感謝すると期待するかもしれない。だが実際には、医師は、ベッドの彼女が混乱し失望している様子を見て不安になるだろう。それに怒って病室を出ていく前に、彼女がボディイメージの大々的な修正をしなくてはならないことを思い出してほしい。若かったときの顔を覚えている患者がフェイスリフトを行なうのとはちがって、乳房の大きい患者、とくに中年以降の女性たちは正常な大きさの乳房を思い出すことができないのだ。（中略）もし彼女が痩せようとしたことがあったなら、この手術によってあなたは痩せたときの姿になるんですよ、とやさしく励ましてあげることだ」

「昔、パブロ・ピカソが芸術家たちのパトロンだったガートルード・スタインの肖像画を描いたとき、スタインは絵を見て「似てないじゃない?!」といった。ピカソは平然と「あなたの将来の姿ですよ」と答えたそうだ。医師が患者にかけるのは、そういう言葉である」

キャロリンはスポーツ・ブラを卒業し、小さくなった新しい胸に合うブラに変えたときのことを覚えている。「最初Dカップのブラをつけたとき、ワオ、こんなに小さいなんて信じられないと思った」と私に話した。「でももっと小さくしてくれたらよかったのに、という時期もあったの。通りを歩いていると口笛を吹かれたり――ウエストが細いからおっぱいは大きく見えるのよ――巨乳へのうれしくない注目を避けるためにもっと小さくしたかった。どんな服を着ていても関係なく、じろじろ見られちゃうのよ。ワークアウトもしたいんだけれど、ジムでさえも、ランニングマシーンの前にも鏡があるでしょ。だから男たちが私の胸だけをじろじろ眺めるから行きたくなくなる。通りでさわられるなんてことはしょっちゅうだった。ほんとにげんなりしていたわ」

キャロリンは錨の形をした傷痕を、ほとんど強迫的なほど意識していた。やさしい恋人といい感じになったとき、傷痕を見つけられ、どうしたのと聞かれて減胸手術のことを話すことになるだろう。それがいつも愛し合う前の儀式になるのではないだろうか。傷痕なんかたいしたことないわよ、といいたかったけれど、それは私がもう年をとって知恵もついていて、しかたないものはしかたないと運命論者になっているからこそいえることだ。私の年代になれば、乳腺腫瘍切除やもっとたいへんな手術をした友人たちは全員が、生き延びられてよかったと喜んでいるが、若いとそうはいかない。

減胸は保険でカバーされるにもかかわらず、美容整形手術でもあるので、外科医は傷痕を残すことに後ろめたさを感じる。傷痕がその後どうなるか、消えるまでにどれくらいかかるかという話題が、減胸手術後の患者たちのチャットルームの中心となる話題だ。しかし最新の技術で、最低限の傷痕しか残さないためには、医師にはより優れた技量が求められる。ジェラルド・ジョンソンのような、紐を使った巨乳手術法を編み出した名人は、広く支持はされていないものの、もっと美的に仕上げる別の方法にすべきだと強調する。

「いまの減胸手術法はほんとにいやだね。女の子をずたずたにしてしまう」とジョンソンは私にいった。「美容整形をやるものなら、傷痕はつけないよ。新しい方法でやるね。吸引なしに吸引する方法、と私は呼んでいるんだ。乳房の脂肪組織を吸引する方法なんだけれど、吸引器を使う替わりに、後ろから前へ、前から後ろへと器械そのものを動かして組織をばらばらにして隙間をつくり、乳房がもっと高い位置で発育するように仕向ける方法だ」この方法では、吸引に使われる細いカユーレ管と呼ばれるスクリュードライバーに似たパイプを、少なくとも百回は乳房組織に入れることが必要だ、とジョンソンはいう。ジョンソンはまたおへそからチューブを通して、乳房の脂肪を吸引する減胸もする。乳房の傷が治る間、彼は「乳房の表面を激しくもんで」乳房組織が互いにまたくっつくようにする。聞いただけでも恐くなってくるが、伝統的な方法を選択してる女性たちの大半は、こういうやり方で手術されているのだ。私は脂肪吸引を実際に見学したことがある。エネルギーが必要なたいへんな仕事ともいえるが、いってみれば斧をもった殺人鬼を身体のなかに送りこむようなものである。ほとんどの外科医は手術のすさまじさと身体に与える損傷についてぼやかしてしか伝えないから、おかげで私たちは手術の間静かに眠っていられるのだ。脂肪吸引はとりわけ、容疑者の口を割らせるために考えられた新種の拷問のような感じだった。おへそから乳房まで管を通すところなんて、とてもじゃないがそばでじっと見ていられない。「最高の結果を出すことができないこともあるけれど、このやり方での合併症はないんだよ」とジョンソン医師は私に断言した。「患者がこちらの指示にちゃんと従ってくれれば、結果は非常にいいと約束する」

ジョンソン医師は減胸手術後、自分の指示に一言一句従わないということは、脚を骨折して治りきらないうちにギプスを外すのと同じくらい危険だ、と患者に警告する。手ごわい敵は重力だ。治療後即座にジョンソンはブラをつけさせ、三週間ぜったいにブラを外してはいけない、たとえシャワーを浴びているときにもつけておくように、乾いたブラに変えてもいいけれど、そのときは必ず横になってから、といい渡す。六週間後、患者はブラなしで横たわることが許されるが、それも三〇分以内だ。傷ついた乳房が治るには四カ月かかるといわれる。

私が知っているもっとも過激な美容整形としての減胸手術は、友人のリサが行なったものだ。リサは性転換のための一連の手術をしている最中で、いまは名前をトロイとしている。

友人から、性転換しようと思っているんだ、と打ち明けられたときに、適切な礼儀正しい答えはなんだろう？　友人のリンと地元のスーパーマーケットのグランド・ユニオンの駐車場で出会ったとき、立ち話で、教えておきたいことがあるの、パートナーのリサがいまは男性なの、と告げられ、私は柄にもなく言葉を失った。かろうじて出てきた言葉は「それじゃ彼女のイヤリングを譲ってくれる？」だった。

リサと、小柄で青い目のウェールズ人のリンは、四年間にわたってカップルだった。一緒に町に越してきて、店を開いた。リサは堂々として包容力があり、男っぽくはないけれど完璧に男役で、リンに身も心も捧げているその姿はいつ見ても私を感動させた。リンはリサに出会ってまもなく、夫の元を去った。私にはリサがそれほどの苦しみを耐え抜こうとするワケがわからなかった。自分の気持ちを隠してはいたけれど、トロイは少女のころから、どれほどたいへんでもいつか必ず男の子になろうと自分に誓っていたんだ、と私に話した。

「物心ついてからの一番古い記憶のなかに、立っておしっこしようとしたことがあるんだ。母はそんな私をつかまえて、そんな恐ろしい考えを叩きだそうとした」とトロイはいう。ティーンエイジャーの発育期には、Cカップのバストが消えてしまうことを願って無視しつづけた。「母にドレスを着せられたとき、自分が女装した男みたいな感じがしたんだ。もう無視できないほど大きくなるまで、私はバストを無視しつづけた」リサは男性とセックスしたことは一度もないが、とりわけ気の弱い男性たちとつきあって、自分の押しの強さにいやになって彼らは離れていったのだ、という結論に達した。自分のなかに見たその押しの強さこそ、男性らしさだと思った。

若いころロサンゼルスでレスビアンとして過ごしたリサは、どれだけ男役の格好をしても受け入れてくれて、ブラをしてもしなくても全然気にしない友人たちに惚れこんだ。だがジムに入ると女性のロッカールームで耐えられない自分がいた。「自分がペテン師みたいな気がしたんだ」とトロイはいう。「私の性癖を知ったら、女性たちはきっと屈辱を覚えるにちがいない。私は女性用ロッカールームにまぎれこんだ一人の男性で、それはよくないことなんだ」

私がリンにスーパーマーケットで会ってから一年と少したったとき、必要な心理療法とホルモン療法を受けたトロイは、いよいよ「トップの手術」を受けた。あせりを感じて受けた手術だ。生理を止め、顔に髭を生やすのに十分なテストステロンの注射をしたというのに、Cカップのバストがいまだに意地悪く彼を見上げていた。胸に乳房があるために、彼のすべてが「女」になってしまう。だからどうしても乳房をなくしてしまわねばならない。早ければ早いほどいい。

トロイの乳房はサンフランシスコの病院の外来で取られた。「私の認識では自分の乳房はかなり大きいと思っていたのだけれど、実際にはそれほどでもなかったんだ」と彼はいった。「癌を取ってしまおうというわけではないから、どこを切って、どうやって再建するかが選べる。乳房が小さかったので、レーザーで乳首周辺から脂肪を吸引するという減胸手術で十分だったよ。男性の乳首は女性のよりかなり離れてついているので、乳首は取ってしまわなくてはならなかった。女性の乳首は乳房の先端にあるけれど、男性のは胸のもっと高い位置に、脇のほうの離れた位置にあるんだ。小さな穴を開けて減胸すると、胸部周辺が垂れ下がってくるので、身体が調整する時間を待ってから乳首をつけ直さなくてはならない、というのが問題だった」

トロイは二重の乳房切除手術を行ない、そのとき外科医は彼の乳房のバージスラインの下側から脇のほうを切った。「切除部分の縫合跡があったんだよ」とトロイは私に話した。「でも医者は皮膚がちゃんとついたかどうか確かめ、乳首が移動できるかどうか見てから、縫合跡のところに乳首を戻したよ」手術費用は一万ドルかかったが、そのうち二〇〇〇ドルはたぷたぷした二の腕のたるみを取るためだった。

トロイに、いったん取ってから新しい位置に変えた乳首をさわられると感じるか、と聞いた。医師は新しい乳首の乳輪を切ったが、それはまるで「パッチワークしているみたいだった」そうだ。「私は乳首にふれられると、さわられたという感覚はあるけれど、いわれていたような性感はないね」と彼はいった。「自分の乳首が愛撫されるのを見ていると、究極のエロスを感じるんだよ。たしかに性感はなくなってしまったけれど、誰かが自分の乳首を愛撫しているというのは、心理的には乳房があったときよりもはるかに強烈に感じていると思うよ。私は自分の乳房が好きではなかったし、いまの自分の胸があまりにも気に入っているので、愛撫される乳首をもっていることが、彼女（リン）に私の胸がセクシーだといってもらうのと同じくらい感じるよ」

最初はとても変な感じだった、とトロイは正直に打ち明けた。「黄色の抗生物質が全身に塗りたくられていて、傷だらけになってしまうし、切り刻まれた感じがしたよ。男性になった裸の胸を見ることができなかったから、よけいにそんな気分が強かった。そこはまるで戦争時の中間地帯みたいだった」と彼は皮肉のかけらも見せずにいった。「リンが服を着替えさせてくれるとき、目をつぶっていた。でもだんだん治ってくると、目に入る縫合跡も無視できるようになって、ああ、これが本当の胸なんだと思ったね。乳首のかさぶたがとれると、これはいい感じになりそうだと期待したね」

私の地元の町の、人気《ひとけ》がほとんどないメインストリートにある彼のショップで、ある冬の寒い日に私はトロイと話した。トロイはスウェットシャツを上げて、胸を見せてくれたが、そのときには細いふわふわした毛が乳首のまわりに生えていた。その胸はまったく女性のものではなかった。いまや男性の胸になっていたが、傷痕は手術したことをはっきり物語っていた。だがトロイが昨夏町のビーチでシャツを脱がなかったのは、それが理由ではない。「知り合いの誰かに会わないともかぎらないから、シャツは脱がないんだ。知り合いの人から奇人扱いされてしまうからね」と彼はいった。「でもロングポイントくらい離れたところや休暇旅行に出かけて私たちだけだったら、いまではずっとシャツを着ないで上半身裸だよ」

いまトロイはベルギーのゲントの病院で複雑でリスクの高い一連の手術を受けていて、退院するときには本物そっくりのペニスがついていることになっている。高額で過激な手術は、どんなにお金がかかっても男性になりたいというトロイの生涯かけた計画の一環なのだ。だがトロイに関していえば、ベルギーに旅立つときから彼はすでに男だった。乳房がなくなってしまえば、彼は男以外何ものでもなかった。いまや彼は乳房——パートナーの、見知らぬ人の、私の——を、愛情と欲望の対象として見つめる。彼自身の乳房を激しく軽蔑したのと同じくらい、彼のパートナーの乳房を愛撫することを愛している。同時に、がっちりした胸部に蛇のようにくねる傷痕が、健康な乳房を一刻も早く切り落としてしまいたかったその人生を物語っている。

男らしい胸を私に見せびらかしたときだけでなく、トロイが自分の男らしさをことさらにむきだしにしたとき、私はロンダがキッチンで新しいこじんまりとした乳房を見せびらかしたことを思い出す。もし私が乳房を目立たないBカップくらいまでそぎ落としたとしたら、私はびっくりするくらい変身したと思うだろうか？　たぶん私は自分のプロフィールの要となっている形容詞を失ったことを嘆くだろう。減胸をした人たちの話を聞きながら、ときどきいらいらさせられる乳房ではあるけれど、なくなってしまえばきっとさびしいにちがいないと気づいた。

## どこまで見せる？

トルコのクシャダシで公衆浴場を訪れたことがある。モスクの影に隠れるようにあるにもかかわらず、そのハマム（トルコの浴場）はたまたま男女混浴だった。そこでの「入浴」体験とは、湯気が立ちこめる小部屋に入って裸の身体を恥ずかしさに縮めながら待つうちに、腰布を巻いた男性があらわれ、一般的にはアジャックスというブランド名で知られる台所用洗剤で私の身体をごしごし洗ってくれるというものだった。続いて「マッサージ」が始まり、別の男性が私の踵をつかむとヒップのところまで折り曲げた。脚が付け根から外れてしまうのではないかと思うほどで、男性はつぎに私の裸の脇腹を水が入ったもので繰り返し叩いた。そこで逃げ帰りたかったけれど、また別の男が現われて「まだ終わってない！」と歯をむきだして怒鳴り、私を羽交い絞めにして「洗髪」の時間だと告げた。地獄の矯正施設でシラミ駆除をするみたいに、彼は私の頭に苛性石鹼の粉をかけてわしわし洗った。

記憶からなかなか消えないほど強烈だったのが、つぎの体験だ。まだ裸のまま、髪が蛇になっているメデューサのような頭と、こすられて赤くなった肌をさらして、私と仲間たちは美しく整えられたアトリウムを長々と歩いて突っ切り、中二階にある着替え室まで階段を登っていかねばならなかった。アトリウムはタバコを吸ってお茶を飲んでいる着衣のトルコ男性たちでいっぱいだった。私たちに課せられた厳しい試練はそれだけではない。男たちのそばを通り抜けていくとき、身体を隠そうとする慎み深さを救ってくれるのはたった一枚の小さなタオルだけで、さて、身体のどこの部分を覆うかを選択しなくてはならなかったのだ。迷うことなく、私はそのタオルでバストを覆った。お尻のかなりの部分をさらすことになってしまうが、かまっちゃいられない。この出来事をいま振り返ると、私は女性を象徴する身体の部位として、乳房こそがもっとも性的に挑発的でわいせつだと考えているんだ、ということがわかった。

だから、いわゆるトップフリー運動にかかわっている女性たちが「乳房は性的な器官ではない」と主張すると、私はたじろぐ。もちろん乳房は生物学的には生殖行為になんの役割も果たさない器官である。男女が仲良くするには役立つかもしれないが、その存在のあるなしは夫婦の営みそのものには関係ない。それでも、男性と同じように女性も上半身裸になる権利を勝ち取ろうという運動に希望をもってかかわっている女性たちは、とてもかなわない現実の力を無視するか、意図的に否定しているように思える。男性たちがカジュアルな場ではそうしているように、アメリカ女性たちが暑い日に上半身裸になって外を歩く日が来るだろうか？　肘を出すのと同じくらい、性的な視線にさらされずに乳房を日常的にさらけだすことが習慣になるだろうか？　女性たちは、おっぱいではなく中身で魅力を判断される日を待ち望んでいるのだろうか？

はなはだ疑わしい、と私は思う。

だがこんな私の意見は、女優のシェリー・グレイザーや、不動産業に就いているカイラ・ソスノウや、活動家のエリザベス・ブックには内緒だ。彼女たちはトップフリーの理念を胸に深く刻んだ闘士たちだから。彼女たちがいうことはすべて、理屈としてはまったく正しい。だが彼女たちの主張が社会に広く受け入れられる日がくるとして、たとえば灼熱の八月に公園のベンチにトップレスで座っている自分を想像すると、たちまち恥ずかしさといたたまれなさで顔が真っ赤になってしまう。街中でトップレスになることは、多くの場所で――たとえばニューヨーク州では――現行の法律にはなんら違反していないという事実をもってしても、恥ずかしさには変わりない。

おっぱいを露出する行為を普及させることは、はたしておっぱいを見ると頭に血が昇る男性を正気に返らせる解決策となるのだろうか？　むしろ効果は正反対ではないか？　それでも多くの判例で、たとえ法廷で裁判官たちの忍耐が切れてしまうというだけにしても、トップフリー運動の闘士たちは少しずつ勝利を刻んでいる。

多くの闘士たちが望んでいるのは、公の場で裸になってもいいように法律を変えることだ。シェリー・グレイザーはこの運動で世界を変えたいと思っている。二〇〇四年に９０Ｈの裸のバストを、サンフランシスコのユニオンスクエアのメイシーズ百貨店の前でさらして、彼女は道行く人々に呼びかけた。「私にはみなさんのサポートが必要です。お願いします！」コメディアンで脚本家のグレイザーは、カリフォルニア州メンドシーノ在住で、「爆弾じゃなくバストを」という気取りのない、やや突拍子もない若者たちで組んだ抗議集団を率いている女性だ。「爆弾じゃなくおっぱいを」というやはり気取りのない、やや突拍子もない若者たちが組んだ抗議集団と混同してはいけない（並べてみると、それぞれのグループは自分たちにふさわしい名称をつけていると思う）。グレイザーのグループのほうがより活発な活動で、メディアの視線を集めることがうまい——実際、グレイザー自身が新聞の見出しを何回も飾っている。『アメリカン・ゴシック』の突拍子もないパロディで、半分裸の格好にプラカードを抱えた彼女はいかにもたくましく、そのおっぱいは重力の法則に逆らえずにパンツのゴムをかすめるところまで伸び切っている。デモンストレーションを行なった日は一晩中、インターネットのチャットルームで、グレイザーのメッセージを笑うのではなく、彼女の肉体を嘲笑する書き込みで賑わう。書き込んでいるのは大半が男性で、グレイザーのパートナーであるシェバについて、もっと容赦ないコメントを寄せる。シェバはトップレスで登場するだけでなく、タトゥを入れ、ピアスをあちこちにつけ……髭が生えているのだ。グレイザーが「何を書かれようが私はかまやしないけれど、せめて名前だけは正確につづってよね」という姿勢であっても、その中傷にはへこみそうだ。

戦車じゃなくおっぱいを、ナパーム弾じゃなく乳首を、ミサイルじゃなく乳房を、というようなセンスある呼びかけで活動するこの集団を、無視できる記者がいるだろうか？ 計画していた州都での抗議デモの前夜に逮捕されたグレイザーは、すぐ後ろを指差していった。「ちょっとすみません、私に「わいせつ」の本当の意味を教えさせてくれる？」「政府の官吏が大陪審でウソの証言をしたり、アメリカ合衆国の安全にかかわる最高機密の情報を漏洩したり、マネーロンダリングに励んだり、独立国への侵攻を正当化するために諜報活動したり、矯正施設を秘密に維持しつづけたり、ジュネーブ会議に違反する拷問を繰り返していたりする一方で、「爆弾じゃなくバストを」の女性たちはわいせつと抗議行動で逮捕されるという圧力にさらされている。私たちが問いただしたいのは、何がわいせつなのか？　何が変態なのか？　なぜ私たちのバストがそんなに脅威なのか？　ということ」とグレイザーはいった。

　グーグルで設定している「バスト・アラート」で日々送られてくるバスト関連記事のメールを見ていると、誰もがおっぱいに関するトピックスが大好きだとわかる。グレイザーが彼女の問いに対する答えを得ることはないだろうが、京都からドバイにいたるまで彼女の活動は世界のいたるところで人人の関心を引いている。メイシーズの前での反戦抗議運動に、グレイザーは自身の一〇歳の娘、ルーシーとその友だちを参加させ、アメリカン・ガールであるバービー人形をバストをあらわにした姿で誇らしげに掲げさせた。

　歴史を通して、女性たちは権力に対する抵抗を示すためにバストをあらわにしてきた。しかし女性のそういう抗議行動は、男を喜ばすだけになっているのかもしれない。バストをあらわにする行動ほどマヌケなショック療法はない、ということを印象づけるばかりだ。もっといえば、どれだけおっぱいを露出したところで、男は女の意志に屈しないだろう。二〇〇五年秋、南アフリカ共和国のヨハネスブルグにある、ガウテング州健康衛生局のオフィスの外で、バストをあらわにした女性たちとブラだけの女性たちが、歌い、跳ね、プラカードを掲げて抗議デモを行なった。三年間にわたって健康衛生局で働いてきたのに、賃金を支払うと約束しながらそれをくつがえしたことに抗議したのだ。このデモのニュースは世界中を駆け巡った。一方で、報道機関は女性たちの要求については無視した。「おっぱい、見せてくれよ！」これが春休み旅行中の観光客や、謝肉祭のどんちゃん騒ぎを繰り広げていた連中や、バイク乗りの一団や、「女の子たちでハデにやっちゃおう！」の企画で集まったツアー客たちが、大喜びでデモの女性たちにかけた声だった。だがトップフリー運動を呼びかけている大半の女性たちは浜辺をトップレスで徘徊してその格好よいおっぱいを見せびらかすタイプではない。人工乳房を入れる女性たちともちがう。彼女たちのバストはごくふつうで、やわらかくて、セルライトができている。多くのトップフリー活動家はヌーディストでもあるというと、活動内容がかなり説明できるだろう。社会慣習上の強迫観念やそれを守らせようとする圧倒的な世間の熱意にもかかわらず、独自の見解をもったヌーディストたちは服を着ない身体を性的なものと見なすことに挑戦し、「繊維社会」——私がつくった言葉ではない——に攻撃の照準をぴったり合わせている。トップフリー運動を支持するのはもうひとつのグループは、人の命を養い慈しむものをすべてさらけだしたいと願う大地の母的な、ニューエイジ思想の信奉者だ。

　断固とした信念をもっている彼女たちは、ニュースで報道される内容に落胆が隠せない。フラッシュのまばゆい閃光とスモークが立ちこめるステージで、一人の有名人がぽろりと乳房を出しただけで国民全員が興奮のるつぼに投げこまれる、という国なのだ、ここは。多くのアメリカ人はワシントンに自分たちが誰を代表として送りこんでいるかも、アフガニスタンがどこにあるかもいえないだろうが、ジャネット・ジャクソンのおっぱいぽろり事件は記憶にくっきり刻んでいる。だからこそ、山ほど悲劇的なニュースが伝えられる世の中で、トップフリー活動家もなんとか世間の注目を集めていられるのだ。トップフリーを求めるデモがうまく運営されてもなお、趣旨に賛同してデモに参加する人を五人以上集めることがないという状態でも活動が続いているのはこのためだ。バイク集団やゲイ・パレードで大喜びでバストをあらわにする女性たちは大勢いるが、私たちはいまだに何百万人もの女性が乳房をあらわにして行進する光景を見たことがない。

アメリカでおっぱいだけに特化したデモとして最大級のものが開かれたのは、二〇〇五年七月はじめ、ニューヨークの西六七番街にあるＡＢＣニュース本社の外で、二〇〇人近くの自称「授乳活動家」たちが赤ちゃんに授乳したときだ。彼女たちはバーバラ・ウォールターズがテレビ番組『ザ・ビュー』で、飛行機内で隣に座った女性が授乳したら居心地が悪かったとコメントしたことに抗議した。授乳している様子ははっきりわかったが、彼女たちは厳密にはトップフリーだったわけではない。翌年二〇〇六年夏に、サウスカロライナ州の観光地マートル・ビーチにあるヴィクトリアズ・シークレットの店の外で、一人の母親が試着室で授乳することを拒否されたことに対して、二五人の母親たちが抗議した。この激しい抗議の結果、サウスカロライナ州は公的な場所で授乳する権利を守るという法律を導入した。

若いアメリカ女性の大半が、下着ではないかと思うくらいの露出度の高い服で通りを歩き回っている現実を考えると、バストの「ヌード」についての法的な定義を考え直す時期に来ているのではないか。大半の州法で、乳輪がちらりとでも見えることは許されていない。なぜなら乳輪は、わいせつの定義にまさに充当するわいせつ物をぎりぎりのところでガードしているものだからだ。本物のわいせつ物とは、つまり乳首である。フロリダ州ブレバード郡は乳房露出に関する典型的な規制を打ち出している。「人間の女性の乳房を、乳輪が始まるちょうど上のところから直接的に、または側面からはみ出す形でも、透けない布地で覆わないで露出することを禁止する。この規制は、乳輪と乳首を含む女性の乳房全体に適用されるが、人間の女性の乳房のクリーベジ（谷間）がドレス、ブラウス、シャツ、レオタード、水着やそのほかの衣服から見えることは、乳輪があらわにされないかぎり適用されない」
しかし「ヌード」の定義は現実には単純に適用できるわけではない。友人の一人が両方の乳房を癌のために切除した。焼けるように暑いある夏の日、彼女は上半身裸で歩き回った。彼女がそうする権利を止める規制はあるだろうか？　もしおっぱいを露出することが問題だ、というのならば、問題は議論されないといけない。彼女にはおっぱいがない。乳首もない。つまり……法律が乳房と定義するものは何もない。交通を混乱させるものも、移動クレーンを操作する男を転げ落ちさせるものもない。私たちが暮らすマサチューセッツ州プロビンスタウンが解放区で、自由なことで有名な町であることが彼女にそれをさせたとはいえるだろう。レザーのぴたぴたレギンスをはき、犬の首輪をつけ、乳首ピアスをして、ほかに何も身につけていない男と出会ってもおかしくない町なのだ。それにしてもフロリダの法令が規定する「ヌード」の定義に照らし合わせてみても、私の友人は対象外である。だからもし上半身裸で歩き回った彼女が法律で罰せられるとなると、同じことをした男性も罰せられることになる。

最初私は「トップフリー」という言葉に抵抗があった。太った人に「サイズの大きな人」というのと同じくらい神経にさわる。しかし何回もトップフリー活動家に説明されて、ついに説得された。「トップレス」というと、ストリップ・ショーの踊り子をはじめ、性的な対象としての女性を想像させる、という。「「トップレス」ではなく、「トップフリー」という言葉を使うことが、私にとっては何はさておいても重要なの」とカイラ・ソスノウはいった。「「トップレス」は本来はあるべきものがないという言葉でしょ。「トップフリー」は望んでいないものから解放される、という意味。まったくちがう。「トップフリー」はセクシュアリティではなく、心地よさの問題なの」そこで「トップフリー」にしたわけだ。

だがソスノウと彼女の手下たちが、トップフリー運動が「心地よさを勝ち取るためだ」と主張しても、私は首をかしげる。バストが小さい女性ならば心地よいかもしれないけれど、たとえば私みたいな巨乳の女が上半身裸でいることがはたして「心地よい」だろうか？「裸は心地よい」といわれても、乳白色の肉の塊をさらして歩くと、顔にバシバシおっぱいがあたる光景が想像されて、ちっとも心地よくない。ベッドに入るまで私はブラを外さないし、その段階にいたってもしぶしぶ外している。憲法で保障された権利に基づく彼女の主張が心地よくないという人だっているのだ。

私が暮らす町のすぐ近くでは、ケープコッド海岸国立公園保護官たちは、ビーチで日光浴をするトップレスの女性たちを取り締まってきたが、一方でビーチによっては全裸でいることが黙認されているところもあることについては見て見ぬふりをしている。体型に関係なく、男たちが上半身裸で楽しそうにやっているのに、自分もトップスをとったらとたんに取り締まられることほど、女たちにとって苛立たしいことはないように思える。カリフォルニア州ヴェンチューラ郡で開かれたある法曹関係の会議で、女性たちが水着のトップスをとって逮捕された一連の事件を受けて、ベテランの官選弁護人であるライアナ・ジョンソンは、憲法に照らし合わせて、水着のトップレスを違法とする州法は違法であり、廃止すべきだとするキャンペーンを打った。州議会に主張を提出するために、彼女はカリフォルニアのビーチで上半身裸で徘徊する男たちが、垂れ下がった乳房の上にもしゃもしゃみっともない毛を生やしているわいせつな映像を集めたビデオを作成した。裸の乳房を子どもたちの前でさらしていいのかという女性の心配に対して、ジョンソンはそんなことを心配する自体バカげていると一蹴した。ビーチには昔から子どもとおっぱいがいることを誰もが潜在的に期待している。しかし肥満男性の垂れ下がったおっぱいは、いまや子どもの前にペニスをさらすくらいわいせつではないか！

トップフリー運動を元気づける新しい解釈として、シンシナシティの男性がバストをあらわにして逮捕されるという事件が最近あった。二〇〇五年春、ジェローム・メイソンという二三歳の男が、町の通りをトップレスで歩いてわいせつ罪で逮捕されたのだ。一八二センチのメイソンは、体重九〇キロを超えていて、逮捕した警官にいわせると「一対の乳房があった」そうだ。三〇日間の拘留を科せられた彼の弁護士、マイケル・ウェルシュは、シンシナシティでは男性が乳房を露出するのは違法でないばかりか、女性が露出するのだって「厳密にいえば違法ではない」と陳述した。オハイオの礼儀作法に照らし合わせても、男性、女性を問わず乳房は「隠さねばならない私的な身体部位」ではないと、一九九〇年に地域裁判所で判決が下ったことをウェルシュは指摘している。

こういった進展は、トップフリー活動家たちに、自分たちの戦いは市民権運動に匹敵すると考えさせるきっかけになった。黒人の市民権運動を一気に加速したローザ・パークスのような人物がこの運動にも必要だとしたら、それはカイラ・ソスノウをおいてほかにないだろう。ソスノウは「女性たちがトップフリーで外を歩けるようになる時代がぜったいにやってくると予見している」という。「一九一九年に女性には参政権がなかったし、一九六七年に黒人はバスの後部座席に座らされていたでしょ」というソスノウが夢見るのは「女性が男性と同じようにトップフリーで歩く権利」であり、「それはそう遠い未来ではない」と予言する。

ソスノウは、私たちの社会が認めているよりもはるかに、トップフリーになる下地は整っていると信じている。ここしばらくの間、彼女は成り行きを見守っているところだ。日常的な習慣として、彼女はフロリダ州ゲインスビルの自宅で宅配便を受け取るときも、ガス検針員のためにも、牧師がやってきても、上半身裸で出迎えるのだそうだ。私が気づいたのは、コメディアンのシェリー・グレイザーがいるにもかかわらず、トップフリー運動にかかわる人たちにユーモアとアイロニーがないことだ。「みんなは私がどんな姿であれ、淡々と自分たちの仕事をしていくわ」とソスノウはいう。ドアを開けたときに彼女の姿を見ても、誰ひとりびっくりした人はいないという。私たちは彼女の言葉をそのまま受け取るしかない。

ソスノウは、ニューヨーク、テネシー、フロリダ、カリフォルニアとインディアナ、そしてカナダのオンタリオの各州で、法律の見直しの推進を目的とした、規模が拡大しつつある強力な女権拡大団体の一つに入っている。私はその団体のほかの女性たちとも話をした。だがとりわけソスノウに惹かれるものがあった。彼女の話を聞いたとき、その怒りに共感できただけでなく、もし私に同じことが起きたらきっとソスノウと同じ行動をとるだろうと思ったからだ。三九歳のソスノウは、ドラッグクイーンなら「ビッグガール」と呼ぶタイプである――下半身が大きく、上半身が細い。彼女のバストはかなり小さく、乳首が大きく、年齢にふさわしく垂れている。ポルノビデオからはお呼びはかからないが、吹き流しみたいなシロモノでもない。ソスノウのこまかく縮れた剛い髪は背中の真ん中あたりまでの長さで、肌はシミのないアイボリー色である。トップフリー運動の第一線で闘っている仲間たちの多くと同様、彼女も大地の母的なところが九九％、がみがみおばさん的なところが一％ある。また知性的でまじめで、不動産販売というお硬いたってカタイ仕事に一生懸命励んでいる。

一九九六年、ソスノウはフロリダ州北部のオスセオラ国立森林公園で、社会的な肩書から脱して自由な精神で集うという趣旨の全国的な組織の一つであるザ・レインボー・ファミリーに加わって楽しいひと時を過ごしていた。摂氏三三度もあるうだるような暑い日で、彼女と男性の友人は二人とも上半身裸で、キャンプ場まで水を汲みに出かけた。そのとき一〇〇〇人近く集まったレインボーの仲間たちは全員が、程度の差はあれほぼ服を着ない状態で浮かれ騒いでいたが、ソスノウと友人は給水塔のところまで行ったところで、突然――待ち伏せしていたかのように――警官につかまった。「上に何か着なさい」と警官は彼女にいった。もしかするとそれだけで終わったことなのかもしれなかった。しかし現実はそうすんなりとはすむわけにはいかなかった。男性の友人の裸はＯＫ。でもソスノウの上半身裸はダメ。「私が上に何か着なければならないことを定めた法律か条例があるんですか？　と私は聞いたの。なぜ男性の友人にも何か着るようにといわないの？」そのとたんまるでソスノウのおっぱいがウージー軽機関銃でもあるかのように、警官は無線で応援を頼んだ。数分以内に六台のパトカーと数人の森林保護官までやってきた。パトカーが六台も！　ソスノウは即座に拘置所に入れられて、性的嗜好とドラッグの常習癖について尋問を受けた。

ソスノウは五〇〇ドルの保釈金を払って釈放され、それが陪審裁判にまで発展する苛酷な武勇伝の始まりとなった。彼女には三〇日間の刑がいい渡され、五カ月間の保護観察と五〇時間の社会奉仕の執行猶予がついた。それから事はどんどんおかしな方向へと進んだ。子どもと一緒に働け、という社会奉仕活動の選択は、性的な問題で逮捕された罪状と矛盾する。法律の解釈をめぐる混沌のなかから浮かびあがってきたのは、彼女は上半身裸でキャンプをしていて運悪く見つかった人としてではなく、性犯罪者として罰せられたということだ。何週間も議論が戦わされたのち、ソスノウは一六日間の刑に服した。婦女暴行犯や暴行犯たちと一緒に刑務所に入った彼女が犯したのは、子ども向けの害のない絵本よりももっとたわいない犯罪である。最終的にソスノウの有罪判決はくつがえったが、その前に彼女は詩を書いている。


このおとぎ話のなかで、私は彼（裁判長）にハーブティーを飲みにいらしてと誘い、正義の殿堂から遠く離れたところで、この騒ぎはいったい何なの？　と聞いた。

そうだね、と彼は座ってじっくり考えていった。「私のは平らで、あなたのは豊かで……あなたが世界におっぱいを見せるのは、実に不愉快だと私は思う」

でもそこで、私は彼に私たちが追求しているもの、バストの自由を得たいのだということを説明した。

「裁判長、これは汚いものじゃないんですよ。きれいなものなんですから、きっと見ていれば慣れますよ」

それに誰がいったい決めたのでしょう？　女性たちは我慢すべきだということを法律で。

私たちの身体は恥ずかしいもので隠すべきなのでしょうか？　そんな主張こそもっとも品位を欠くことじゃないでしょうか？

わかった、つまりこの事件はファンタジーで片づけていい問題ではない、ということだ。

「モラビア・フォー事件」ものどかな田舎の出来事ではおさまらなかった。四人の女性のヌーディストの一団が、ニューヨーク州北部の小さな町モラビアにある食料品店、モダン・マーケットの外で、二〇〇五年八月の酷暑の午後に逮捕された。最年少が四〇歳で、最年長は六一歳。数人の男性の友人たちに付き添われた女性たちは、自分たちは主義主張があって裸でいたのではないといった。ただアイスクリームが買いたかっただけなのだ、と。その一日前に、隣町のグロトンで彼女たちは上半身裸でアイスクリームを注文したけれど、誰も何もいわなかった。少なくとも彼女たちに面と向かっては。

上半身裸で私が町に買い物に行くくらい暑い日がいつか来るのだろうか？　あまりにも暑すぎて、健康上の理由からタンクトップさえも着ることはできない、と思う日が。もちろんそんな日は来ない。だがここで取り上げたいのは、ヌーディストたちのことだ。トップフリー運動の支持者たち全員がヌーディストではないが、ほぼすべてのヌーディストはトップフリー運動の支持者である。ヌーディストは自分たちの権利に執拗にこだわっていくエネルギーがある。彼らにとって、服を着ている情けない私たちは、ハリー・ポッター風にいえば、魔法の力を授かっていないマグルである。それでも大半のヌーディストたちは、メインストリートを素っ裸で歩き回れる日がくるという根拠のない期待を抱いていない。しかしヌーディストの女性たちにとっては、トップスを脱ぐことは「オスのガチョウにいいことは、メスのガチョウにもいい」、つまり男女同権というだけのことである。

「地方検事は、私たちがニューヨーク州の利益を著しく損なうようなことをした理由を見つけようとかなりがんばったんですよ」と「モラビア・フォー事件」で逮捕された一人のブランチポートに住む五四歳のキャロル・クラークはいった。クラークは友人の六一歳のバーバラ・クラムとともに逮捕された。村の警官は彼女たちに、行ってもいいよ、といったのだが、カユーガ郡の保安官は彼女たちをパトカーの暑い後部座席に座らせた。そこで彼女たちは、法律を破ったのかどうか、もしくはどんな法律を破ったのかということについての説明を待った。「あの人たちは最初、私たちが消費税の取り立てを妨害したことで罰しようとしたんですよ」とクラムは私にいった。これはどう考えても見当外れだ。それなのに二人は法廷に連れていかれ、認否を問われ、一人二五〇ドルずつの保釈金を払って釈放された。すべてに六時間かかった。数カ月後に審問があり、地方検事がこの件を却下し、市当局は女性たちに二度とやらないようにと勧告を与えるだけで十分で、起訴するにはあたらないと認めた。彼女たちは裁判にかかった費用の返還と、与えられた苦痛に対して一人一五〇〇ドルの賠償を求める訴えを起こしている。

「私にしてみれば、なんでこれがそんなにたいへんなことなの？　って感じでしたよ。私がトップフリーになることと、男の人が上半身裸でいることはまったく同じに思えるんですけれどね」とクラムは私にいった。「私が笑っちゃったのは、あんたのそんな姿を息子たちは見たくないだろうといわれたことよ。息子は『プレイボーイ』誌のエアブラシをかけられた写真を眺めてましたよ。それなら本物を見せてやろうじゃないの」

クラークはこの出来事をクラムほどドライに割り切れていない。「自分が性的な対象になっていると感じたんですよ」と彼女はいった。「恥を知れといわれたように思いました。とても動揺したわ。

拘留されることになって、歩道に立たされていたとき、一人の女性が食料品店から出てきて恐ろしいものを見る目で私たちを見たの。だから私は彼女をにらみつけてやったわ。あんた、何を困ってるのよ？　私が何かした？　その女の顔に浮かんだ表情を見たことがショックでね——あれはこれまで私が経験した最悪の反応だったわ」クラムの決意は揺るがなかった。「それはあんたのほうの問題で、私は関係ない、と思ってるわ。だから来年の夏も、暑くなったら私はトップフリーになるわよ。だって暑くてシャツなんか着てられないもの」

血気盛んなことにかけて一番の活動家はジュリア・ゴーフォースだ。カナダでアーティストのモデルを仕事にしている彼女は、トップフリー活動家のなかでもっとも目立つ存在で、五〇州全部でトップフリーになるつもりでいる。メディアに取り上げられることを狙っているのはエリザベス・ブックだ。トップフリーのヒロインで、フロリダ州デイトナ・ビーチの警官の頭痛のタネである。ブックとゴーフォースの法廷闘争を一部で支えているのは、カナダにベースを置くトップフリー・イコール・ライツ・アソシエーション（TERA）、訳して「上半身裸になる男女同権を求める会」である。

TERAの設立者であり代表者は男性だ。ポール・ラポポート博士はうさんくさいほど幅広いテーマの専門知識をもっている、いわゆるクレーマーだ。細身で白髪で、もじゃもじゃの髭を生やしたラポポート博士は、TERAのサイトに掲載されている大量の画像で、バストをあらわにした女性たちやヌードの女性たちに寄り添って登場し、さまざまな状況において女性にはトップフリーになる権利があることを饒舌に主張している。彼がこの会の活動にかかわってすでに一〇年になる。一九九七年はじめ、彼はオンタリオの自宅から二五分のところにある公営プールで、乳房をあらわにした女性が出ていくことを拒否し、不法侵入の罪状で告発されたことを知った。「友人たちより私はヒマだったから、その女性を助けようと思ってこの組織をつくったんだ。女性がトップフリーになることを支持する男はご都合主義者だと思われがちなんだよね」とラポポートは私にいった。「第一に、私たちは女性がトップフリーになることを支持しているのではなくて、そのことで罰せられないようにしようとしているんだ。それに少なくとも私の場合には、人生で裸の女性や男性を何千人と見てきたからね、いまさら裸に対してどんな妄想もいだけないよ」

私はラポポートに、なぜトップフリーの女性を見ると人は警察に通報しなくてはならないと思うのだろうか、と聞いた。「一番納得のいく理由として私が考えていたのは、その光景が見る人の性的欲望をあおりたてるからだ、ということだった。でもいまは、性的な表現というのは複雑だと考えている。全体のなかの一部分だけを取り上げて、それを性表現だとしてしまうことは、状況によって誤解を生んでしまう。つまり女性が上半身裸で自分の家の庭でくつろいでいるとか、かたわらに同じく上半身裸の男性と通りを歩いているときの性的な表現とはいったい何なのか？　性的妄想をかきたてるのは、目の前に現われたものでもないし、連想させるものでさえもないと断言したいね」

うーん、ラポポートのこの状況に対する解釈では、きっときわどいセックス表現なんて出てこないんだろうなあ。何をもって性的とするかしないか、という彼の長い演説を聞いているうちに、私はあやうく居眠りしそうになった。だがソスノウやモラビア・フォーと同じく、トップフリー運動は社会をもっとよくするものだと信じている、と彼はいう。

「もっと乳房を見ることができれば、性的妄想がこれほどまでにかきたてられることはないんだよ」

とラポポートはいった。「乳房には、ただそこについているだけでなく、ほかの機能もあるんだということが理解されるだろう。何よりも形も大きさも状態もさまざまな乳房があるのだということがわかれば、美容整形という愚行に走る女性にストップをかけることができるね。ほかの人の乳房を目にすることなく成長する少女たちが大勢いて、自分たちの乳房はまともじゃない、どこかおかしいんだ、と教えるメディアからのプレッシャーを受けて育っていく。根本的に存在しえないモデルの乳房に合わせなくちゃ、というプレッシャーだよ。これは深刻な問題だね。社会がトップフリーを受け止めるレベルにまで行けば、この問題はずっと軽減されるはずだ」

理想郷のビジョンを描くなかで、ラポポートはいいところを突いてきた。公的な場でヌードになることができれば、性欲が狂暴化することを抑止できるだろうという意見にも同意せざるをえない。自宅から数キロしか離れていないマサチューセッツ州トルーロのヌーディスト・ビーチで一時間過ごすだけで、私は彼の説に賛同する気になる。そこで私はまったく性衝動を感じないのだ。引き締まった体型の素っ裸の人には、かろうじて感じるものがあるけれど、足ヒレかポーチしかつけていない人たちがうようよいる光景は、瓶詰めできるのならばバイアグラの解毒剤として売り出せるのではないかと思う。

ラポポートは普通の人と露出狂とを線引きすることはできないとしぶしぶ認めたが、ポルノグラフィーに関して最高裁が判断を下すとかすれば、きっとはっきりするだろうといった。そしてTERAがかかわることを拒否した事件について教えてくれた。「女性が上半身裸になると決心して、乳房を揺すりながら車のウィンドゥに押しつけ、「ねえ、どうこれ?」といったんだ。彼女は逮捕されて、起訴されたよ」

ラポポートがこの問題を学問的な体系において解釈しようとしているのに対して、トップフリー運動の先駆者であるエリザベス・ブックは世慣れていて威勢がいい。シングルマザーで、革命の女闘士になぞらえて「ワイルド・ローズ」と自称するブックの闘争は、一九九八年、公衆の面前で授乳した彼女に、婦人警官が「刑務所にぶちこんでやる」と脅したことから始まった。「バカいってんじゃないわよ、と私はいってやったのよ」とブックは私にいった。罰金は一二〇ドルで、警官はさっさと払って忘れろ、といったそうだ。

そのときから罰金は二五三ドルまで上がり、現在四四歳のブックは何百何千人もの熱狂的なオートバイ乗りが集まる年一回、一〇日間の祭典「バイク・ウィーク」に合わせて、トップフリーの行進、座りこみやデモを繰り広げる活動によって数回逮捕されている。バイク乗りたちが女性たちにバストを見せろと熱狂的に叫ぶのに答えて、女性たちもうれしそうにその願いに応えるのだ。抗議行動をしようとしたとき、三方を覆われた「まるでのぞき部屋みたい」な平床トラックの荷台でやれといわれたこともある。フォックス・ニュースのカメラが回っている前で、ブックは婦人警官が「あのクソ女のケツをぶちこんでやる」と誓うのを聞いた。

裸を禁止する条例は憲法違反なのだろうか？　ブックの弁護士であるローレンス・G・ウォルターズはフロリダ州アルタモントを拠点とし、米国憲法修正第一条（議会が宗教、言論、集会、請願などの自由に干渉することを禁じた、いわゆる「言論の自由」を保障する条項）についての専門家である。彼はトップフリーの抗議行動を取り締まることは、言論の自由の侵害であると信じている。「私たちは表現活動において多大に保護されています。一般的に禁じられている、たとえば裸になることも、人々を立ちあがらせ、注目を集めるために政治的なメッセージとして使われるのであれば、それも保護されるべきです」

ウォルターズの業務はトップレスのダンス興行の弁護活動に割かれている。法廷の外で、彼はアメリカ社会のピューリタニズムが、誤ったタブーをいまだに尊重しつづけていると不平をこぼす。ドイツでは公園でどんな格好をしても自由だけれど、子どもたちが堕落したり、性暴力がそれで起こったりするわけではないし、ましてやヨーロッパのビーチではトップレスの女性はごく一般的に見かけられるものだというのに、なぜアメリカでは問題になるのだろう?

「私たちの国をつくったのは狂信的な宗教家たちでした」とウォルターズはいう。「言論統制のために、この国ではいつも子どもを守るためというういいわけが使われてきたんですが、子どもに人間の身体を見せないのはよくないと研究でもあきらかにされているんですよ。子どもたちに女性のバストを見せないようにという考え方は、女性を貶めているし、それも大部分はこの誤ったタブーから生じているのだと思います。この社会にはセクシュアリティとエロティシズムがメディアにあふれていて、刺激的なテレビ番組を見ては女性をレイプするような人たちをのさばらせているんですよ。まったく理解に苦しむ。このままじゃ男たちは犯罪行為をやめないでしょう」

聖書のなかには、裸が罪であるとはどこにも書いていないとウォルターズは指摘する。それは私たちの社会規範なのだ。だからこそそれを守るべきだと人はいう。だが見直された社会規範はいくらでもある。こういったタブーのいくつかを見直すときが来ている、というのがウォルターズの信念だ。

女性はトップレスになることについては男性とはちがう扱いを受けているが、パンツをつけていなくてはならない点に関しては男性と同じ扱いだ。「誰かが変化を起こさなくてはならない。禁じられた泉から水を飲まなくちゃいけないんです」とウォルターズはいう。「私は文化戦争の前線で戦っているんですよ」

一対の乳房をめぐって、いま文化戦争の真っ只中だ。私は参戦しないが、トップフリー活動家の女性たちに幸あれと願う。女性の慎みをめぐる戦いの最前線においては、理屈なんか関係ない。あるディナーパーティで、片目だけを除いて全身を覆わねばならないという北アフリカのトゥアレグ族の女性のことが話題に上ったことがある。

「どうして?」と誰かが聞いた。

「だってそこまで隠したら何も見えなくなるだろ」と夫は答えた。

# ついに私はおっぱいを公開しました！

おっぱいをめぐる冒険のおかげで、私はあらゆる種類のおっぱいを間近で見て、ときには親しみをこめて触れてきた。豊胸したり、減胸したり、さもなければ形を変えたバストを観察したり、ときには手で触って確かめる機会を得てきた。あらゆる年齢層、あらゆる胴周りの友人たちは親切にも私に裸のバストを見せてくれて、本物の乳房は一つとして左右まったく同じものがなく、どの乳房もそれなりに美しいところがあるという私の信念を裏づけてくれた。

こうやっておっぱいをめぐる冒険を進めていくうちに、私は自分の親友であるおっぱいがますます好きになっていった。お風呂上がりにココナッツオイルでマッサージするとき、中身がたっぷり詰まっている重いこの肉の塊に対してうんざりする気持ちがどんどん薄れていき、昔ほど下に垂れていくことが気にならなくなった。乳房はやがてぐにゃぐにゃの塊となって、エロス度においては無くらいになってしまう運命にあるが、それでもやわらかくてぽよんとしているところがすばらしいと思うようになった。おっぱい雑誌の折り込みページに登場したい、とアピールできる魅力は遠い昔に失ってしまったが、私のおっぱいはこれからも大好きな人たちをなごませるには役立つだろう。

　私のこの常軌を逸した肉の塊を、いったい誰がナマで見ただろう？　思い出してみると、二人の夫たち、ボーイフレンド何人か、女性の親戚、女友だち、ルームメイトたち、ジムの女性たち。私は身体を慎ましく隠したがるタイプではなかったけれど、トップフリー運動のシェリー・グレイザーみたいに見せたがりはしない。それなのに私ときたら、ぜんぜん知らない人相手に、啓発するためとかいって自分のおっぱい話をこうやって延々と書いている。もし私のおっぱいが一般の人たちの観賞の対象となるなら、責任はすべて私自身にある。

　そんなことを考えていたから、四月の午後に私は写真家のジョーダン・マターに電話をかけるなんてことをしちゃったのだろうか？　トップフリー・イコール・ライツ・アソシエーションのホームページにリンクを張られていた彼のサイトで、たまたま彼の作品を見た。俳優たちを自然光で撮影したポートレート写真で売れっ子になったマターは、ここ数年「アンカバード：ニューヨーク・シティの女性賛歌」と名づけた作品を手がけている。彼は意図していなかったが、そのシリーズはトップフリー運動の活動家たちから高い評価を得ていて、写真を見た私にもその理由がわかった。いろいろな年齢層の女性たちがニューヨークの街の公共の場で、胸をあらわにした姿でさりげなく融けこんでいるその写真を、私は一枚ずつ見ていった。

「公共の場」というのは、セントラルパーク内にある大きな岩の上に寝そべっているとか、ハドソン川の人気のない河岸をぶらついている、というだけではない。女性たちはセント・パトリック・デイのどんちゃん騒ぎが繰り広げられているタイムズスクエアで上半身裸になったり、ローラースケートをはいてウエストサイドの遊歩道の人ごみのなかを滑っていったりしている。観光客でにぎわうロックフェラー・センターで、夏の午後自分の乳房に水をかけている女性がいる。クイーンズのごみごみした大通りで、バストを全部さらしながら犬の散歩をしている女性もいる。セントラルパークから出てきたところで、ジーンズをはきウエストから上は何も着ないでタクシーを止めようと手を振っている女性を背後からとらえた写真もある。ブライアント・パークで笑っている警官のかたわらに立つトップレスの女性。健康な乳房をさらしたまま、チャイナタウンの路上の物売りを冷やかして歩く女性。マディソン街のコーチの店のショーウィンドゥをのぞく、洗練された服装の、でも上半身裸の女性とぱりっとしたスーツの男性のカップル。またペンシルベニア駅のラッシュアワーの人ごみを、巨大な垂れたおっぱいを見せたまま縫うように歩いていく女性の写真もある。ブルックリン・ブリッジの歩道を朝の通勤客に混じって、パールのネックレスをつけ、アタッシュケースを手に、重みのあるおっぱいをさっそうと揺らしながら、堂々と闊歩する中年のビジネスウーマンの写真もあった。

私はマターのその写真に惚れこんでしまった。一度も会ったことがない写真の女性たちのことが大好きになり、憧れた。下品、みっともない、商品的というところから遠く離れたところにある乳房をさらしたこれらの写真は、喜びとやさしさと楽しさという感動を私に与えてくれた。スペンサー・テュニックはウッドストックの裸のお尻やおなかを見せた人々を撮った写真で、ヌードのタブーを私たちに解禁してくれたが、マターの写真はそれとは別のもっと優しさにあふれた共感を呼ぶ。メイデンフォームの夢見るブラのCMの表現を、今日的にした感じだ。CMとのちがいは、半裸のパールのネックレスをつけてアタッシュケースをもった女性が、現実に地方検事補であるか、もしくはそういう仕事をしているだろうということだ。それにまた、マターの被写体となった女性たちの誰ひとりとして、体型がどうであれ、自分の身体に不快感をもっている様子がうかがえない。プロのモデルは数人だけにもかかわらず、女性たち全員がかわいい！　バイクに乗っているしぼんだおっぱいの七〇代の女性から、いまにもはちきれそうなおなかで、とろけそうな顔でアイスクリームをなめている丸々としたブルネットの妊娠している女性まで、みんなかわいい！

私はマターに電話し、彼が陽気で気取りがない人だとわかった。異性愛の男性としてはめずらしく、不自然にマッチョを気取ることなくおっぱいの話ができるタイプだ。「このプロジェクトを始めたのは、ジャネット・ジャクソンの衣装が脱げてしまった事件への反応がきっかけだったんだよ」とマターはいった。世界を揺るがせた、スーパーボールのハーフタイムショーでのおっぱいぽろり事件のことだ。そのときの大騒動を見たマターは、人の身体性が地に堕ちていることにショックを受けた。しかしそれ以上に、片方の乳房がちらりとでも見えてしまった結果引き起こされたばかげた大騒動に触発された。「アンカバード」は裸の乳房に対する偏見を取り除こうとする彼の試みである。『トゥデイ・ショー』や『デイリーニュース』が好色な理由から裸になったおっぱいを掲載するとしたら、マターの被写体は自分の意志でハッピーにバストをあらわにする。数人のプロのモデルをのぞくと、女性たちはみんな撮影前にこれ以上ないほど緊張するそうだが、そのことは写真には表われていない。「みんな緊張しない人なんかいるだろうか？　だがある瞬間に、吹っ切れるのだとマターはいう。「みんなエクスタシーを感じるんだよね。舞い上がって、解放される」女性たちにプレッシャーをかけることをせず、いざとなって怖気づいてやめてしまうといい出されることもマターは覚悟している。だがこれまで誰一人として、撮影をやめてほしいと訴えた女性はいなかった。これは冒険であり、法律にはまったく違反していない。それじゃ起こりうる最悪のことは何？　マターは、これまで家の外でトップレスになったことが一回もないという一人の女性が、撮影のとき見せた興奮が忘れられないそうだ。「大半の女性たちは撮影が終わっても大慌てでシャツをはおるなんてことはなく落ち着いているけれどね」と彼はいった。ニューヨークの『デイリーニュース』が一度撮影の模様を取材したことがあったが、はやしたてたり、野次馬が群がったり、通報があって警官が駆けつけるということもなく、また苦情を申し立てられることもなく撮影が進むことを記事はあきらかにしていた。人々は撮影のそばを淡々と通り過ぎていくだけだ。何かいわれるとしても、「いったい何をやってんだか」とか「おいおい、ここはニューヨークの街なかだぜ」という程度だ。上半身裸の女性が通り過ぎていくのを一定時間目にしたかなりの割合の男性たちは、本物の乳房を目の当たりにして、かえって性的な興奮が抑えられたようだったそうだ。

プロジェクトを始めたときには、知り合いの若い、頭のやわらかいモデルたちを起用していたが、マターはすぐに幅を広げて被写体を探しだした。とくに年齢が上の、おなかと脇腹に贅肉がついていて、完璧とはいいがたいバストをさらすことに躊躇するであろう女性たちを撮りたいと思った。このプロジェクトはそういう女性たちと、ニューヨークという街に捧げるラブレターだと彼は思っている。ニューヨーク・シティでは公共の場で裸のバストを見せることは違法ではない。このことをマターは確認し、「アンカバード」の撮影のときには一九九二年七月にニューヨーク州最高裁判所が「『ピープル』vsラモーナ・サントレッツリ」の件について下した判決のコピーを持参することにしている。

最高裁判所はこの判決で「男性が日常的に許されているように、女性が上半身の衣服を取り、裸の胸をあらわにすることを禁じることにより、女性を差別するどんな法律も正当化されない」と述べた。好奇心からその判決文を見せてほしいといってきた警官が数人いた。ほかには自分たちの店やカフェではそういうことはやらないでほしいとマターにいったオーナーたちもいた。だが撮影に対して敵意を示されることはあまりなかったそうだ。

マターに、私はいまバストとバストへの強迫観念についての本を書いているんだ、というと、彼は大いに興奮した。最初は深いところで共感した結びつきというよりも、現代によくありがちな利害関係によって急接近する仲間意識だった。その本はきっと僕の写真のいい宣伝になるね！　あなたの写真は私の本の宣伝になるわ！　という感じ。お互いに熱狂的にそれぞれの仕事について褒めたたえあっているうちに、つい私は口を滑らせてしまった。「もしかしたら私、被写体になってもいいかも」

こういう展開になることはきっと誰でも予想できたんじゃないかしら？　それでも私はそんなことをいってしまった自分にショックを受けようとした。私、バカじゃない？　トップフリー運動の先駆者たちと話していたときには、私にはとっても無理、公衆の面前で自分のバストをさらすなんて元気はとってもない、と思っていたのだ。マターの写真は撮影されると、とんでもないことにインターネット上で公開される。おいしい巨乳・ドットコムではないにしても、私のおっぱい写真がそういうキワモノのサイトに流れないといったい誰が保障できる？　名前を豊満スージーとか変えて、芸名で出たほうがいいんじゃないだろうか？　漫画家でイラストレーターで彫刻家の夫は、熟睡している私や、お風呂に入っている私を何冊ものスケッチブックに描いてきたが、半裸やヌードでポーズをとった経験はそれくらいだ。結婚記念日にプレゼントされたなまめかしいランジェリーで大の字になったところを撮影するために、たとえ仲良しであっても、カメラマンを雇って撮影してもらったことはない。ノーブラで家の外に出ると自分が変態になった気がするから、これまでほとんどしたことがない。犬の散歩に出るときにも、必ずブラをつけるくらいだ。だが服の下に隠したおっぱいにも人生のさまざまな痕跡が残っているとわかったからこそ、私はマターの撮った女性たちに共感を覚えたはずだ。彼女たちを見ていると、私のバストから目を離すことができない男性に向かって、一度やってみたいと思っていたことを見事にやりとげてくれた感動がある。両手でおっぱいを抱え、揺すって見せつけながら私はいいたいのだ。「何なのよ？　だから何が見たいの？」

裸のバストを撮影するのに、それじゃニューヨーク・シティのどこがいいか考えてくれないか、というマターの申し出に、私はいいわよ、と答えたのだ。

私はニューヨークの郊外で育ち、ニューヨークこそ世界に誇れる偉大な都市だと思っている。ニューヨークで暮らしていたとき、人を観察し、店をチェックしながら長い散歩をするのが好きだった。ある秋の日、三三番通りと五番街の角を曲がってダウンタウンまでずっと歩き、ブルックリン・ブリッジを渡ってアトランティック大通りに出て、シリア料理を出すレストランでケバブの定食を食べ、地下鉄に乗ってマンハッタンまで帰ってきたことがある。撮影場所を歩いて探すことを始めて、私はこれまでずっと惹かれてきたこの街の愛着ある場所はどこだろうと考えた。一つはもちろんブルックリン・ブリッジ——でもマターはすでにそこを撮影場所に選んだことがある。グリニッチ・ビレッジ——自然にポーズできそうで、たぶん視界に入るトップレスの女性は私一人ではないだろう。でもマターはこの近辺を死ぬほど撮影しまくっている。

そこでマターはベーカリーを提案した。そのアイデアは気に入った。なんたって私は、人々の生活にパンがどんな意味をもっているかについて一冊本を書いたくらいなパン好きだ。このアイデアをめぐって電話で熱く話し合った結果、撮影日は六月に決まった。「いかにもうまそうなペストリーをほおばっているところか、焼きたてのパンに囲まれて立っているところを見たいね」とマターはいった。「それともかわいいケーキやパイに囲まれているところでもいいかもしれない」そういった提案はつぎつぎ出すものの、その時点でまだマターは私を見たことがなかった。電話を通して私の人柄を推し量り、たぶん被写体としてぴったりだと判断したのだろう。もちろんいいわよ! すごい! と私はいってダウンタウンにあるお気に入りのベーカリーを何軒かあげることを了承した。象徴的表現においてかなり厳しい目をもっているにもかかわらず、このときの私はトップレスでレモンメレンゲパイを両手にもって立っている自分のイメージを振り払うことができなかった。このとき私の出した唯一の条件は、撮影はダウンタウンで、ということだった。マンハッタンの二三番通り以北のアップタウンのどこかで、林立する摩天楼のなかでトップスを脱ぐとか、銀行家やダイアモンド商人たちが右往左往するところで裸になるなんて、考えるのだって無理!

撮影について一点だけ問題があった。誰にも話していないということだ。マターのサイトに私の裸のバストの写真が掲載される前に、夫にだけはいっておかねばならない。アブダビやボンのインターネットカフェでクリックする誰かよりも、夫こそ私のその写真を最初に見る権利がある。だがその話題を避けた。理由は、本気でやるつもりなのかどうか自分でもまだ確信できなかったからだ。たぶん。

それにたとえやることになったとしても、自分の動機をちゃんと説明できないだろう。

そこでまず出版エージェントに相談することにした。彼女は私が知っているなかで一番理性的な人で、何考えてんの！　やめなさいよ！　きっと後悔するわよ、といってくれることを半ば期待しながら相談した。ところがまさに理性的であるがゆえに、彼女はいったのだ。マターのサイトの写真をちょっと見てみるわ。そして閲覧した彼女は感銘を受けた。そのときやっと、配偶者としての夫ではなく、アーティストとしての夫に訴えるべきなのだ、ということが浮かんだ。そこで六月が刻々と迫ってきたある晩のディナーの席で、彼にマターの作品について話し、もしも仮によ、ほんとに仮定の話なんだけれど、彼の写真のモデルになるってどうかしら？　と切り出した。疑惑の目を向けた夫を、私はパソコンのところに引っ張っていき、画像をクリックしていった。作品の質の高さを認め、女性たちがバニーの衣装をつけているわけでも、バナナのホイップクリームをなめているわけでもないことを知った夫はいった。「ぜひやりなさいよ。楽しんでね！」

いろいろな理由から、マターは私があげた候補のベーカリーを退け、私たちは二人で相談して別の店にすることにした。リトルイタリーにあるフェラーラ・ベーカリー。これはなかなかいい選択じゃないかと思った。ベーカリーのある周辺はすごく好きな場所だし、子どものころから両親と散歩に出ると、よくフェラーラに立ち寄っていた。父はローワー・イーストサイドで育ち、その場所に寄せる愛着を子どもたちにもしっかり植えつけた。高校時代にデートするとき、いつもフェラーラでエスプレッソとカノーリというシチリア名産のナッツ類がいっぱい入ったお菓子を食べていた。フェラーラのなつかしいイメージがどんどんふくらんできて、私は店のペストリーの味や、さわやかな夏の夕べに外のテーブルに座ったことなどを思い出した。

ところがマルベリー通りのフェラーラのカフェで、エスプレッソを飲み、葉巻をふかしている男たちの間に座って、おっぱいをぶら下げている自分の姿は思い浮かばなかった。

撮影日は、六月の最高気温を記録した暑い日だった。ニューヨーク・シティの気温は日中三七度まで上がり、夜になってもあまり下がらなかった。何か重要なことをするには非常に厳しい暑さである。見知らぬ人同士が角突き合わせ、いらいらをお互いにぶつけあうようなとげとげしい雰囲気が街全体に漂っていた。マターと私はフェラーラで午前一一時に待ち合わせることにした。撮影の合間にはおるために、ゆったりとしたブラウスを着てくるかもってくるかしてほしいと彼はあらかじめ私に伝えていた。私はジーンズをはくつもりだったが、その気温ではとても考えられない。いろいろな服をさんざん着たり脱いだりした挙げ句、私はピンクと白のポルカドットのふくらはぎまでの丈のスカートをはき、短い丈の黒のコットンのタンクトップを着て、足元はラインストーンがついたインディアン・サンダルにした。そしてゆったりとしたコットンのボタンダウンのブラウスをもっていった。

かなりゆとりをもって出かけたので、私はウエストビレッジからリトルイタリーまで歩いていった。人々の視線を感じたとき、独身時代に新しい彼とベッドルームで一晩寝ないでアクロバティックなプレイに励んだあと、まるでアブナイ秘密をもっているみたいな気分で歩いているときと同じような気分になった。そこの殿方、あなたはお仕事にいらっしゃるのね。そこの若いレディ、あなたはヨガ教室かしら？　子どもたちをデイケア・センターに連れていらっしゃる親御さんたち、お疲れさま。学生さんは学校に急いでいるのね。そして私は裸のバストを撮影するために、これからマルベリー通りに向かうところなんです。もうまもなく、あなた方のような一般の人たちの前で上半身裸になりますわよ。

私は約束の時間より早くフェラーラに到着し、外のテーブルに座ってカプチーノを注文した。いくつかあるほかのテーブルには地元の中年の男性が座り、エスプレッソを飲んでタバコを吸っていた。この時間帯にマルベリー通り全体の人口は、圧倒的に男性だ。ドライバーたちはトラックから忙しそうに荷物を降ろし、ショップやカフェの店主たちが歩道を掃き清めている。曲がり角のところで工事労働者たちが道路を掘り起こしている。マルベリー通りの端から端まで見回した私は、そこには人間の片方の性しかいないように思った。つまり、男だけ。通りの向かい側の別のベーカリーのテーブルに座ってエスプレッソを飲んでいる男たちが、顔を上げて私をチェックした。彼らの前に何千人という男たちが、同じように私のバストに視線をはわせてきた。彼らは考えている。いいおっぱいじゃないか。私は考えている。ぜんぜんわかっちゃないわね。隣のテーブルに座った胸の豊かな女性は、透明なストラップのブラの上にチューブトップを着ている。バストの大きな女性の夏のファッションのジレンマ——ブラをなんとか見えなくしたい、でも暑すぎて隠せない——は、透明ストラップという興味深く楽観的な方法で解決するじゃないの！

ローワー・マンハッタンの歴史的に裕福な地域であったリトルイタリーは、世界の勢力圏の縮図である。ゆっくりと確実にチャイナタウンに吸収されているのだ。マルベリー通りにはまだなんとかイタリアらしさが残っていて、ガーリックのにおいが漂っている。しかしビャクダンと生姜のにおいが縮小している境界線を越えてこの通りにも忍び寄ってきていた。だんだん小さくなっていくリトルイタリー地区において、フェラーラは心臓であり魂だ。ここを撮影場所に選んで正解だわ！　ただこの男たちが見ているなかで上半身裸になるのは、なんとしても耐えられない。最後の一人が立ち去るまで待たなきゃ。私はそう決めた。

生身のジョーダン・マターは、サイトの写真よりも若く見えた。あせた感じの赤毛でいたずらっぽい笑顔を浮かべた彼は、スティングに似ていると思った。数分間挨拶をかわしたあと、マターは私に「ちょっとお願いしていいですか？　トイレに行って、ブラを外してきてもらえるかな？　ブラのストラップの跡が写真に出てしまうのがいやなんだ」といった。あ〜そう、と私は答えた。もちろんいいわよ。トイレで私は一五〇ドルの、赤いレースの寄せてあげるブラをはぎとった。こんなゴージャスなブラをなぜ私はつけようと思ったのだろうか？　ま、いいや、そんなのどうだって。私がどんなブラをつけていても、撮影には関係ない。私はブラとタンクトップをショルダーバックに詰めこんで、もってきた白のブラウスをはおった。席に戻ったとき、すでに裸になったような気分だ。べたべたとまとわりつくような暑さのせいで、私のバストはおなかに溶けこみそうだった。

マターと私はカプチーノを飲んでもう少しおしゃべりをした。彼の妻が妊娠中で、最近椎間板ヘルニアの手術をしたところで、私もその手術をする予定だったんだけれど延期した、という話をした。おしゃべりの最中にふとマターは周囲を調べるような眼で見まわし、光線がいい時間帯にどこかに移動したほうがいい、といった。

「あなたがカノーリを食べているところを撮りたいな」とマターはいった。「いいわね」と私は答え、彼は店内に入ってカノーリを一箱買って出てきた。ベーカリーの周囲をちらりと見て、露出計をいじってから、私を心底安堵させることをいってくれた。「どこかほかの撮影場所を探しましょう」

店先や建物の前階段で光線の具合や周囲の背景や影のでき方などを確かめながら歩いていくマターの隣で、私はしだいにバカなことをしでかそうとしているという思いがつのってくるし、おっぱいはブラウスの下で活きのいい魚みたいに暴れるし、ちょっといやになってきた。フェラーラの看板も構図に入り、マターが気に入った近辺の景色が遠くまで見晴らせるところにある前階段が見つかった。マターはスタジオのセットのなかで撮ったように誤解される写真は撮りたがらない。ビルが林立し、乗り物が行き交い、通行人が大勢歩いている写真が撮りたいのだ。

ああ、いまのこの胸やけを治める薬が欲しい。

フェラーラの看板の前にある階段の手すりにもたれて、ブラウスのボタンを外したけれど前をしっかり重ね合わせていた。マターはカノーリを一つ取り出して私に渡し、楽しそうにかじってみて、と指示した。こんなポーズは私だけじゃない？　結局、私はバナナにかかっているホイップクリームをなめている構図が似合う人だってこと？　この時点ですでに周囲の注目を集めていて、それはあまりいいことではなかった。マターは見物人が大勢いるところで私の写真を撮りたくはなかった。何もかもをできるだけ自然な感じにしたかったのだ。だが通行人はみんな私たちをじろじろ見るために立ち止りかけた。みんな好奇心いっぱいだ。なぜならボタンを外したブラウスの前をかき合わせて、「私は無理、ぜったい無理！」といい続けている女性をカメラマンがなだめようとしているからだ。ちょうどそのとき、バンがこちらにやってきて、私たちの上に影を落とすくらい近くに駐車し、二人の男が荷台から長椅子を降ろして、私たちがいる階段のほうへやってきた。

「行きましょう」とマターはいった。「ここはマズイから」

彼はカノーリを箱に戻し、私たちはまた歩きだした。ひきずり回しちゃって申し訳ないと思ったけれど、どうしたらうまく撮ってもらえるのだか自分でもよくわからない。マターは少しもうろたえた様子がなく、相変わらず陽気だった。あとで教えてもらったのだが、私がこのときとった態度はすべて予測済みで、公衆の面前で裸のバストを写真に撮られるときのごく正常な感情の流れだったそうだ。恐怖→拒否→激情→受容、というのが。

そこから半ブロック離れたところで、マターは別の屋外のカフェを見つけた。光線も背景も私たちにふさわしい。私たちは座って、カプチーノを注文した。ウェイトレスがここではフェラーラのカノーリを食べてもらっては困るといったので、マターは中に入ってもう一箱買ってきた。私たちの使命からすると、このカフェにはいい条件がそろっていた。テーブルは人通りの多い道路に面していたが、カフェの一面は少なくとも一・五メートルの奥行があるレンガ塀で仕切られている。ということはつまり、ここで上半身裸になっても、プライバシーと安全が保たれているという幻想を抱くことができるわけだ。この壁にはきっと風水の効き目があって、私はマターを最終的には失望させないですむだろう。それに私はだんだん疲れてきていた。暑さとカノーリのせいで頭がぼーっとしてきた。そのまま横になってしまいたい気分。女優がヌードシーンを撮影するときに、何時間もメーキャップをされて、演技指導されて、こまかく動きの振り付けをされたときってこんな感じじゃないのかしら。「さっさとコイツを終わらせちゃおうぜ！」っていいたくなる。

というわけで、私は大勢の人が行き交う六月の午前のマルベリー通りに仁王立ちになり、ブラウスを脱ぎ棄て、カノーリを食べて指をなめ、マター自身も「マジでデカイね！」と感動してくれたおっぱいを世界に……少なくとも街頭にお披露目したのである。「いい感じだったわ」ほんのちょっとだけさらしたあとにブラウスのボタンをとめながら私はいった。「まだ終わってないよ」とマターはいった。「もっと撮らなくちゃいけない。別の場所がいいんじゃないかな」

「さあ、いまだ」とマターが呼びかけた。私はブラウスをもう一度むしりとると、テーブルのほうに投げ捨て、溶けかかったカノーリをかじった。今度は笑顔が浮かんだ。周囲の様子が何も見えず、聞こえなかった。だんだん楽しくなってきた。ちょうどそのとき、おしゃれをした女性が私たちのそばを通りかかった。ごめんなさいと私がいう前に、彼女は感嘆の声をあげた。「まあ、きれいなバストでらっしゃるのね。うらやましいわ！」

私たちはいったん休憩をはさんで、また撮影した。だんだん高揚してきて、解放感で弾むような気分だ。だがいっときの興奮が過ぎ去って我に返ったとき、とんでもないことをやっているんだという気がした。いまここでやめれば、私たちの冒険は成功だったと高らかに宣言できる。でももしブラウスを脱いだまま調子に乗っていると、何か恐ろしいことが起こる予感がした。

刺激的な冒険も、欲張ってしまうと命取りになりかねない。切り上げどきが肝腎だ。この企画が命が縮む思いの冒険であることを私は見くびっていた。どれほど恐怖感をおぼえるかわかっていても、私はやっただろう。これは私のその思いを証明する写真となるはずだ。でも、いますぐ家に帰れるだろうか？

マターは折れた。「わかったよ。これでおしまいにしよう」彼はデジカメで写真をチェックして、気に入ったものを数カット私に見せた。悪くなかった。縦位置の写真で、スカートも通りの人々も写っていて、背後にはローワー・マンハッタンの高層ビルがのぞいている。私のおっぱいはたしかに野放図に大きいけれど、かなり引き締まっているように見える。私の顔はかわいいと表現できる感じ。何よりも重要なのは、どの写真でも太っているように見えないことだ。見ているうちに気分が盛り上がってきて、ちょっと酔っぱらったみたいにくらくらした。私はマターにキスをして盛大にハグし、ホテルにスキップしながら帰った。おしゃれなブラとタンクトップをつけていつもの服装に戻ると、ほっと安心すると同時にいい意味で自分がたまらなくいとおしく思えた。普段は自分の写真が死ぬほど嫌いなのだが、いまは最終的にどうなっているのか見たくてたまらない。マターはその晩に自分のサイトにアップするからと約束してくれた。

家に帰るまで待ち切れなかった。翌朝、ニューヨーク公共図書館でインターネット接続できるように登録した。マターの「アンカバード」のページをクリックし、更新日時をチェックして最新の画像まで行き着いた――ウソ～！　たしかに私の写真はアップされている。でもそこに写っているのは、私のおっぱいと顔だけ。背景がない。スカートもない。その写真は、はっきりいってグロテスクだった。なんてわいせつで、なんていやらしいんだろ、私って。おまけに超ブス！

私に残された選択肢はあるか？　たしかに版権はマターにあることを承諾するサインはしたけれど、お願いだからその写真は捨ててと懇願することはできる。名前を変えてしまうのはどうだろう？　ベリーズに引っ越してジャングルのガイドになるというテもある。そういう選択肢のどれかを試してみる前に、幸いなことに私はサイトに戻ってサムネイルから自分の画像をクリックしてみた。そしたら画像の全体が見えたじゃないの！　通りもビルも写っている。ポルカドットのスカートも入っている。撮影のときにはまったく気づかなかったけれど、写真には大勢の人たちが写りこんでいた。カフェで少し離れたテーブルにはカップルもいた。労働者もいたし、ドライバーもいた。

というわけで、これにて一件落着。一回はやってみてよかったけれど、もう二度とやらないだろうということのリストにまた一つ加えることができた。ロッククライミング。ハイロープ・コース。象に乗ること。ブロードウェイで再演された『ステート・フェア』の観劇。

しかしこの経験は予想していなかった影響を私に及ぼしただろうか？　あとになって振り返って人生が変わったと思える経験だったろうか？　私にはまだわからない。一つだけ学んだのは、これまでヨダレをたらさんばかりの目で見られたり、盗み見されたり、はやしたてられてきた私のおっぱいであるが、それを人前にさらけだす決意をしたことによって、私自身のなかで力の構図が変わったような気がする。自分の意志で上着とブラを街中で脱いだとき、攻撃する人間がいるとしたら、それは私自身なのだ、ということがわかった。自分がまず一撃を加える張本人だとしたら、犠牲者面をするわけにはいかない。それにマターも私の疑念を裏づけてくれたのだが、ついさっきまで女性のバストをもの欲しげにじろじろ見ていた男性が、服を脱いだ瞬間に生身の乳房に怯えてしまうのだ。シェリー・グレイザーはその感情の動きがよくわかっている、と私は思った。

この経験によって私自身が「オンナでよかった」と大きな声で叫びたい！」というくらい変わったと報告できればいいのに、と思う。たしかに気分は高揚して、ある意味勝利感さえ味わい、数日間はその余韻に浸っていた（カノーリの影響も数日あったわね）。でもすでに私がよくわかっていた真実が、この経験によってより確信の度合を強めたことが一番大きい。それは「乳房はとても大きな問題だ」ということ。ときには理屈では説明できないほど大きな問題である。トラックが行き交うリトルイタリーの通りでブラウスを脱ぎ棄てたとき、私は挑発しているとか、大胆なことをしているとか、行儀が悪いとか、そういうことはいっさい感じなかった。だがマターのサイトであらためて「アンカバード」に登場した女性たちの写真を見たとき、自分の経験を踏まえて、彼女たちは英雄なんだ、ということにハタと気づいて感動した。みんなどんな思いで被写体になったか、いまの私にはわかる。女性たちはみんなまじめで、ふだんは安全だと信じていることの正反対のことをやったことに動揺したはずだ。彼女たちの顔を見て、あらためてスクロールして自分自身の写真を見て思った。私たちみんなに万歳！　やったね！

## 生まれながらのオンナのように

映画『トッツィー』で、パッド入りのブラをつけてかつらをかぶって女装したダスティン・ホフマンは、かわいらしくて非の打ちどころがなくきれいなジェシカ・ラングにこう告白した。「僕は一人のオンナとして、もっといいオトコになった」私はこの映画が大好きだ。ハッピーになるし、もっとも純粋な形での愛に寄せる私の思いをあらためて確認してくれる。一方で私は、いまだに『ポリアンナ』や『素晴らしき哉、人生』という超ベタな映画を飽きずに見るマヌケでもある。現実の人生で、もし男性が私のような乳房をほんの短時間でもぶら下げて日常生活を送ることになったとしたら、すべての女性の気持ちをもっと肌身で感じるようになるだろうか？　女性の最大の贈り物に対して、もっと女の気持ちに沿って考えてくれるだろうか？　トッツィーのようにもっといい人になれるだろうか？　女がちゃんとわかる人になるだろうか？

乳房を切除したことによって、友人のトロイはリサとしてのアイデンティティにはっきりと別れを告げた。レイ医師の回復室で新しいDカップのバストがついた姿で目覚めたとき、ロクサーナは人生ではじめて「本当の女になれた」という気持ちになったことを打ち明けた。もし乳房が女であることの象徴でないとすれば――病気で乳房切除した友人たちは、それはちがうとはっきり証言する――乳房によってもっと自分らしさを感じることを頭から否定するのも、楽観的すぎるのではないか。

年一回、一週間にわたって私が暮らす街、プロビンスタウンで開かれるファンタジア・フェアは、女装する男性の異性装者たちや、男性から女性へと性転換した人や、男性だったけれど女性になりつつある人たちが集まる祭典で、私はその機会に大勢の女装する男性たちと出会って長い時間をともに過ごしてきた。異性装者たちは、乳房が女性性の本質部分を象徴するものであると信じていると打ち明ける。おっぱいがついていないと、女装のためのすべての努力は無に帰す。生物学的女性として女装する男性たちをハタから観察することで、オンナであるとは何を意味するのか――もしくは意味しないのか――を私はより深く考える機会を得る。

二〇〇五年のファンタジア・フェアの開幕にあたって、私は「乳房について話しましょう!」とタイトルをつけたリーフレットを大量に印刷し、プロビンスタウンのクラウン&アンカーホテルの受付デスクに置かせてもらった。それに反応した最初の人が、ボニー・ミラー・ペリーである。私はメールをもらって即彼女に電話をかけ、会うことにした。「私はブロンドで、乳房があるわ」と彼女はいった。「私は茶色の髪で小柄で、乳房があるわ」と私もいった。ボニーとは「乳房がある」という事実だけで即座に同志となった。

巨乳であれこじんまりした乳房であれ、おっぱいは異性装の基本的なアクセサリーである。化粧、かつら、靴もすべて女装のパッケージには欠かせない。ファンタジア・フェアはこの三一年間、年一回のペースで開かれていて、凝ったつくりの洗練されたランジェリー・ショップが期間限定で店開きする。異性装者たちにとって、これは真剣なビジネスである。本物の「レディ」なら、不快感は最小限度に抑えて優雅におっぱいをつけていなくてはならない。まかりまちがってもおっぱいがどこかにずれる不安を味わってはならない。風が強い日に、シリコンの人工おっぱいが弾んで転がっていくあとをよたよた追いかけたくはない。物理の法則には背くことにはなるが、できることなら胸の谷間が欲しい。異性装者の大半は、会社のＣＥＯや民間航空会社のパイロットや弁護士や州警察や驚くほどの大きな割合を占めるエンジニアたちで、「彼女たち」にとって費用は問題ではない。望んでいるのは、カネで――しばしば大金で――買える最高のおっぱいである。

二〇年前にプロビンスタウンに引っ越してきたとき、ファンタジア・フェアはすでに街の伝統行事になっていて、毎年私はレディたちを出迎えてきたし、レディの姿を見れば秋が深まったことを知るほどの風物詩になった。ハロウィンが近づいたころ、ウィメンズ・ウィーク（婦人週間）と、いわゆるレザーフェチのボンデージファッションを好むゲイの男性たちの集まりであるアントル・ヌー（俺たちの秘密）にはさまれた期間にファンタジア・フェアは開かれる。ファンタジア・フェアは初期には異性装者が着飾るパーティだったが、そのうちメインイベントであるファッションショー「ファンフェア・フォリーズ」と、その後に開かれるベスト・ドレッサー賞、もっとも着こなしがうまくなった人に贈られるＭＩＰ賞、趣味のよさで選ばれるミス・コンジェニアリティ賞などの授賞式のディナーとともに、ワークショップ、講演会、セミナーなど多くの分野にわたる学問的なイベントも開催され、私はその進化の過程をつぶさに見てきた。

ファンタジア・フェアの広報はインターネットを通じて行なわれ、参加者は遠く南アメリカ、東欧、日本からもやってくる。帽子の箱、化粧ボックス、バカでかい衣装バッグを山と抱えてタクシーからつぎつぎ降りてくる参加者たちを私たちは目にする。イベントにはしだいにドラッグクイーンたちが増えてきて「彼女たち」も歓迎されているが、主流となっているのはやはり異性愛の女装愛好者たちである。ストレートの男性であるだけでなく、「彼女ら」の多くはボニーのように妻も同伴している。

地元の人たちからは「着飾った巨艦」と親しみをこめて呼ばれる大柄なレディたちが、目抜き通りであるコマーシャル通りをいまにも崩れそうなほど巨大なかつらをつけて、足に合わないヒールをはいてぶらぶら散歩している光景もあたたかく受け止められている。レディたちは穏やかで、びっくりするほどあけっぴろげだ。見知らぬレディの肩を気安く叩いて「あなた、そのアクセサリーとイヤリングはあってないわ。こちらをつけたら」なんていうほど自然に接することはできないが、毎年必ずやってくる常連さんたちとは顔見知りになって、親愛の情を感じるくらいにはなっている。何年間にもわたって、私は同じ年のワシントンDCからやってくる異性装の外科医とずっと親しくしていて、雑誌の取材でワシントンDCに行ったときにはランチをともにしている。

ファンタジア・フェアのパンフレットには、「プロビンスタウンには社会的タブーがない」と書かれている。それはいくらなんでもいい過ぎだとは思うが、レディたち大半のガードが低くなるのは街のおおらかな雰囲気も一役買っている。レディたちが人前で「着飾る」ときに、自由に呼吸ができる唯一の場所なのだろう。そのためにファンタジア・フェアではお互いをファーストネームで呼び合うという、もっとも簡単なことも不安を感じずできて、それがレディたちにとってはわくわくすることになっている。靴を買うとか、カフェに座るとか、裸足でビーチを散歩するとか、日曜に教会の礼拝に行くとか、そんなことを気軽に安全にできることも、異性装者たちにとっては至福だ。

ブラやコルセットをつけることや、そこにふくらみをもたせる一番いい方法を見つけることは、レディたちが永遠に頭を悩ましつづける問題である。私は数年前に出会った一人の異性装者が、何か神神しい力に引き寄せられるように私のバストに目を釘付けにしたときのことを覚えている。「どうしましたか？」と聞いた私に、彼女は堰を切ったように質問を浴びせた。大きさ、ブラのこと、形のこと、キャミソールや寝るときに着るもののこと。寄せて上げるブラを試してみたいのだが、安っぽいものはいやだ、といった。まるで私のようなおっぱいを獲得し、それをケアするために必要な知恵を授けてくれ、といわんばかりに、私の脳味噌の隅々まであさった。

その異性装者はこれ見よがしに帽子のような乳房を胸につけていて、その先端は危険を感じるほどとんがっていた。その乳房は鎧のように硬くこわばった素材でできていて、棚のように突き出ていた。それはいくらなんでも、ちがうだろう！　やわらかさや、女らしさや、恥じらいまで完璧にないシロモノ。昔、フォルシーズという名前で呼ばれていたおかしな形のフォームラバーのコーンに比べると、人工おっぱいのテクノロジーも大いに発展したというのに……。彼女はきっと昔風の人工おっぱいが好きだったにちがいない。もし私のおっぱいがとんがっていたら、それでも彼女に強い印象を与えたかしら？

ファンフェア・フォリーズとファッションショーには地元の観客も大勢詰めかけて喝采を送っている。ある年、金持ちのメキシコ人異性装者がオスカー・デ・ラ・レンタのオートクチュールのドレスに身を包み、ティファナから呼んだマリアッチのバンドを引き連れてステージに登場したこともあった。ジーンズにブーツにセーターという両性具有者のような格好の私は、流行を押さえた威厳あるマダム風の服に、たっぷりと塗った印象的なリップと、マッキンレー山のようにそびえたつ二つの人工おっぱいが練り歩くパレードを観察した。アメリカンフットボーラー並のたくましい体格に合うおしゃれな服を見つけるのはむずかしいとわかっていても、観客たちは女装した男性たちを見ていて、つい自分の母親にそっくりだと思ってしまう。

思い出せるかぎり昔から、ファンタジア・フェアの本部は街の中心部にどんどん建物を拡張している旅館と娯楽施設を経営しているクラウン&アンカーに置かれている。この建物はまたの名をクロッチ&アンクル、つまり股と踵と呼ばれている。プロビンスタウンは古くは漁村で、街に二本並行しているメインストリートの一本は港を抱きこむ形で何キロも海岸沿いに走っていて、その風光明媚な景色はプロビンスタウンの誇りである。メインストリート同士を結ぶ何本もの路地には、朝食とベッドだけを提供する民宿や小さな旅館があって、参加者たちはそこに滞在してクラウン&アンカーに集まってくる。ケープコッドの腕を曲げたような形の防潮堤の先端にあるプロビンスタウンは、アーティスト、作家、詩人、ゲイやそれが組み合わさった社会のはみだしものたちや個人主義者たちを昔から受け入れてきた。

ボニー・ミラー・ペリーと私は、街の中心部に近いブラッドフォード通りにある彼女の宿泊先のゲストハウスで会うことにした。フェアバンクス・インというそのゲストハウスの太陽がさんさんと降り注ぐ中庭に到着したとき、まさかそこに妻のサリーも一緒にいるとは思わなかった。女装をきわめていくにはいくつか段階があるのだが、ほかのところは男性だが、ボニーにはおっぱいがあるという点でかなりレベルが高かった。シリコンの人工乳房はきれいな半球がしっかり胸の上で盛り上がっていて、「少女の胸」という言葉がふさわしい形と大きさだ。それがルースなピンクのペザントルックのブラウスの襟元からのぞいていた。針金のように細く、ブロンドで、あやしいほどではないがこってりメーキャップをしたボニーは、そのオトメチックなブラウスにピンストライプのぴったりしたジーンズを合わせていた。整った顔立ちだがいらだちが隠せないインドネシア女性のサリーは、赤みがかった茶色の髪で、豊かな胸。テイラードのパンツスーツを着ていた。

サリーは結婚してからしばらく、夫のブライアンについてなんでもわかっていると愚かにも思いこんでいた。結婚生活はすでに一五年に及んでいたが、目が節穴でないかぎりサリーが幸せそうではないことは一目でわかる。彼女の悩みは、一九九八年、ふだんと変わらないある晩、銀行の取締役で教養あるブライアンが、ボニーとして寝室から現われたときに始まった。そのときからブライアンは、成人してからのプライベートな生活においてエネルギーのすべてを注いできた女装の衝動を隠すことがますますむずかしくなり、ついには不可能になった。サリーにとってはそれは青天の霹靂で、深く傷つき裏切られたという思いでいっぱいだった。浮気よりも始末に負えない。夫が自分以外の女とつきあっているほうがまだマシ——だって夫がオンナだったのよ！

「私が結婚したのはオトコよ！」サリーは歯嚙みしながら私にいった。ブライアンはバツイチで子どもが三人いるニュージーランド人で、ジャカルタで美容師をしていた彼女を貧困生活から救いだし、父親がいなかった子どもたちを養子にし、彼女の両親の生活を立て直す資金も出してくれた世間的には立派な人物だった。ブライアンはワシントン駐在になったときに彼女をアメリカに連れてきてくれた。そして今日、ブライアンはド迫力のおばさんコメディアンのジョーン・リバースに似た姿で私の前に座っている。

ブライアン、じゃなくて、ボニーの妻であるサリーは男性だった夫を取り戻したがっている。いまや夫は乳房を手に入れて、まったく思いもよらないことになってしまった。サリーは手垢のついたジョークを聞いたことがなかったはずだ。「異性装と性転換のちがいは何?」「二年間だね」五二歳の容姿端麗でスタイルもいいサリーなのに、涙を流さない日はないみたいな苦悶の表情がしみついている。ボニーが女装して現れた七年前以来、サリーは何回となく精神的に崩壊するぎりぎりのところまで追いつめられた。しかし二〇〇四年秋に夫がやったことほど、サリーを憤怒と恐怖に駆り立て、正気を失わせた出来事はない。夫が人工乳房の手術をしたのだ。

「サリーはこの乳房を憎んでるんだよ」とボニーは私にいう。彼女の口調は私におもねっている感じだ。女同士だもんね、といわんばかり。「ボニー」と呼びかけるのはぜんぜん問題ないが、サリーに質問するときにボニーをなんという代名詞で呼んだらいいのか迷う。彼女の夫を「彼女」、それとも「彼」と呼ぶべき? それとももし私が彼/彼女を名前で呼ぶならば、ボニーなのかブライアンなのか? 別の異性装者は私に、自分たちのジェンダーのコミュニティでは、「自分の目に映ったとおりの代名詞で呼ぶ」ことが経験則なのだとアドバイスした。そうなるとボニーが「彼女」であることははっきりしている。しかしサリーはボニー――ブライアン――のことをあくまでも「彼」と呼ぶ。中庭のテーブルについているのが、三人ではなく四人みたいな気がしてきた。ああ、ちょっと頭痛がしてきた。サリーは激しい、たぶん片頭痛に悩まされているようで、つねに眉根をきつく寄せて顔をしかめている。

「私は一九六九年にニュージーランドを出て、国際的な大手銀行で働くために最初はロンドンに行った」とボニーはいう。「それからジャカルタ駐在になって、離婚しそうになっていたときに髪を切りにいって美容師だったサリーに出会った。若かったとき——ボニーはいま六〇歳だ——世間の期待に沿って結婚して、三人の子どもをもうけたわ。いま子どもたちは三〇歳、二九歳、一七歳になっていて、全員ニュージーランドに住んでいる。でもサリーとは恋愛結婚だったのよ」私の口からは「あら、お熱いこと」というような音がもれそうになったが、サリーがうんざりした口調でさえぎった。「あなたっていつもそういう話をつくって、まるで私が結婚を壊したみたいなことをいうのよね」胸のところで腕組みをして、かつては自分を夢中にさせた男をぎらぎらした目でにらみつけた。「なんでそういうことというわけ？　結婚していたときに私に会ったから結婚が終わったみたいなことというけれどね、私が結婚生活を壊したわけじゃないわよ。もうあなたの結婚はあのとき終わっていたのよ」

わかった、わかったわ。

私が会ったことがある男性の異性装者の大半は、ティーンエイジャーかもっと若いときからこっそり女装を始めている。だがブライアンは女への強いあこがれをもっていたものの、実際にそれを実行するまでには何十年もかかり、その間マスカラさえもつける勇気がなかったと私にいった。インドネシアでは女装趣味におぼれるだけの経済力はあったが、自分に許さなかった。「私は銀行の副頭取だったからね」とボニーはいう。「とてもできなかった」だがジャカルタのマンダリン・オリエンタル

・ホテルで暮らしていたときのこと。「蝶々」と呼ばれる上品で熟れたバストのインドネシアの娼婦たちが夜になると練り歩き、通りかかったメルセデスやBMWにさっと拾われていく光景に彼はしだいに目が離せなくなった。タイに旅行したとき、ブライアンはかの地の性転換者の「レディ・ボーイズ」の文化に勇気を得た。インドネシアの娼婦たちに感じたのと同じ羨望を抱いたのだ。

ボニーは異性装を、悟りを開いたことの誇示である、と私に見てもらいたがっているようだった。ヒンズー教の半神を見なさい。男性と女性が一つの存在に反映されているではないか。私はこの説を前に聞いたことがある。悟りという高尚な話としてではない――異性装者は長く抑えつけてきた自分のなかの女性的な側面を表に出すことで、そうではない私たちよりも進化していて、二倍恵まれているという説だ。しかしこの「女性的な側面」とはいったい何を指すのだろうか？　たとえば何かを育てたいとか安らげたいという欲求？　それとも経済力のある男性が手術とかランジェリーとかファウンデーションとか……おっぱいという形で購入できるもの？

サリーには夫の変身の予兆は何も見えていなかった。「私はまったく気づいていなかった」と彼女はいう。「彼は男だったわ。私は男性と結婚したのよ」「ああ、そうだね。私はCEO――いってみりゃビッグな男――をかなりうまく演じていたから」とボニーは認める。男だったときの写真をもっているか、と私は聞いた。ボニーはその場にはもっていなかった。だがサリーはブライアンだったときはとてもハンサムだったといった。「彼は昔の彼ではなくなってしまった」と彼女は憂鬱そうにいった。「いまの彼はかっこよくないわ。健康そうじゃないもの。この人、健康そうに見えます？」

ブライアンが最初にボニーとして現われたとき、サリーは「三日間泣き暮らした」という。ボニー

／ブライアンは、このことについては妻と二人で話し合ったんだ、という。サリーは自分には選択肢はなかったという。「この人はぜったいに私に合わせようとはしなかったわ。人が自分を理解すべきだというばかり。いつだって自分中心なのよ」このときボニーは乾いた笑い声を立て、私のほうに身体を寄せてささやいた。「私たちとしては変わるのは私たちのほうではないといいたいんだよ。なぜなら彼女たち――妻たち――のほうこそ変わる必要があるからね」

これは前にも聞いたことがある。数年前に私は、どのように妻に異性装の秘密を打ち明けるかという問題を扱うファンタジア・フェアのワークショップに参加したことがあった。異性装者と性転換手術をまだしていない性倒錯者たちが、妻の憤慨と、もっと悪い妻の嫉妬についてお互いをなぐさめあうという会合である。妻たちは、自分より夫のほうがきれいになることがいやなんだ、と異性装者の大合唱が起こった。「一緒に減量道場に行って、私が妻よりも痩せるとほんとに怒っちゃうの」と、濃いピンクのシルクのブラウスにダーンドルスカートをはいて、ゴールドの蝶結びのイヤリングをつけた一人の夫がいった。私はその部屋で唯一の生物学的女性で、その男性たちはみんなまちがっていると思っていた。彼らの妻は嫉妬しているわけじゃない。その新しい複雑な関係に心底怯えているのだ。ほかの妻が怯えるような、たとえば浮気、リストラや慢性病なんていうありきたりの不安なんか、その悩みと比べたら色あせて見える。妻たちはたぶんこう考えているのだろう。もし男が専業主婦のように着飾りたいというのであれば、おむつを替えるのも、キッチンの床掃除もやってもらおうじゃないの！　鏡の前で女性の自分がたっぷり時間を使っておしゃれにうつつを抜かしていたら、夫にいやな顔をされるか、さもなければバカにされる。それで夫が同じことをしたら、妻は彼のファンタジーの世界に一緒に入って、愛情と献身を示せというのか。そんな夫と一緒に何食わぬ顔でディナーパーティに出席し、風邪をひいた子どもの看病をしろというのか。

『ベティという名の夫』の著者であるヘレン・ボイドは、著書のなかで「最大限いいように考えると、女装は、全人的に生きてみたい、とくに男性が支配する社会において否定されている側面を現わしてみたいという男性の欲求の表われである」と書いている。しかし彼女は「男性は自分自身の「女性性」を男性の立場から理解し、男性としての目で女性を見ているために、複雑な問題が持ち上がる。異性装の男性たちのなかに、女性の性的な特徴を強調してそれを服装で表現しようとする人たちがいるのは、そのためだろう。彼らの頭のなかにある女性性がいささか的外れで時代遅れな理由もそこにある。男性は、客体化した女性を演じる……それ以上何を期待しているというのか」

何が女を女にするのか？　大学で私は遺伝医療のセミナーに出席して、性的に男とも女ともあいまいな子どもや成人のスライドを何枚も見せられたことがある。乳房とペニスの両方がある人。胸毛が生えている平らな胸の下にあるヴァギナ。男性とも女性ともつかない奇妙な性器。それは普通ではないが、世の中には両義的な性が存在するとわかって、私は自分がまぎれもない女性であることをありがたいと思った。自分がどちらの性かということをわざわざ説明しないでいい。シャツを脱いで、ほら、私は女なの、と証明しなくてもいいのだ。

ボニー／ブライアンも彼女／彼のシャツを脱いで乳房を見せることができる。しかしかわいい服やリップや乳房が人を女にするわけではない。女性の特徴である胸のふくらみを見せなくては女である証明ができないという屈辱に、私は刺すような哀しみを覚える。ある異性装者がかつて私にいったことがあった。「女であることがそんなに心地いいなんて、私には驚きだわ」そう、心地いいし、それに私は運がよかった。自分に与えられたジェンダーに居心地よくおさまっていれば、まちがった身体を与えられてしまったという思いに激しく苦しむことはまずないのだ。そんな悩みに比べれば、おっぱいの大きさに対する不満など小さすぎる。

ボニーが私のほうに身体を寄せて打ち明け話をしてくれたとき、なんとも奇妙な感情に私は打ちのめされた。脱力しそうなほどの安堵感で、めまいで危うく倒れそうなほどだった。私は女であることを証明する必要はない。袋みたいなだぶだぶの服で乳房を隠してもいいし、必要なときには授乳することもできる。たとえ自分の乳房が小さくても、私が女であることは変わらない真実だ。だがボニーにとっては、驚くほどの高額を支払ってつくった、ココナッツを半分に割ったような完璧な乳房を見せて証明しないと、女を証明することは非常にむずかしい。彼女はきっと死ぬまで女性性を意識しつづけるだろう。化粧や髪型以上に、乳房は彼女にとって神聖な場所、たとえば婦人用トイレに入るためのＩＤカードになるのだ。

ボニーはうなるほどお金をもっている。そのお金の使い道の一つが、自分と妻と義妹を連れての、タイへの美容整形の大名旅行だ。アメリカからバンコクまで飛び、そこでフィンランドに住んでいるサリーの妹と落ち合う。それぞれ、フェイスリフト、額のシワ取り、脂肪吸引、タミータックといった予定を組む。

「大きな乳房は最初私のショッピングリストには入っていなかった」とボニーは説明する。ブライアンがサリーの同意を取りつけたかどうかは、いまだに二人の間ではケンカのタネである。「私はダメっていったわよ」とサリーは吐き捨てるようにいった。だが医師が麻酔が効き始める前にブライアンに、額と目とフェイスリフトとともに、おっぱい一つつければ一八〇〇ドルだけどどうしますか、といったとき、彼はお願いします、といったのだ。その高級クリニックは三五室しかなくて、ナースセンターを取り囲むように病室があり、八割がアメリカ人で、多くが性転換手術を受けていることを考えると、その値段はかなりのお得感がある。「包帯を外して、サリーが初めてこの胸を見たとき……」「私は死にかけたの」とサリーは文章を完結させた。サリーの拒否感はあまりにも激しく、身体はタミータックの手術の治癒を拒んだ。傷口の感染が広がった。うまく膿が抜けなかった。落胆し、高熱を出し、クリニックへの入退院を繰り返した。

「拝見していいかしら?」と私は頼んだ。「拘縮《こうしゅく》による変形」にふれる前に、ピンクのペザントルックのブラウスの紐が外され、ボニーの細いウエストまで滑り落ちた。彼女はブラをつけていなかった。その必要がない。「触ってもいい?」と聞いた。完璧な半円球で、いい位置に乳首がついていて、野球の硬球並みに硬い。

サリーは待ち合わせがあるからと立ち上がって去っていった。口をすぼめて彼女は私のほうに手を差し出し、別れを告げた。この乳房を彼女は憎んでいるのよ、と声が聞こえないところまでサリーが行ったのを確かめてからボニーは私にいった。「もちろんサリーも人工乳房を入れているから、ある意味、競争意識があるんだよ。私はアバクロフィッチのぴちぴちのTシャツがすごく好き。いまはもう少し大きくしたいなと思ってる」大きくしたいのはおっぱいであって、Tシャツのサイズではない。

サリーがいなくなると、ボニーはしだいに元気がなくなった。彼女の性転換をめぐって夫婦間でこれだけ葛藤が続いているというのに、ボニーは女性性器手術《ボトム》と珍妙ないい方をされている手術を受けようかとひそかに考えていた。バストだけで十分だと考えていたのだけれど、人工乳房をつけたことは、滑りやすい坂の上に立ったようなもので、そこから転がり落ちていくしかないのだという。「ヴァギナが欲しいなんて思ったことがなかったわ」と彼女はいう。「男が私のなかにペニスを入れるなんてぜったいにごめんだった。吐き気がしそうだと思っていたの。でもいまはもっと女として扱われたいのよね」

帰りがけにボニーと私は名刺を交換した。彼女のは切手よりも小さい写真付きだ。それでも胸の谷間がくっきり見えた。いつまでこの人は誰かの夫でいられるのだろう？　車に乗りこむと、私は無意識のうちに自分のバストを掌に包みこんだ。この肉の塊が深く、執拗な羨望の対象となることに、私は何千回、何万回驚かされたことだろう。

この取材から一週間後、私はボニーから「私の強迫観念を分かち合える」人と出会って本当に楽しかった、というメールをもらった。とくに彼女の……「とても誇りにしている二つの岩」を触ってくれたことに感謝している、という。

一週間にわたって開催されるファンタジア・フェアが終盤に差しかかったころ、私はドーン・マリーという名前の異性装者からメールをもらった。自分の乳房に気も狂わんばかりに恋をしていて、そのことを話したくてたまらないそうだ。お金を払って買える最高の乳房だと自慢していた。ドーン・マリーがいうには、その乳房は満足感と安心感を与え、心底女らしさを感じさせてくれるものだそうだ。そのバストは自然についているものではない。お金をかけた、思いのこもったアクセサリーなのだ。

ドーン・マリーは濃赤のアセテートのシフトドレスとやわらかい生地の黒いブレザーに、ある年齢の女性なら「センスがいいわね」というローヒールのがっちりしたパンプスという服装で私を出迎えた。張りのある、でもソフトな感じのおっぱいをのぞくと、針金のように細い凹凸のない体型で、茶色のヘルメットのようなかつらをかぶり、涙の形のピアスを揺らしていた。プロビンスタウンで最高に高い旅館であるクラウン・ポイントに滞在していて、あきらかにそれを見せびらかしたがっていた。「私の部屋を見てちょうだいよ！」たぶん見せてもらったほうがいいのだろうけれど、あえて見ないことにした。その代わり、豪勢に飾りつけられた旅館の一階にある長椅子に二人で座った。

私は二時間の犬の散歩から帰ってきたところで、いつもの服装ではあるけれど、ドーン・マリーを見るとカジュアルな格好でごめんなさいと思わず謝ってしまった。ジーンズにハイキングブーツに長袖のTシャツという格好。「あら、私のほうこそこんな格好でごめんなさい」と彼女はいった。「ありあわせのものを着てきちゃったの」ゲイの男性がいったらそれは辛辣なジョークになる。でもドーン・マリーは本当にそう思っているのだと信じた。私は両脚を広げて座っているのに、彼女は上品に脚を組んでいることに気づいた。

私がいくつか質問をしたところで、ドーン・マリーは堰を切ったように自分の話を語り始めた。ドーン・マリーは一〇年前に五回にわたる心臓のバイパス手術をしてから仕事をやめているものの、六〇歳近くで、働いていた当時の給与相当分の収入をいまだに得ている。彼女はいま、北カリフォルニアのフォート・ブラッグ近くに一〇年間ガールフレンドと一緒に暮らしている。ガールフレンドのことをフィアンセと紹介したが、結婚するとガールフレンドが現在受け取っている相当額の寡婦年金がもらえなくなるため、二人は結婚する予定はない。ドーン・マリーには二回の結婚歴があり、最初の結婚のときにできた娘が一人いて、すでに成人している。彼女の女装、もしくは「ジェンダーのコンディション」と彼女が呼ぶものが引き起こした緊張のために、結婚はどちらも失敗に終わった。

「物心ついたときにはもう女装していたのよ」とドーン・マリーはいう。赤ん坊のときに養子に出され、若いときには海軍に従軍して一年間ベトナムにいたそうだ。軍隊にいる間、ドーン・マリーは非番のときしか女装しなかったし、それも極秘にしていた——ベッドのなかで、ナイトガウンとブラをつけるくらい。「軍隊では女装一式を隠しておくのは無理。とにかく見つからないように細心の注意を払って、こっそりやらなくてはならなかった」

だがブラが性転換のキーポイントだった。最初はティッシュを詰めていたが、最終的には「ナイロン生地を使うことにした」と彼女は思い出す。「それを詰めるのが大のお気に入りだったわ」ベトナム戦線で従軍した後、ドーン・マリーはすぐに結婚した。最初、妻に女装趣味は秘密にしていた。だがそのうちヒントになるものをわざと落としておくことにした。「ナイトガウンをあちこちに置いたのよ。妻はそれをいやがった」

「(最初の妻が)欠陥人間だということに気がつかなかったの」とドーン・マリーはいった。「性的にだけじゃなくて、家のことが何もできない女性だったのよ。ときどき根負けして、私がブラとナイトガウンをベッドのなかでつけるのを許してくれたけれど、それ以外はまったく無理解だった。ブラは私にとって一番重要だった。精神分析医にかかったとき、お医者さんは亡くしたお母さんの代わりとしてブラやニセモノの乳房をつけているのだ、と説明したわ」

まとめるとこういう話だ。男はつるつるしたナイトウェアと、ナイロン生地を詰めたブラをつけてベッドに入り、それが気に入らない妻を「欠陥人間」と呼んだ。ドーン・マリーと二番目の妻との結婚生活は一三年間続いたのだが、それも彼にいわせると「彼女は本当に醜く、貧相で、ひどいヤツだった」となる。ドーン・マリーが彼女と結婚したのは、家の外で見たときの彼女がきれいだったからで、それが大きな過ちだったと結論づけた。その女性にとって、ドーン・マリーの性癖は途方もなく重荷だった。もし本当に彼女が私を愛していたら、彼女は私の女性的な側面だって喜んで受け止めるはずだ、というのがドーン・マリーのいい分である。

勤務していた企業を手当つきで早期退職してから、ドーン・マリーは奉仕活動とデジタル写真の趣味で忙しく過ごしていた。ホルモン治療を受けたのかと聞くと、彼女は「とんでもない」といった。「そういうことは全然考えたことがない」彼女――彼――は異性装の性衝動はあっても、あくまでも男である。何年間も独身で過ごしたが、共通の友人の紹介で彼がいまフィアンセと呼ぶ女性と知り合った。

ドーン・マリーは三週間にわたってデートをした後、フィアンセに自分が異性装者であると告げた。「知り合ってから最初の数週間は夢のようだった」という日々を振り返り、初めて秘めたる欲望を打ち明けたときのことを話した。「彼女をディナーに招待した。料理をいろいろ並べて、告白の舞台を念入りに整えたのよ――どの料理も芸術品だったわ」フィアンセはドーン・マリーよりも三歳年上で、「サテンのシーツや女っぽい色でインテリアをまとめていても、これっぽっちも気づいていなかった。

一緒にショッピングに行ったとき、私は彼女よりも女性のファッションについてくわしかったのにね」という。

本当にそんなことがありうるのだろうか？　ドーン・マリーが早口でしゃべりまくる間、私はそのフィアンセがびっくりしたことが二つあったんじゃないかな、と思った。一つには自分のボーイフレンドが、ときどき女の子になることを好むということ。二つ目に、彼が腹が立つほどうまく女になりきること——ある意味で彼女以上に女になってしまう。「彼女は私が女らしさについてよくわかっていることにびっくりしたわ」とドーン・マリーはいう。「私が彼女を招待した晩、どうしても話しておかなくてはならないと思った。彼女は私がふつうのマッチョな男ではないことくらいは気づいていたわ。彼女に、世の中には女性的な傾向をもった人がいると説明した。家にはいっぱいランジェリーを置いていて、ファンタジア・フェアに行くつもりだということも話した。正直に話してからじゃないと、関係をもちたくないんだ、といったの」

ガールフレンドはその話を気持ちよく受け止めるためには、時間が必要だと答えた。しかしドーン・マリーはすでに彼女が自分に夢中であるとわかっていた。「私が気持ちをこめてセックスをしたからね」と彼女は私にいった。「彼女が何を望んでいるかわかっていた——そっとやさしくすることとか前戯とか」

ボニーのように、ドーン・マリーもフィアンセの最初のためらいをあっさり片づけて、女性になりたいという自分の妄想を全面的に受け入れてくれたものだと思いこんだ。フィアンセがはじめてファンタジア・フェアに一緒にやってきたとき、精神安定剤の助けを借りてやっと乗り切った話を冗談として語った。「最初は彼女はたいへんだったんだ」しかし最終的にフィアンセは、女装愛好者たちがこんなにいい人たちとは思わなかったと認めざるをえなかったのよ、とドーン・マリーはいった。「いまこのフェアに参加している間、私たちはいつも一緒にいなくてもいいんだ」と彼女はいう。「フィアンセの彼女はほかの女の子に会いにいけるようになった。私はここに参加しているなかで、一番幸せな男だわ」

そして話題を変えるために、ドーン・マリーは出し抜けにいいだした。「ところでバストの話をぜんぜんしてないじゃない！　私は一番本物に近いブレストフォームをもっているの。触ると温かいのよ」そのブレストフォームのセットは通常一七五ドルで売られているが、「いつも大量に買い物しているから」割引してくれたそうだ。高級ブレストフォームはシリコンでできていて、実物そっくりの厚い「皮膚」と解剖学的に正しい乳首と乳輪がついている、と彼女は説明した。「今年はそのセットに変えたところ」

それをどうしても見たくなった。ドーン・マリーは即座に願いをかなえてくれた。ところが、当然ドレスの下に着ている伸縮素材の丸襟シャツの下に手を突っこんで引っ張り出すのだろうと思っていたら、ちがった（あとで女友だちにアンケートをとったら、全員が乳房を取り出すときにはそうする、といった）。ドーン・マリーは前かがみになって、両手でドレスの裾をつかんで持ち上げると、着ているものすべてを頭からすっぽり脱ぎ棄てたのだ。私の目の前には、見たいものの全体が現われた。肌色のパンティストッキングは男性性器が入るようにデザインされたパンティを、かっちりと固定して食いこんでいる。パンティストッキングより上に目をやると、そこには驚くほど引き締まったおなかがある。その上あたりにカルバン・クラインの白いブラが張りついていて、そこからドーン・マリーは人間の乳房と見分けがつかない不気味な何かを引っ張り出した。それを伸ばした私の掌に置いた。生あたたかく、肉っぽく、乳輪の真ん中にピンと立った乳首は王冠のようだ。ロースト用チキンの重量を計るみたいにその重みを確かめる間、私は言葉を失っていた。

「す、すごいわね」とようやく声が出た。ドーン・マリーはぱっと顔を輝かせて、その仕様を夢中になって説明する。「薄手のブラをつけると、乳首が見えるのよ。ブラのサイズは80Cだけれど、その乳房はフルサイズのBといわれるものなの。本当はブラに合わせたCサイズのほうがいいんだけれど、私はいつもそれをつけていたいから——夜もつけてるのよ——Bサイズにしたの。Cカップ用のブレストフォームは困ったことに服の下からのぞいてしまいそうになるのよ。Cでもまだ自然な感じだけれど、Bは完璧にカップのなかに納まっていて具合いいわ」

私はあたたかい乳房をドーン・マリーに返したが、その前に思わず子どもっぽい衝動に駆られた。「返してやんないよ、ほーら、ほーら、取り返してごらん」とからかって、ごっついパンプスをはいた彼女に追いかけさせたい。その場の雰囲気の何かが、私のなかにそんな衝動を引き起こした。「いったいいくつブラを試したか数えきれないほどよ」と彼女はいう。「その話、聞きたいわ」と私は答えた。「ヴィクトリアズ・シークレットに通販でワイヤレスの一枚仕立てのIPEXブラを注文したんだけれど、そこに乳房を入れることができなかったのよ！　乳首を見えないようにデザインされているのね。乳首のところの生地が厚くなっているんだけれど、なぜそんなことをするのか私にはさっぱりわからない」

「私はおっぱいが大好き」とドーン・マリーは続けた。「女性のおっぱいはサイズも形もみんなそれぞれちがうことがわかったし、ほんとに楽しませてもらっている。鉛筆を乳房の下にはさんで落とさないテストに合格するくらい豊かなバストだけど、まったく感じないという女性とつきあったこともあるし、近寄っただけで感じちゃって奴隷になってしまうおっぱいの持ち主ともデートしたことがある」興味深い話だ。もし私のおっぱいも見たいといわれたらどうしようと思った。「シームやキルティングが外から見えてしまうブラをしているのはいやだなあ」と彼女はいう。「ブレストフォームが見えないようなブラは嫌いなんだ」

あきらかにドーン・マリーのブラとブレストフォームについての知識は、フィアンセの反対などものともせずに専門家のレベルだ。ドーン・マリーによれば、フィアンセは貧乏だからちっともわかっていないのだという。「彼女に試着しろといったんだよ」と彼女はいう。「高級ブラを紹介したんだ。バーリのようなね」え？　バーリのようなって？　スノッブに聞こえるといやなんだけれど、バーリを「高級」ランジェリーというのは、ファミレスを高級レストランと呼ぶのと同じくらい無理がある。でも私は口をしっかり閉じていた。だって専門家でもない私が口をはさむなんて、いったい何様、でしょ？　「フィアンセが私から得たものはいっぱいあるんだよ」とドーン・マリーはいう。「彼女はいまじゃ私のだったバーリのブラをつけてるしね。私はヴィクトリアズ・シークレットの寄せて上げるシームレスタイプのボディ・バイ・ヴィクトリアのラインも楽しんでつけてるんだけれど、誰が張り切ってこれをつけているか、もうおわかりよね？　私たちは香水も共有しているのね――私が最初に使っていたんだよ。エンジェルという香水。フェアにやってくる前に、私は自分のイヤリングやスカートを彼女のクローゼットで探さなくちゃいけなかったんだから。一緒に出かけるときには、彼女が私のブラやイヤリングをつけるんだよ」

短い沈黙があり、その間にドーン・マリーは私を観察した。「いくつか聞いていいかしら?」なんでも聞いてちょうだい、と私はいった。「あなたはパートナーがいらっしゃる? 男性か女性かの」「夫がいるわ」と私は答えた。「彼はあなたにドレスアップしてほしいといわない? つまり、ストッキングとかガーターベルトとか、そういうものをつけてほしいって頼まない?」「いや、全然」その返事を聞いてドーン・マリーは仰天した。「それじゃランジェリーは?」私はドーン・マリーに、夫は私の寝巻きを「農夫の作業着だな」という、と教えた。ドーン・マリーはそれは宝の持ち腐れだ、という。彼を私を頭のてっぺんから足の先まで眺めまわした。「私のフィアンセはあなたみたいな体型なのよ」

ほかの異性装者にわざわざ教えることはできないけれど、ファンタジア・フェアの開催期間中に自分はこのブレストフォームを「一日二四時間、一週間七日間」つけ続けるとドーン・マリーはいう。「このブレストフォームはセクシーに見せて誘惑するためのものじゃなくて、つけていると気持ちがいいものなの」と彼女は説明する。「弾力性や感触が気持ちいい。心が安定する。見せびらかすつもりはないのよ。自慢したいのだったら、Gカップをつけるわよ」

自宅でドーン・マリーとフィアンセは女友だちごっこをするのだそうだ。ドーン・マリーが女装するとき、彼女のフィアンセがブラとブレストフォームをつけてあげるというプレイで、そのちょっとした、でもやさしいしぐさに毎回ドーン・マリーは笑い転げてしまうのだとか。「片時も離さずこのブレストフォームとブラをつけていられれば、私はとっても幸せだわ。ベッドに横になって、おっぱいを手で包みこんで乳首を掌に感じていたら、きっとぐっすり眠れると思う。身体についているかどうかは問題じゃない。だって私はもうこれが自分の一部のような気がしているから」

そしてぱっと目を輝かせて、あたたかい、共感をこめた視線を私に注いでいった。「あなたとまったく同じように感じているのだと思うのよ」

ドーン・マリーとの出会いで私はいろいろ考えてしまった。本当にそんなことができるのだろうか？　本当に男性は、私のブラをつけて一時間ほど歩けば、女の私の気持ちをもっと深くわかって、自分に重ね合わせることができるのだろうか？　だが私の乳房——すべての女性の乳房——は、男性の視線を奪って交通を混乱させたり、結婚生活の潤滑油となる以上のはるかに大きな意味をもっている。私は授乳したことがないが、ドーン・マリーの芸術品のようなブレストフォームやボニーの硬いシリコンの人工乳房とはちがって、私の乳房は赤ん坊に栄養を与え、育てるためにつくられている。私のなかに乳房を、授乳という本来の目的に関連づけようとする気持ちがいつもどこかにある。女性の乳房は消費されるものかもしれないが、乳房はそれにまつわる神秘性と、女であることとの象徴性とが複雑にからみあったものなのだ。化学反応によりあたたかくなる素材を詰めたブレストフォームを愛撫することで幸せに眠れるというドーン・マリーを私は非難しない。だが、自分の身体で成長と成熟と老化を実感する生身の女が、自分が女であるという実感を得るのは、おっぱいやセクシーなナイトガウンをはるかに超えたところである。

エピローグ

# 巨乳最前線からの帰還

今回の取材で私が話をした男性たちは、ほとんど催眠術にかけられたみたいに乳房への妄想で頭がいっぱいだった。ある男友だちは、それまで会ったことがない女性とカフェで隣り合わせたときの話をしてくれた。あまり好みじゃないなと思ったそうだが、巨乳であることはしっかり頭にインプットされた。朝刊に目を戻したが、その女性がブラウスにコーヒーをこぼして、あわててナプキンをとって乳首の上あたりまで広がったシミと格闘を始めたときには新聞どころではなくなった。上下にナプキンを動かしてシミを取ろうとしている彼女の眼中に、周囲の視線はまったく入っていなかったようだという。

友人はその光景に興奮し、彼女に目が釘づけになった。興奮のあまり一時的に理性を失った状態になった彼は、ハタと我に返って「もしかして俺、からかわれている?」と思ったそうだ。「ひどいじゃないかぁ〜、きみは俺をこの場で殺す気かぁ?　とか思っちゃってる自分がいたんだよね」と当時を振り返る。

ちょっと待ってほしい。たまたま運悪くコーヒーを胸元にこぼした女性の話であって、ストリッパーが腰紐を振っているワケではないのだ。友人は、自分の手で触れられる範囲内に女性の半球がこれ見よがしに突き出されていて、しかも手が届きそうで届かない感じで混乱してしまった。頭はいたってクリアで思慮深く、社会的に重要な事柄を考えていた一人の人間が、大きな乳房が目に入ったとたん、理性が制御不能になってしまう。ほかの男たちも彼と同じく、大きなおっぱいを見ると頭のなかがおっぱいで充満してしまうことを恥ずかしながら認めている。

その同じ男性が妻やガールフレンドと愛を交わすときには、たとえどんな形をしていようとパートナーの乳房を畏敬の念をこめてやさしく愛撫し、キスし、しゃぶるのだ。通りかかった女性に向かって「ねーちゃん、いいおっぱいだな!」とはやしたてる工事現場の労働者たちだって、家に帰ると妻の乳房をそっと手で包みこみ、赤ちゃんに授乳している姿を愛情をこめた驚きの目で見つめる。

女性たちにとっても、乳房は別の意味で同じくらい妄想をかきたてるものである。何百万人という女性たちがもっと大きな乳房を切望する一方で、重くてかさばる巨乳をもっと小さく、かわいらしくしたいと願う女性も多い。そんな願いをかなえるために、女性たちは身体にメスを入れることも、かさばる器械をつけて眠ることも、背中をばしばし叩かれることも辞さない。そうかと思えば、ちゃんとしたきれいな女性が、一カップ上のバストになれるというあやしげな療法にあっさり理性を失い、大枚を支払ってしまう。バスティアなる飲み物をガブ飲みし、バストアップ・ガムを一日中嚙みつづけても、手術以外でバストを大きくする方法などはなく、手術は深刻なリスクを伴い、誰もが支払えるわけではない高額の費用がかかる。

いったいそれは何のためだろう？　もっと大きな乳房が欲しいという女性たちは、摂食障害で生理食塩水を詰めた人工乳房を入れたモデルや映画スターたちと同じ身体になりたいと願う。ほっそりした身体に巨乳という彼女たちの理想体型は、物理的には自然に生まれるものではない。乳房は基本的に脂肪が入った袋であり、体重四〇キロしかない人が、片方だけで一・五キロある脂肪の袋をつけることはありえないのだ。それにそういう体型が本当に魅力的なのだろうか？　主流のメディアはそういう体型こそどんな男も夢見ていると私たちをそそのかす――いや、はっきりいうと焚きつける。友だちにも、ご近所にも、ジムで見かける人のなかにもそんな身体はまず見たことがないのに、私たちが買うシャンプーから車からおっぱい関連広告にいたるまで、そういう身体の女性たちが売りこみをかけている。

若い女性たちが自分たちの乳房を愛しく思い、それがいいと満足するまでには時間がかかる。おっぱいが私のほかのすべてを呑みこんでしまいそうだった若いころの、自意識に悩まされつづけた日々を思い出す。だが年をとるにしたがって、物事を大局的に見るようになる。結局、クーリ医師がいうように、私たちが気にしているのは「二つのアホな肉の塊」に過ぎないのだ。そこで私が興味をそそられるのは、男性、女性を問わず服装倒錯者と性倒錯者の多くが、乳房とは女性性を本質的に象徴するものとみなしていることである。ドーン・マリーのような男性にとって、たとえキャッチボールができるブレストフォームであれ、一対の乳房はつけるだけで女になれるものだ。なぜ男性たちはかぎりなくおっぱいに、とくに巨乳に妄想をふくらますのだろう？　答えは一つではないとわかった。この問題については進化論者に任せたいと思う。

しかし男にも女にも乳房がたくさんの楽しみを与えてくれることについては、何の不思議もない。だっておっぱいって触ると気持ちいいもの。触るとやわらかくて、弾力性があって、真剣に大事にしてくれる恋人がいれば、乳房は性生活の大きな喜びを与えてくれる。乳離れしてかなりの年月が経っていても、子どもはどこに顔を埋めれば限りないあたたかさと心地よさを味わえるかがよくわかっている。たしかにポルノで男性たちは性的妄想をかきたてられるだろうし、テレビや広告看板ではすばらしいバービー体型の女性たちが私たちの普通の体型をあざわらっているだろうが、男性が赤ん坊と同じくらい満足する究極の乳房は、大きさには関係なく、家庭のなかで気軽に触れられて、無料で提供される乳房である。

私のHカップはといえば、中年になってからそのあるがままを受け入れ、慈しみ、憧れさえする存在となった。かなりかっこいい乳房だと自分では思っている。たとえこの乳房を納めておけるブラがバーミューダ島への飛行機代くらいかかるとしても、心地よく共存できる術を私は学んだ。私と乳房との関係は、これまでの人生でいまが一番しっくりしている。私は自分に自信があるし、セクシーだと感じるけれど、自分自身を——もしくはこの乳房を——そんなに重視しないでそう思える。たえずじろじろ見られることや、いまだにあれこれいわれることに私は慣れたし、ほとんどあきらめの境地に達している。それに……いいわ、これは認めましょう。もしこの乳房に誰も関心を払わなくなったら、私はきっとすごく辛い気持ちになるにちがいない。

つまりこういうこと。自分自身について、ひそかに心のなかで真っ先に得たいと願っている評価をこれまでも、これからもずっと得つづけたいのだ。たまたま巨乳に生まれついた人、という評価を。

# 謝辞

本書を執筆するにあたり、惜しみなくアドバイスと励ましを与えてくれた、編集者のカレン・リナルディ、アマンダ・カッツとマイケル・オコーナー、エージェントのスーザン・ラマー、またジョー・ライアン、ハウィー・シュナイダーと親友のソフィア・シュナイダーに、深い感謝を捧げます。

訳者あとがき

# 乳房は文化なのだ

数年前、ワコールのバーゲンに出かけたときのことである。お店で売られている価格の三〇～五〇%オフとあって、山積みのブラジャーに大勢の真剣なまなざしの女性たちが群がっていた。

広い会場はブラジャーのカップサイズごとにAからE以上までの五つに区分けされ、それぞれの区画のなかでまたアンダーバストごとにボックスで分類されて販売されていた。私のブラサイズは75Cで、二〇代のころから変わっていない。若いころは「Cカップ？　大きいねえ」と感心されたり、からかわれたりしていたサイズである。つまり二、三〇年前にはCカップは商品バラエティが少なく、バーゲンでも気に入ったものがなかなか見つけられなかった。だが、しだいに女性たちの発育がよくなるにつれてCカップがメインになり、デザイン性豊かなものが数多く出回るようになった。だからバーゲン会場でもCカップの区画が最大であると信じていたのだ。

しかし、そこで見たのは「いまやDカップが主流」という現実であった。若い女の子たちの人口密度が最大なのは、70D。本書で著者が何回も繰り返す「細身なのに巨乳」という矛盾した体型が、この日本にもあふれているのだ。三五歳以上がぱらぱらしかいないCカップの区画から、盛況をきわめているDカップの区画の争奪戦を観察した私は、「少なくとも半分は見栄張ってんじゃないの?」とやっかみ半分のツッコミを入れたのであった。

「巨乳」という言葉が日本で誕生したのは一九九〇年前後だとされている。八〇年代末にイギリスで、寄せて上げて、胸の谷間をつくるブラジャー「ワンダーブラ」が大人気を博したころから、世界的に大きな乳房が脚光を浴びるようになってきた。九〇年代はじめに起きた日本の「巨乳ブーム」もその余波、というか一環である。いまや中国にも波及し、巨乳追求とそれをめぐるビジネスはグローバル化の最先端をいっているといってよいのではないか。

しかし巨乳といっても、乳房がただ大きいだけではダメなのである。折れそうなほど細い身体に、ありえないほど大きな乳房がついている体型こそが、男女、とくに女性が求めているものなのだ。だから激しいダイエットをしてやせた上で、人工乳房を入れたモデルたちに女の子は憧れる。乳房ほど、「ファッション化した身体」という世界的な現象を端的にあらわしているものはない。

本書は、生まれついて細身に巨乳という、ある意味女性たちの憧憬の的となる体型のジャーナリストが書いた、最先端のおっぱい事情報告である。メディアに、とくにネット上にあふれるおっぱい関連サイト、どれだけ規制されても繁盛しつづけるあやしげな豊胸グッズ・ビジネス、そしてリスクが高いとわかっていながら人工乳房を入れる豊胸手術に走る女性たち。乳房と、それをめぐって欲望が渦巻く現場に、著者は胸を揺らしながら斬りこんでいく。

ランジェリーショップの試着室で、整形手術が行なわれる現場で、女装趣味が高じて人工乳房を入れた男性を取材しながら、きわめて健全で、常識的な（何をもって「健全」と「常識」の尺度とするかはさておき）著者の頭には、つねに「?」の信号がともる。「女の乳房って、いったい何?」女性性の象徴?　性的な記号?　欲望の対象?　授乳のための器官?——答えは本書を読んだ方一人ひとり、ちがうだろう。乳房はそれほどナゾめいた、複雑な身体器官なのである。

実は私も、著者と同じ「乳房っていったい何?」という疑問を抱き、一〇年以上にわたって「乳房文化研究会」に所属し、さまざまな研究の発表に立ち会ってきた。これは「乳房」をメインテーマとして自然科学、社会科学、人文科学のすべてにわたる学際的な研究を行なうことを目的にしている研究会である。調べたところ、世界広しといえども、こんな（物好きな?）研究会はどこにもない。子どもたちがおっぱいについてどう考え、感じているかを調査した報告や、赤ちゃんがなぜ教えられもしないのにおっぱいに吸いつくのかという研究や、乳癌で乳房切除後、再建手術をした女性の話を研究会で聞きながら考えるのは、乳房は単に女性の身体の一部として片づけられない、ということだ。

そして本書を翻訳してあらためてその思いを強くした。乳房には、男女の関係が、女性の社会的位置づけが、「女らしさ」と「男らしさ」を測る物差しが、子どもに対する見方が、教育のあり方が反映されている。つまり、乳房は文化なのだ。著者のいうとおり「たかが乳房、されど乳房」であるが、乳房をじっくり見据えることで（たとえそのまなざしがエロティックなものであったとしても）見えてくるものはたくさんある。

本書を笑いながら、顔を赤らめながら、首をかしげながら読んでいただければ、きっとあなたの乳房観は変わるはずだ。どんなカップサイズの女性でも、きっと自分のおっぱいがもっと好きになるはず。そして「やっぱりおっぱいの大きい女性が好き」という本音をついもらしたくなる男性にとっても、あなたの隣の女性のおっぱいがたとえBカップでも、もっといとおしく見えてくる……はずである。

一緒にHカップに引きずられ（振り回され？）てくださった早川書房の佐藤博美さん、乳房とブラジャーについて教えてくださったワコールの皆様、どうもありがとうございました。いまさらカップサイズを上げる気持ちはさらさらありませんが、せめて下垂を防ぐために、著者にならってちゃんとしたブラジャーを選び、ちゃんとしたつけ方でつけていこうと思っています。それがわかっただけでも、本書を翻訳できて本当によかった！

二〇〇七年九月

巨乳《きよにゆう》はうらやましいか?
Hカップ記者が見た現代おっぱい事情
2007年10月20日　初版印刷
2007年10月25日　初版発行
*
著　者　スーザン・セリグソン
訳　者　実《じつ》　川《かわ》　元《もと》　子《こ》
発行者　早　川　　浩
*
印刷所　株式会社亨有堂印刷所
製本所　大口製本印刷株式会社
*
発行所　株式会社　早川書房
東京都千代田区神田多町2−2
電話　03-3252-3111（大代表）
振替　00160-3-47799
http://www.hayakawa-online.co.jp
定価はカバーに表示してあります
ISBN978-4-15-208866-6　C0036
Printed and bound in Japan
乱丁・落丁本は小社制作部宛お送り下さい。
送料小社負担にてお取りかえいたします。

ハヤカワ・ノンフィクション

# ヴェネツィアの恋文

——十八世紀、許されざる恋人たちの物語

A VENETIAN AFFAIR

**アンドレア・ディ・ロビラント**

**桃井緑美子訳**

A5判上製

**手紙に託された悲恋を圧倒的な筆致で描いた感動のノンフィクション！**

屋根裏から発見された古い手紙の山は、十八世紀ヴェネツィアで、ある貴族とイギリス人庶子との間で交わされた秘密の書簡だった。カサノヴァも愛した華やかな世界。その裏で時代に翻弄された恋人たちが、激しくも切ない運命を辿る……。これまで謎とされてきた二人の恋を見事に再現したノンフィクション。

ハヤカワ・ノンフィクション

# それでもなお、人を愛しなさい

――人生の意味を見つけるための逆説の10カ条

THE PARADOXICAL COMMANDMENTS

ケント・M・キース
大内 博訳

46判上製

**マザー・テレサも感動した**
**人生に違いを生み出す10の心構え**

大学生だった著者が高校生向けの小冊子に記した「逆説の10カ条」は、三十年の年月をかけて、口伝てで、写しで、インターネットで、本人の知らぬ間に広まり、世界中で愛される格言となった。「人がこの世界に生きる意味」を優しい光で照らし出す至高の処世訓。

ハヤカワ・ノンフィクション

# 悪魔のピクニック

## ——世界中の「禁断の果実」を食べ歩く

THE DEVIL'S PICNIC

タラス・グレスコー

仁木めぐみ訳

46判上製

**食べるなと言われると、食べたくなる。**
**誰がどうして禁止したのか？**

密造酒、葉巻、コカ茶、ポピーシードや生乳チーズなど、さまざまなものが禁止されてきた。それはわれわれに何をもたらしたのだろうか。各地の生産者や愛好家のもとを訪れ、変わることのない人間の欲望と社会・政治とのかかわりを探っていくトラベルエッセイ。